LES QUATRE PENSÉES-PIÈGES

Édition : Danielle Choquette
Infographie : Johanne Lemay
Révision : Sylvie Massariol
Correction : Lucie Bernard et Jocelyne Cormier
Design de la couverture : Nancy Desrosiers
et Josée Amyotte
Illustration de la couverture : Shutterstock
Figures : Maryse Mayrand
Photo de l'auteur : © Roger Marcaurelle

Catalogage avant publication de Bibliothèque
et Archives nationales du Québec et
Bibliothèque et Archives Canada

Titre : Les quatre pensées-pièges : comment vous
en libérer / Roger Marcaurelle.
Autres titres : 4 pensées-pièges
Noms: Marcaurelle, Roger, auteur.
Description: Comprend des références bibliographiques.
Identifiants: Canadiana (livre imprimé) 20220016550
| Canadiana (livre numérique) 20220016569
| ISBN 9782761960243 | ISBN 9782761960250
(livre numérique)
Vedettes-matière: RVM: Actualisation de soi.
| RVM: Autothérapie. | RVM: Communication
interpersonnelle. | RVM: Méditation.
Classification: LCC BF637.S4 M36 2022
| CDD 158.1—dc23

09-22

Imprimé au Canada

Dépôt légal : 2022
Bibliothèque et Archives nationales du Québec

ISBN (version papier) 978-2-7619-6024-3
ISBN (version numérique) 978-2-7619-6025-0

DISTRIBUTEURS EXCLUSIFS :

Pour le Canada et les États-Unis :
MESSAGERIES ADP inc.*
Téléphone : 450 640-1237
Internet : www.messageries-adp.com
* filiale du Groupe Sogides inc.,
filiale de Québecor Média inc.

Pour la France et les autres pays :
INTERFORUM editis
Téléphone : 33 (0) 1 49 59 11 56/91
Service commandes France Métropolitaine
Téléphone : 33 (0) 2 38 32 71 00
Internet : www.interforum.fr
Service commandes Export – DOM-TOM
Internet : www.interforum.fr
Courriel : cdes-export@interforum.fr

Pour la Suisse :
INTERFORUM editis SUISSE
Téléphone : 41 (0) 26 460 80 60
Internet : www.interforumsuisse.ch
Courriel : office@interforumsuisse.ch
Distributeur : OLF S.A.
Commandes :
Téléphone : 41 (0) 26 467 53 33
Internet : www.olf.ch
Courriel : information@olf.ch

Pour la Belgique et le Luxembourg :
INTERFORUM BENELUX S.A.
Téléphone : 32 (0) 10 42 03 20
Internet : www.interforum.be
Courriel : info@interforum.be

Gouvernement du Québec – Programme de crédit d'impôt pour l'édition de livres – Gestion SODEC – www.sodec.gouv.qc.ca

L'Éditeur bénéficie du soutien de la Société de développement des entreprises culturelles du Québec pour son programme d'édition.

Conseil des arts du Canada | Canada Council for the Arts

Nous remercions le Conseil des arts du Canada de l'aide accordée à notre programme de publication.

Financé par le gouvernement du Canada | Funded by the Government of Canada | Canada

Nous reconnaissons l'aide financière du gouvernement du Canada par l'entremise du Fonds du livre du Canada pour nos activités d'édition.

ROGER MARCAURELLE

LES QUATRE PENSÉES-PIÈGES

COMMENT VOUS EN LIBÉRER

LES ÉDITIONS DE L'HOMME

À tous ceux et celles qui m'ont aidé à dépasser mes limites,
de mes parents à ma conjointe Réjeanne, en passant par mes frères,
mes amis, mes enseignants et mes coachs, mes maîtres spirituels,
mes collègues, mes étudiants et les personnes qui m'ont consulté
en psychothérapie.

INTRODUCTION

DES MYSTÈRES DE LA VIE À LA LOGIQUE ÉMOTIONNELLE

Autant le monde extérieur a toujours fasciné la curiosité des humains, autant il reste encore largement rempli de mystères. En apparence, notre monde intérieur nous semble plus facile d'accès, puisque nous sommes en contact avec lui chaque jour, que ce soit par nos sensations, nos émotions ou nos pensées. Toutefois, chaque jour aussi, nos expériences sont susceptibles de nous rappeler qu'une partie significative de notre monde intérieur, qu'il relève du corps ou de l'esprit, reste pour nous un mystère.

Imaginez que vous êtes témoin d'un terrible accident en même temps que d'autres personnes. Pourquoi l'une d'elles développera-t-elle un stress post-traumatique incapacitant, alors que vous reprendrez votre vie sans difficulté notable ? Ou pourquoi, malheureusement, est-ce vous qui devrez continuer de vivre avec l'impact du traumatisme ? La liste de telles questions sans réponse claire pourrait être longue. Pourquoi, par exemple, avez-vous un talent naturel que d'autres autour de vous ne possèdent pas ou, à l'inverse, pourquoi d'autres brillent-ils d'une performance que vous n'arrivez pas à émuler, peu importe la quantité d'entraînements que vous y mettez ? Pourquoi avez-vous de la difficulté à vous départir de certaines réactions négatives ou de certaines mauvaises habitudes ? Et si vous pensez connaître la raison de ces patterns indésirables, alors pourquoi, même en connaissant leurs causes, êtes-vous incapable de les neutraliser et d'y mettre un terme ?

Que nous le voulions ou non, nous prenons naissance et nous allons notre chemin parmi nombre d'énigmes non résolues en nous et autour de nous. C'est au cours des années 1950, à Montréal, que j'ai été parachuté au milieu des humains et de tous ces mystères de la vie. Je constituais d'abord pour moi-même un grand mystère puisque je n'étais doué que d'un embryon de conscience. J'étais en même temps le beau petit mystère enrobé d'une peau de bébé dont mes parents essayaient de deviner les besoins. Dans le noir de ma grotte crânienne, sans trop qu'il y paraisse, mon cerveau se développait à vitesse grand V, alors que mes jambes allaient parvenir un jour à faire de petits pas. Je voguais somme toute assez confortablement dans l'océan de la vie, avec, à mes côtés, un père plutôt autoritaire et peu loquace, une mère qui me surprotégeait et trois frères avec qui, tour à tour, je m'amusais, je me chamaillais et je ramais.

Cependant, très tôt, on a pu sentir chez moi un mal-être certain. J'étais plus timide que les autres enfants et très nerveux. Je ne tenais pas en place et j'avais des tics. Dans la voiture, lors de voyages en famille, je demandais souvent « Quelle heure est-il ? », ce qui voulait dire « Quand est-ce qu'on arrive ? », pendant que mon frère cadet, plus jeune de deux ans, le nez collé sur la vitre, adorait contempler le paysage qui défilait devant ses yeux.

Vers mes 10 ans, mes parents m'ont amené en consultation chez un neurologue qui m'a prescrit un médicament et a recommandé que je regarde moins de films d'action à la télévision… Malgré ce conseil, j'ai passé un été entier à regarder le petit écran parce que je pensais que mes amis ne m'appréciaient plus. Pourtant, je les voyais regarder vers la fenêtre du salon ou la cour arrière en se demandant pourquoi ils ne me croisaient plus. Je me cachais pour qu'ils ne m'aperçoivent pas à travers les rideaux. Même si mes tics s'étaient estompés avec l'âge, j'étais resté anxieux. Je me souviens qu'adolescent, je redoutais de répondre au téléphone et que même les machines distributrices me stressaient parce que je craignais d'avoir l'air embêté et ridicule. Certaines filles s'intéressaient à moi, mais, comme je ne disais rien ou presque, elles abandonnaient. J'étais donc assurément aux prises avec la phobie sociale.

Cette vie allait tant bien que mal son petit train quand un de mes frères aînés m'a suggéré de pratiquer la Méditation Transcendantale: «Ça va te faire du bien», m'a-t-il dit en conclusion après m'avoir parlé de ses bienfaits. Il avait lui-même entamé cette pratique suivant le témoignage d'un de ses amis qui s'était libéré d'une consommation infernale de drogues grâce à la méditation.

En 1972, j'ai donc été instruit dans la Méditation Transcendantale. Cette technique avait l'immense avantage d'être simple, sans effort et facile à intégrer au quotidien. Je me suis mis à la pratiquer régulièrement. Je prenais le temps d'apaiser mon esprit, 20 minutes, deux fois par jour. Au fil des mois, j'ai constaté que j'avais la capacité de me libérer de mes états négatifs. Je me sentais plus calme, plus serein, moins timide. J'avais plus d'énergie, plus confiance en moi et je m'affirmais davantage. Les pensées négatives s'estompaient peu à peu. Mon insomnie chronique a diminué jusqu'à disparaître. Catholiques pratiquants, mes parents se sont d'abord montrés méfiants à propos de cette forme de méditation aux origines orientales. Toutefois, constatant mes progrès, ils se sont rendus graduellement à l'évidence que la prédiction de mon frère, à savoir que la méditation serait bonne pour moi, se confirmait au présent, sous leurs yeux. Peu de temps après, ils ont eu la curiosité de l'apprendre pour eux-mêmes.

À 18 ans, lors d'une retraite de méditation intensive sur un week-end, j'ai vécu des moments où je me sentais si calme et si serein que j'ai pris conscience de l'immense contraste entre ces états de paix intérieure et les périodes de détresse qui avaient taraudé ma vie jusque-là. Autant je m'étais vu emporté loin dans l'univers des soucis et de l'anxiété, autant, lors de ces moments d'accalmie de plus en plus fréquents, je me sentais profondément bien et paisible. Au jour le jour, la méditation me permettait d'apaiser mon esprit et de grandir dans l'expérience de la sérénité. Je reconnaissais dans cette paix, toujours disponible en moi, la nature profonde de mon être. J'entrevoyais la possibilité de créer peu à peu les conditions du corps et de l'esprit qui me permettraient un jour de rester ancré en tout temps dans cette paix intérieure. J'entendais aussi des témoignages semblables de la part d'autres méditants autour de moi.

Par ailleurs, des études scientifiques commençaient à corroborer les bienfaits concrets de la méditation au quotidien, comme la diminution du stress, une plus grande efficacité dans l'action et l'amélioration des relations interpersonnelles. C'est dans ce contexte que ma mission de vie a pris forme. Je ne voyais plus rien d'aussi important que d'aider les humains à se redécouvrir sous la lumière de la paix intérieure. Ma vie prendrait tout son sens dans la mesure où j'allais me consacrer à l'enseignement de la méditation, de cet outil capable de transformer beaucoup de souffrances inutiles en sérénité. Je me suis donc donné pour mission de vie d'aider les gens, par la méditation, à se libérer de leur détresse en s'ouvrant graduellement à la paix intérieure qui règne au plus profond de leur conscience.

Deux ans plus tard, je complétais ma formation d'instructeur de Méditation Transcendantale et je commençais à l'enseigner dans la région de Montréal. Avec le temps, j'ai senti le besoin de communiquer les possibilités de la méditation à partir d'une expertise qui combinerait une connaissance plus approfondie à la fois de ma propre culture et de la philosophie de la méditation. J'ai donc entrepris des études qui m'ont permis d'obtenir un doctorat en littérature française et un deuxième en histoire des religions, où je me suis spécialisé dans les philosophies de l'Inde. J'ai appris le sanskrit pour étudier cette sagesse directement dans les textes originaux et j'ai fait deux séjours de deux ans en Inde pour mes recherches doctorale et postdoctorale.

Pendant que je menais ces études universitaires, j'ai suivi plusieurs ateliers de croissance personnelle où j'ai découvert que le travail psychologique axé directement sur les pensées négatives ou limitatives était capable de désamorcer des patterns indésirables dont je n'avais pas encore réussi à me libérer. Je constatais que je pouvais identifier et désamorcer plus rapidement les pensées qui produisaient des émotions négatives en moi ou qui limitaient mes possibilités. Je ne voulais pas lésiner sur les moyens de parfaire mon expertise pratique dans le domaine de la transformation personnelle. Et je ne voyais pas comment je pouvais passer à côté de la possibilité d'allier, dans mon expertise, le pouvoir de transformation des outils de la psychologie avec celui de la méditation. À 41 ans, je me suis donc lancé dans l'étude de la psychologie pour finalement obtenir un troisième doctorat... J'ai aussi exploré et assimilé par moi-même les outils de la méditation pleine conscience qui me semblaient se prêter davantage que la Méditation Transcendantale au contexte de la psychothérapie. À cela, j'ai ajouté une formation intensive pour professionnels de la santé avec Zindel Segal, cofondateur de la thérapie cognitive basée sur la pleine conscience.

Ce livre est l'aboutissement de toutes ces formations universitaires et professionnelles, de l'expertise pratique que j'ai développée en tant qu'instructeur de méditation, de mon expérience de psychologue depuis plus de 20 ans et de mon bagage de formateur en psychologie clinique auprès des professionnels de la santé. J'ai voulu rassembler dans ces pages les outils qui m'ont semblé les plus efficaces. Je les ai réunis sous l'angle de la logique des émotions ou logique émotionnelle, qui constitue le fil directeur de cet ouvrage.

La logique émotionnelle, c'est l'ensemble des mécanismes à travers lesquels nous cherchons à ressentir le plus de bien-être possible et le moins de mal-être possible. Le bien-être englobe les pensées agréables, les sensations agréables et les émotions positives comme la joie et la fierté. Le mal-être inclut l'inverse, soit les pensées désagréables, les sensations désagréables et les émotions dites négatives comme la peur et la colère. *La logique émotionnelle* englobe donc plus que les émotions, elle *rend compte de l'ensemble des expériences agréables et désagréables.*

Les difficultés psychologiques surviennent surtout lorsque les moyens que nous utilisons pour ressentir un bien-être ou pour éviter un mal-être produisent en même temps une dose importante de mal-être pour nous-mêmes ou pour les autres. Nous nous sentons alors pris dans un pattern où les solutions que nous tentons d'apporter produisent elles-mêmes des impacts fâcheux. Autrement dit, à nos propres yeux, notre solution est un problème... Par exemple, nous fâcher contre nos enfants les pousse à nous obéir, ce qui est une sorte de solution. Pourtant, cette solution les incite peu à peu à nous craindre et à s'éloigner de nous. Avec le temps, ils se confient moins, en viennent à mener leur vie en parallèle, et ainsi de suite. Notre solution à leur désobéissance crée ainsi un autre problème à nos propres yeux.

C'est surtout dans ce genre de situation qu'il est crucial de comprendre la logique de nos émotions et de nos comportements, puisqu'il est difficile de changer quelque chose que nous ne comprenons pas bien. Par exemple, quand nous ne savons pas pourquoi notre colère est si forte ou notre irritabilité si fréquente, nous ne saisissons pas le mécanisme de notre comportement indésirable. Alors, nous ne savons pas non plus ce qu'il faut cibler pour désamorcer ce mécanisme et nous nous sentons impuissants à trouver une solution qui ne crée pas elle-même un problème. Par ailleurs, lorsque nous croyons comprendre le mécanisme de notre pattern négatif, sans toutefois réussir à y mettre un terme, c'est le plus souvent parce qu'il manque au moins un élément crucial à notre compréhension de ce mécanisme ou encore parce que nous ne parvenons pas à rassembler toutes les conditions gagnantes de son désamorçage. L'habileté de comprendre notre logique émotionnelle et d'y intervenir efficacement joue donc un rôle central dans notre développement personnel.

En tant que recherche d'un plus grand mieux-être et tentative de soulager le mal-être, la logique émotionnelle n'est pas un thème nouveau en science. À travers des décennies d'exploration, la psychologie et les neurosciences en ont précisé graduellement la compréhension. On en a parlé sous de nombreux angles comme le principe de plaisir en psychanalyse, les processus de conditionnement dans l'école béhavioriste, la tendance naturelle à l'actualisation de soi en psychologie humaniste, la focalisation non plus seulement sur la réduction des aspects négatifs de la personnalité, mais sur le développement de ses aspects positifs dans la psychologie positive, et le besoin d'un attachement sécurisant dans la foulée des découvertes de John Bowlby sur les comportements des enfants.

Plus récemment, les chercheurs en neurosciences ont tenté de comprendre la logique émotionnelle en identifiant les mécanismes non seulement mentaux, mais aussi neuronaux des apprentissages de vie déterminants (ou apprentissages émotionnels) qui orientent nos comportements futurs, parfois vers des façons d'agir que nous trouvons nous-mêmes indésirables. Par quels mécanismes neuropsychologiques un enfant vivant dans un climat de colère et de violence, par exemple, apprend-il à reproduire la même chose ou encore à fuir devant tout ce qui lui rappelle les abus qu'il a subis? Les neuroscientifiques ont aussi cherché à préciser les mécanismes mentaux et neuronaux permettant de modifier ces apprentissages de vie. Comment, par exemple, l'enfant devenu adulte pourrait-il arriver à ne plus perpétuer la violence ou à ne plus éviter compulsivement tout ce qui la lui rappelle? Des avancées significatives ont eu lieu dans ce domaine et elles peuvent vous être très utiles, peu importe où vous en êtes dans votre vie.

Vous trouverez donc dans ce livre des outils orientés par la logique émotionnelle et appuyés par la recherche de pointe en psychologie. Ils vous aideront à vous libérer de vos patterns indésirables et à vous épanouir. Je les ai regroupés dans quatre parties.

La première partie présente mon modèle des «pensées-pièges». Il y a environ quinze ans, j'ai conçu un modèle qui résume en aussi peu que quatre pensées fondamentales toutes les idées négatives susceptibles de traverser notre esprit. Je les appelle les quatre «pensées-pièges». À chacune d'elles se rattachent une émotion typique et des réactions comportementales problématiques. Connaître les quatre pensées-pièges permet de saisir rapidement l'essentiel d'un problème. À l'aide de ce modèle, vous pourrez développer votre capacité de résumer de manière simple l'essentiel des situations problématiques de votre vie qui, jusque-là, ont pu vous paraître incompréhensibles ou compliquées, ou qui vous ont laissé perplexe et sans savoir par où commencer pour y mettre fin. J'inclurai plusieurs exemples tirés de ma pratique de psychologue ainsi que des exercices pratiques qui vous permettront d'appliquer à vos propres difficultés les outils que je vous aurai présentés.

S'inspirant des travaux de Bruce Ecker et de Laurel Hulley sur la thérapie de la cohérence, **la deuxième partie** du livre fournit des outils pour comprendre précisément la logique émotionnelle de vos patterns indésirables et pour les désamorcer sur mesure. La thérapie de la cohérence permet de saisir comment, devant les défis de la vie, nous développons des réactions qui nous paraissent comme autant de solutions pour nous en sortir le mieux possible, mais qui créent elles-mêmes des conséquences indésirables importantes. Ecker et Hulley ont aussi mis en évidence la façon dont on peut « désapprendre » ces patterns pour mieux se diriger vers d'autres comportements qui ne créeront pas de problèmes significatifs. On verra que ce « désapprentissage » passe par la détection des illusions de vérité dans les pensées sous-jacentes qui nourrissent les patterns indésirables. En neurosciences, on désigne aujourd'hui ce processus sous le terme de *reconsolidation thérapeutique de la mémoire*, un mécanisme qui produit une transformation libératrice à la fois dans les processus cérébraux, émotionnels et mentaux. La thérapie de la cohérence proposée par Ecker et Hulley est basée sur ce processus de reconsolidation, autrement dit, sur le désamorçage des apprentissages de vie qui produisent les patterns indésirables. Je vous présenterai les outils de cette approche, à la fine pointe de l'expertise psychologique, au moyen de nombreux exemples cliniques et d'exercices que vous pourrez faire par vous-même[1].

Le fait de nous libérer de nos patterns indésirables nous aide évidemment à vivre davantage à la hauteur de nos aspirations, à nous actualiser et à nous réaliser en tant qu'individus. La réalisation de soi passe par l'expression de soi et celle-ci implique inévitablement la communication. **La troisième partie** contient des outils de communication à travers lesquels il est possible, en vous exprimant, de rayonner du meilleur de vous-même tout en aidant les autres à faire de même. Je présente ainsi les principes que j'ai rassemblés dans ce que j'appelle la « communication générative ».

---

1. À ma connaissance, ce livre est le premier manuel d'auto-développement inspiré des principes de la reconsolidation thérapeutique de la mémoire et de la thérapie de la cohérence. Ces principes sont présentés sous un angle plus théorique et clinique dans Ecker, B. *et al.* (2019). *Déverrouiller le cerveau émotionnel.* Oakland: Coherence Psychology Institute. Les professionnels de la santé trouveront les meilleures ressources cliniques dans Ecker, B. & Hulley, L. (2005-2019). *Thérapie de la cohérence. Manuel de pratique.* Oakland: Coherence Psychology Institute, ainsi que dans Côté, S. & Cousineau, P. (2022). *La reconsolidation thérapeutique de la mémoire. Transformer les schémas émotionnels avec la thérapie de la cohérence.* Paris: Dunod. Les fondements scientifiques sont expliqués de manière extensive dans Ecker, B. (2018). Clinical translation of memory reconsolidation research: Therapeutic methodology for transformational change by erasing implicit emotional learnings driving symptom production. *International Journal of Neuropsychotherapy, 6,* 1-92.

Partant de ce que vous tenez à incarner dans votre vie, ce type de communication permet d'exprimer ce que vous êtes et ce que vous voulez faire de manière à la fois puissante et adaptée le plus possible à ce que les autres sont et à ce qu'ils veulent faire.

Enfin, **la quatrième partie** montre comment la méditation renforce et complète le recul par rapport aux illusions de vérité ainsi que le lâcher-prise sur les patterns indésirables. Accessible dans un contexte laïque, la méditation produit cet impact principalement par l'apaisement et l'observation sans jugement de l'ensemble des activités mentales que sont les pensées, les émotions et les sensations. On devient alors en mesure de voir les choses autrement, de mieux tenir compte de l'ensemble de la situation et d'adopter des comportements plus constructifs. Des centaines d'études scientifiques ont montré que la méditation procure un mieux-être psychologique et physique, et qu'elle diminue le « mal-être » causé par le stress, l'anxiété, la dépression et les difficultés relationnelles. Vous trouverez dans un des chapitres des instructions concrètes pour apprendre à pratiquer les techniques de méditation pleine conscience que je considère comme les plus importantes. L'apaisement et l'observation sans jugement sont aussi la porte d'entrée de la dimension silencieuse et paisible de notre conscience, de cette dimension « être » dont l'expérience libère des exigences, des pressions, des limites et des souffrances de la dimension « faire » qui accapare largement la vie de la grande majorité des humains. Puisque la dimension être est en soi paix intérieure et liberté, elle ouvre sur le développement d'états de conscience optimaux et sur l'épanouissement le plus complet. En présentant mon modèle des états de conscience optimaux, je donnerai un aperçu de ces possibilités et des études scientifiques qui les corroborent.

J'ai conçu ce livre pour que le plus de gens y trouvent une utilité pratique dans leur vie personnelle. Vous vous reconnaîtrez sans doute clairement dans plusieurs exemples et peut-être moins dans d'autres. Même dans ce cas, je vous invite à les lire en essayant de voir ce que vous pouvez en apprendre pour vous-même, en prêtant attention à ce que ces exemples peuvent contenir de pertinent pour votre vie à vous. Vous pourriez vous poser cette question : « Même si je n'agis pas de cette manière et même si je n'ai jamais vécu ce genre de situation, qu'est-ce qui peut m'être utile dans cette histoire ou dans ce principe pour me libérer de mes propres patterns, pour mon épanouissement et pour celui des gens qui m'entourent ? » Si, au pire, seulement 5 % d'une histoire sont pertinents pour vous, vous y aurez gagné quelque chose !

Sans votre écoute engagée et créative, tout ce qui est écrit dans ce livre restera lettre morte. Si vous essayez d'en utiliser les outils, mais rencontrez des difficultés, c'est justement là que vous pourrez apprendre le plus sur vous-même. Choisissez de persévérer. Saisissez ces difficultés pour mieux vous comprendre et pour dépasser vos limites. Explorer le mécanisme de votre résistance à dépasser vos limites est la meilleure façon de comprendre la logique émotionnelle de ce qui vous bloque et vous empêche de sortir de vos patterns insatisfaisants.

La majorité des cas que je présente dans les pages qui suivent montrent des transformations importantes dans des laps de temps relativement courts. Je les ai choisis principalement pour illustrer le processus de transformation de la façon la plus simple et claire possible. D'autres cas sont passablement plus complexes. La logique émotionnelle des comportements problématiques y est plus touffue, car ces derniers s'enracinent dans un plus grand nombre d'apprentissages de vie souvent traumatisants, et il faut plus de temps pour en clarifier et en désamorcer l'engrenage.

Ce livre ne prétend pas être une réponse exhaustive aux mystères de la vie intérieure. C'est une réponse partielle parmi d'autres possibles. Il rassemble tout de même un ensemble d'outils qui s'inspirent de plusieurs contributions antérieures dont l'efficacité a été démontrée par des études scientifiques. Il en propose aussi de nouveaux qui ont montré leur pertinence au fil des ans dans ma pratique quotidienne avec mes clients. À travers des ateliers et de la supervision, je forme des psychologues, des travailleurs sociaux et d'autres intervenants à l'utilisation de ces outils. Ces professionnels me rapportent régulièrement qu'ils les appliquent avec succès. Leurs clients trouvent que ces outils sont simples d'accès et qu'ils permettent de comprendre et de débloquer leurs patterns plus vite.

Si vous recherchez par vous-même des moyens de dépannage ou de développement personnel, les outils présentés dans ce livre constituent une ressource psychologique relativement complète en elle-même. Si vous suivez une psychothérapie, ils peuvent constituer un manuel d'accompagnement fort utile.

Comme ces outils sont assez faciles à appliquer par vous-même, il se peut que, de façon autonome, votre lecture du livre et votre pratique des exercices proposés vous amènent à des prises de conscience et à des transformations majeures. À cause de toutes sortes de facteurs, il se peut aussi que ce livre ne vous fasse pas progresser autant que vous le souhaitiez. Alors votre décision de ne pas vous arrêter là et de recourir à de l'aide supplémentaire fera la différence. Quand un athlète ne réussit pas à se libérer de ses limites par lui-même, il recourt naturellement à un coach. Fait encore plus éloquent, ce sont les meilleurs athlètes qui trouvent conseil auprès d'un coach de manière systématique même quand ils semblent déjà au sommet de leur art. Obtenir de l'aide supplémentaire n'est donc pas un signe de faiblesse, mais un engagement à se perfectionner.

À titre d'exemple, vous pourriez bénéficier de l'atelier que je donne sur les pensées-pièges. Vous pourriez y poser vos questions et obtenir des réponses qui vous fourniraient le coup de pouce nécessaire pour vous sortir de l'impasse. Le fait d'entendre le coaching que je donne aux autres participants et d'observer les mécanismes de leur transformation pourrait aussi vous amener à des prises de conscience et à des déblocages inattendus. D'autres préféreront travailler en individuel avec un psychologue ou un psychothérapeute. L'important est de garder ces outils vivants dans votre quotidien et d'en développer peu à peu la maîtrise.

Je souhaite qu'en lisant ce livre avec attention et en prenant soin d'appliquer ses outils dans votre vie, vous serez de moins en moins un mystère incontrôlable pour vous-même. En étant plus conscient de vos mécanismes profonds et en sachant comment les orienter vers les résultats auxquels vous tenez, vous serez capable de réaliser vos aspirations et d'être le meilleur de vous-même pour vous, pour vos proches et pour tous ceux qui vous entourent.

PREMIÈRE PARTIE

LES QUATRE PENSÉES-PIÈGES

CHAPITRE 1

PARTIR DE LA BASE : LA LOI DU PLUS GRAND BIEN ET DU MOINDRE MAL

Puisque vous lisez ces mots, vous faites partie comme moi de la race humaine, de cette espèce qui, de façon tout à fait innée, aspire au bien-être, mais qui récolte aussi une part de mal-être, que ce soit la douleur physique, la fatigue, le stress, les émotions négatives ou les difficultés relationnelles. Nous avons souvent l'impression de vivre cette détresse malgré nous puisque notre aspiration profonde reste toujours celle du bien-être – du plaisir ou du bonheur, si vous préférez.

L'impasse

Chaque jour, dans mon cabinet de psychologue, j'entends des êtres humains perplexes m'avouer leur incapacité à se sortir de leur mal-être malgré leur désir de bien-être. Certains s'interrogent, sans succès, sur les causes de leur mal-être ou de leurs comportements négatifs. Ils me confient, par exemple : «Je n'arrive pas à voir ce qui fait que je me sens mal comme ça» ou encore «Je ne sais pas pourquoi je réagis toujours de cette façon». D'autres fois, ils m'expliquent comment ils doivent subir nombre de pensées et d'émotions négatives que les autres provoquent en eux (que ce soit leur partenaire de vie, leurs enfants, leur père, leur mère, leurs amis, leur patron, leurs collègues, leurs employés ou les politiciens...). Certains semblent avoir trouvé des réponses, mais restent impuissants devant leur mal-être: «Je comprends les raisons pour lesquelles je me retrouve dans le même pattern négatif, mais je ne peux pas m'empêcher d'y retomber.» D'autres encore se sentent désemparés: «Je ne sais plus quoi faire, par où commencer...»

Dans cet engrenage où nous récoltons le mal-être plutôt que le bien-être, le processus qui mène au mal-être et celui qui devrait mener au bien-être échappent tous les deux, au moins en partie, à notre conscience et donc aussi à notre contrôle. Nous désirons passer d'un mal-être à un mieux-être, mais nous ne savons pas comment, nous ne trouvons pas les moyens. Cette impuissance à savoir concrètement comment réorienter nos expériences et nos comportements est confirmée, à chaque période de détresse, par le fait que nous restons plus ou moins empêtrés dans nos patterns négatifs.

Comme la plupart des humains, pour un temps, nous essayons de résoudre nos problèmes ou nos insatisfactions par nous-mêmes, par les moyens que nous connaissons, mais notre objectif reste hors de portée. Nous avons alors deux options: soit nous résigner à nos moyens actuels, soit chercher de nouveaux outils ailleurs. Avec la première option, c'est comme si nous abandonnions notre voiture à un mécanicien au moment où il nous dit: «Je ne comprends pas le problème de votre voiture, mais ne vous inquiétez pas, je vais la réparer.» Il va sans dire que les résultats seraient à tout le moins hasardeux... La seconde option, celle de chercher de nouveaux moyens, peut conduire à des découvertes inattendues, comme celles qui sont abordées dans ce livre.

L'immense potentiel d'une vérité de La Palice

Récemment, la psychologie et les neurosciences ont fait des percées importantes dans la science de la transformation de l'être humain. Cette science est basée sur la logique des émotions – ou logique émotionnelle. Selon cette logique, ultimement, les motivations humaines se ramènent toutes à la recherche du bien-être et du plaisir (sensations et pensées agréables, émotions positives) et à l'évitement du mal-être et de la douleur (sensations et pensées désagréables, émotions négatives). Autrement dit, toutes les raisons qui font que l'être humain fait ou ne fait pas telle ou telle chose ne sont que des façons de dire : « À travers cette pensée, ce choix ou cette action, je recherche le plus de bien-être possible et j'évite le plus de souffrance possible. » C'est là sans doute une vérité de La Palice. Cependant, nous verrons comment nous sommes loin de mettre à profit l'immense potentiel de la simplicité et de l'exactitude implacable de ce principe.

Vous me direz peut-être qu'en fait les gens recherchent des choses comme l'amour, une belle vie de famille, des relations sociales harmonieuses, le succès, la reconnaissance, la santé, l'aisance financière et la réalisation de leurs rêves. Mais à quelle condition recherchent-ils toutes ces choses ? À condition que, dans leur esprit, elles leur procurent plus de plaisir que de douleur. Autrement, ces choses n'auraient pas d'attrait ou si peu. Donc le niveau le plus fondamental de la motivation est la recherche du plaisir ou du bien-être et l'évitement de la douleur ou du mal-être. Pourquoi est-il si important de voir les choses sous cet angle ? Parce que lorsque vous serez aux prises avec un problème personnel et lorsque vous aurez besoin de mobiliser les gens autour de vous, vous aurez conscience du levier le plus fondamental à l'œuvre en vous et chez les personnes que vous côtoyez. Vous serez plus à même de trouver des solutions efficaces et durables parce que vous saurez l'importance de *prendre le temps d'explorer et de comprendre* le calcul du plaisir et de la douleur qui souvent se cache derrière la formulation initiale ou plus superficielle des problèmes.

Par exemple, vous vous êtes sans doute déjà demandé pourquoi un ami reste dans une relation amoureuse qu'il considère pourtant comme toxique et dont il se plaint. À force de l'entendre parler en mal de l'autre personne, vous vous mettez peut-être même à la détester, puisqu'elle fait tant souffrir votre ami. Toutefois, malgré toutes ses plaintes, si votre ami reste dans cette relation, c'est parce que, pour lui, l'aspect plaisant de cette relation, quel qu'il soit, a plus de poids que tous ses aspects déplaisants. Cette logique prévaut, peu importe que votre ami en soit conscient ou non ou qu'il vous ait mentionné ou non cet aspect plaisant. Sachant cela, vous ne vous limiterez pas à des commentaires empreints de perplexité et de frustration comme: «Je ne comprends pas pourquoi tu restes dans cette relation!» Vous garderez plutôt en tête que ce qui lui paraît agréable dans cette relation ou encore la souffrance qu'il associe à l'éventualité d'une séparation l'emportent sur les désagréments actuels. Rester dans cette relation lui apparaît assurément comme un moindre mal, même s'il n'en est pas pleinement conscient. Pour explorer cette question, vous pourriez lui demander: «Qu'est-ce qui te nourrit dans cette relation et qu'il te serait trop douloureux de perdre si tu quittais cette personne?» Ou peut-être: «Quelle serait la pire conséquence de la séparation, celle qui serait encore plus souffrante que de rester dans cette relation?» Si vous prenez le temps d'écouter et de bien comprendre ses réponses sans essayer d'apporter vos commentaires ou vos solutions à vous, la logique émotionnelle profonde de votre ami vous sera livrée sur un plateau d'argent. Seulement à partir de cette compréhension sera-t-il possible d'envisager des solutions qui soient valables pour votre ami parce qu'elles répondront au vrai problème, celui défini par le calcul du plaisir et de la douleur fait par votre ami à propos de ce qui lui importe.

Pourquoi reproduisons-nous des patterns indésirables?

Si nous avons le choix entre un moindre plaisir et un plus grand plaisir, toutes choses étant égales par ailleurs, nous choisirons le plus grand plaisir. Si nous devons choisir entre deux douleurs, nous choisirons celle qui constitue pour nous un moindre mal. Cette règle est à la base de nos comportements à tout âge: enfance, adolescence, âge mûr, vieillesse. Notre évaluation change, mais notre recherche est fondamentalement la même. C'est la loi du plus grand bien et du moindre mal. Élémentaire, me direz-vous. Oui, mais on sous-estime souvent un corollaire de cette loi qui est pourtant de première importance pour comprendre la logique émotionnelle des comportements indésirables. Le voici:

> Quand nous ne parvenons pas à nous sortir d'un pattern dont nous n'aimons pas les conséquences douloureuses (nous les considérons comme indésirables), c'est parce que ce pattern nous permet d'éviter une autre douleur que nous évaluons, la plupart du temps

inconsciemment, comme encore plus pénible que les conséquences indésirables de ce pattern.

Vous avez sans doute déjà vécu une situation où vous vouliez poser une question dans une classe ou un groupe, mais où vous vous sentiez gêné ou mal à l'aise et où, finalement, vous avez décidé de rester coi. Ainsi vous n'avez pas obtenu de réponse et votre curiosité n'a pas été satisfaite. Évidemment, cela a pu entraîner d'autres conséquences indésirables (un autre prix à payer) comme l'insatisfaction ou le remords de ne pas vous être affirmé librement, l'incompréhension d'informations subséquentes basées sur la réponse à votre question, et ainsi de suite.

Si, malgré tous ces désavantages évidents de ne pas poser votre question, vous ne l'avez finalement pas posée, c'est sans doute parce que vous pensiez avoir un avantage à ne pas la poser. Et, sur le moment, cet avantage était pour vous un facteur plus déterminant (plus «pesant») que tout le prix à payer. Peut-être avez-vous pensé que vous étiez la seule personne à ne pas comprendre et que tout le monde vous trouverait stupide; ou encore, que vous n'étiez pas capable de formuler clairement votre question et que cela ne paraîtrait pas bien; peut-être avez-vous craint que l'on constate votre nervosité, votre hésitation, le rougissement de votre visage. Donc, le fait de ne pas poser votre question a eu l'avantage de vous éviter, dans l'immédiat, une ou des situations désagréables que vous anticipiez. Mais il n'est pas certain que ces situations anticipées se seraient produites dans les faits. En réalité, dans ce cas, votre avantage a été d'éviter une situation hypothétique plutôt que réelle. Et, sur le moment, même s'il s'agissait d'une simple possibilité (une *anticipation* négative), dans votre esprit, la douleur des conséquences imaginées de poser la question a pesé plus lourd que la douleur de ne pas la poser. Vous avez donc évité de poser votre question.

La balance du plaisir et de la douleur

J'aime résumer le processus du calcul du plus grand bien et du moindre mal par l'image de la balance du plaisir et de la douleur (voir la figure 1 à la page suivante). Cette balance mentale fait partie de nos capacités innées. Nous naissons avec elle et nous

FIGURE 1

LA BALANCE DU PLAISIR ET DE LA DOULEUR

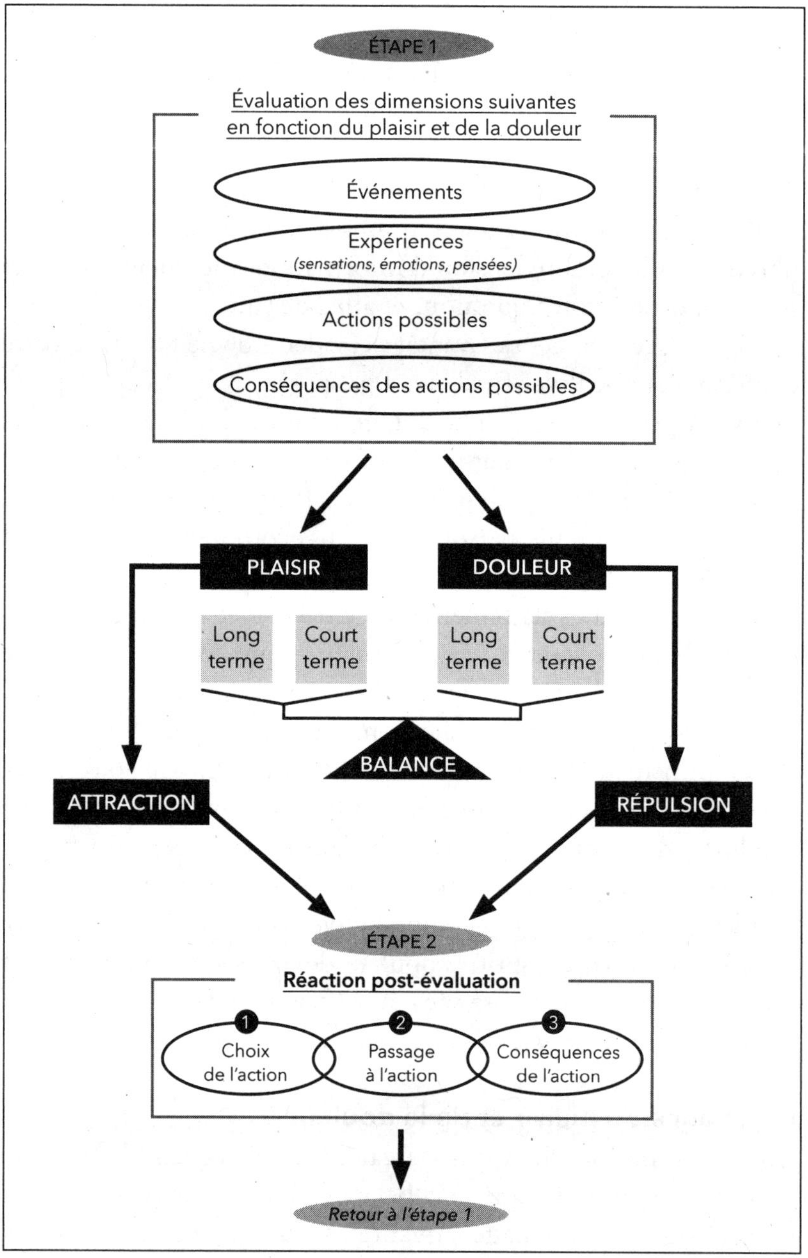

mourons en sa compagnie. Je la représente comme une balance avec deux plateaux de chaque côté. D'un côté se trouvent les deux plateaux du plaisir, l'un pour le plaisir à court terme et l'autre pour le plaisir à long terme. De l'autre côté sont les deux plateaux de la douleur, l'un pour la douleur à court terme et l'autre pour la douleur à long terme. Le calcul du plus grand bien et du moindre mal se fait en deux étapes qui se répètent indéfiniment.

La première étape est l'évaluation. Elle s'applique consciemment ou inconsciemment à toute action considérée. Cette action peut être aussi courante et ordinaire que de continuer à manger (ou non) quand on sent la satiété, et aussi unique et extraordinaire que de s'engager (ou non) par les vœux du mariage. Chacun de nos choix est basé sur une évaluation du plaisir et de la douleur, sur un calcul du degré de plaisir et de douleur attendu de l'action considérée. Ce calcul peut être représenté par des poids déposés sur les plateaux du plaisir ou de la douleur en fonction de notre évaluation. Ces poids correspondent aux résultats de l'évaluation plaisir/douleur que nous faisons à propos de quatre grandes dimensions :

- les événements qui se déroulent autour de nous ;
- nos expériences internes (pensées, sensations, émotions) ;
- les actions possibles que nous considérons ;
- les conséquences que nous attachons à ces actions possibles.

Que nous le sachions ou non, nous déposons constamment des poids sur la balance du plaisir et de la douleur en évaluant ces dimensions. Quand la balance penche plus du côté du plaisir dans le cas d'une action considérée X, il se produit un phénomène d'attraction vers cette option. Si la balance penche plutôt du côté de la douleur, il se produit un phénomène de répulsion envers cette option.

C'est alors qu'entre en jeu *la deuxième étape* du calcul du plus grand bien et du moindre mal, soit *la réaction post-évaluation.* Si, à l'étape 2, pour reprendre notre exemple, nous choisissons de continuer à manger malgré un sentiment de satiété, c'est que, pour cette action considérée, au moment de l'évaluation des quatre dimensions faite à l'étape 1, un poids plus lourd a été placé du côté du plaisir que de celui de la douleur. Par rapport à l'option de manger une seconde portion de dessert, par exemple, nous avons mis plus de poids sur le plaisir à court terme de la savourer que sur la douleur à long terme de sentir notre estomac trop plein, etc. Cette prédominance du plaisir attendu a produit une attraction vers l'action de continuer à manger. Lors de l'étape 2 (la réaction post-évaluation), cette attraction a mené au choix de continuer à manger, à l'action physique de manger et à ses conséquences (par exemple, sentir l'estomac trop plein à la fin). Au cours de l'étape 2, la répartition de la répulsion et de l'attraction envers l'action possible entraîne donc le choix de l'action, le passage à l'action (l'exécution de l'action) et les conséquences de l'action (son impact sur soi et sur l'environnement).

Le cycle recommence immédiatement avec un retour à l'étape 1 où l'on évalue les conséquences de l'action posée et ainsi de suite.

Le cœur a ses raisons que la raison peut connaître

Êtes-vous présentement heureux en amour? Si tel est le cas, on peut présumer que, consciemment ou non, dans l'évaluation que vous faites de votre relation amoureuse, la somme totale des deux plateaux du plaisir (court terme et long terme) a plus de poids que la somme totale des deux plateaux de la douleur. Vous extrapolez sans doute sur le long terme l'évaluation du plaisir que vous tirez actuellement de votre relation et cela fait pencher encore plus la balance du côté du plaisir. Lors de l'étape de l'évaluation, cette prépondérance du poids du côté du plaisir fait en sorte que l'action possible de garder cette relation exerce plus d'attraction. À l'étape de la réaction post-évaluation, cette attraction vous amène au choix de poursuivre cette relation, à l'action concrète d'y rester et à ses conséquences de bien-être.

Peut-être, à l'inverse, êtes-vous malheureux en amour, à tel point que vous pensez à la séparation. C'est sans doute parce que le plaisir à court ou à long terme associé à la relation a cessé d'avoir autant de poids sur la balance, ou encore que la souffrance à court ou à long terme a commencé à peser plus lourd. Par exemple, certains défauts de votre amoureux ont peut-être pris plus de place, un comportement négatif marquant de sa part a peut-être endommagé votre confiance, ou encore vous avez souvent été frustré que votre partenaire ne réponde pas à vos demandes répétées... À l'étape de l'évaluation, l'action considérée de rester dans la relation a donc pu devenir à vos yeux un mélange de plaisir et de douleur, d'attraction et de répulsion. L'action considérée de quitter votre partenaire était peut-être aussi associée à un mélange de plaisir et de douleur, d'attraction et de répulsion. Sur les plateaux de la douleur, il y avait peut-être la peur de la solitude, de ne pas trouver quelqu'un avec autant d'affinités (intérêts communs, sexualité, etc.), de ne plus pouvoir revivre les aspects agréables de cette relation avec une autre personne. Cette ambivalence à propos de rester ou de partir est souvent très pénible à vivre. À l'étape de l'évaluation, c'est une sorte de déchirement entre l'attraction et la répulsion et, à l'étape de la réaction post-évaluation, c'est l'indécision à propos du choix de l'action à faire et l'incapacité de passer à une action décisive. L'oscillation entre plaisir et douleur à l'étape 1 entraîne indécision et maintien du statu quo à l'étape 2.

Si, dans le calcul plaisir/douleur quant à l'action considérée de rester dans la relation, le poids de la douleur fait pencher nettement la balance du côté de la douleur, vous ressentirez de la répulsion par rapport à cette option et, à l'étape 2, vous choisirez de terminer la relation.

Une fois effectuées les deux étapes du calcul du plus grand plaisir et du moindre mal, le retour à l'étape 1 suit immédiatement. Les conséquences de l'action choisie et exécutée sont évaluées à leur tour en fonction de leur degré de plaisir et de douleur. Par exemple, une fois la séparation complétée, la personne évalue de nouveau ce qui s'ensuit. Parfois, les deux partenaires perçoivent trop de souffrance dans la séparation et décident de se donner une autre chance. Ou, à l'inverse, ils se sentent vraiment libérés après la rupture et ne veulent surtout pas retourner dans cette relation parce que la douleur domine nettement sur les plateaux de la balance quant à l'action possible de revenir ensemble. Les deux étapes du calcul du plaisir et de la douleur se renouvellent ainsi indéfiniment au fil des événements de notre vie.

Les trois grands principes de mes interventions

J'ai déjà mentionné que le plaisir ou le bien-être incluent les émotions positives et que la douleur ou le mal-être incluent les émotions négatives. Je considère que les mécanismes des émotions s'articulent aussi de façon rigoureuse en fonction de l'évaluation du plaisir et de la douleur. Autrement dit, contrairement à une opinion répandue, les émotions ne sont jamais «irrationnelles». En accord avec la thérapie de la cohérence et d'autres approches, j'estime qu'il n'y a pas d'incohérence entre, d'une part, le calcul du plus grand bien ou du moindre mal et, d'autre part, les émotions et les comportements qui les accompagnent. Au contraire, les expériences émotionnelles et les comportements sont toujours orchestrés par le calcul, conscient ou non, du plus grand bien ou du moindre mal. Cette cohérence ou logique émotionnelle oriente les trois grands principes qui guident ma compréhension et mes interventions dans le domaine de la pensée, de l'émotion et du comportement.

Ces principes sont les suivants:

1. Que le calcul du plaisir et de la douleur soit conscient ou inconscient, qu'il porte sur une situation actuelle ou anticipée,
   a) plus un comportement est associé au plaisir (bien-être) et dissocié de la douleur (mal-être), plus il tend à être répété;
   b) plus un comportement est associé à la douleur et dissocié du plaisir, moins il tend à être répété.
2. Lorsque le comportement d'une personne persiste malgré la souffrance qu'il produit chez cette personne, c'est parce que, pour elle, au moment du choix de ce comportement, cette douleur résultante est moindre par rapport à la douleur associée à une autre action possible. (Par exemple, la douleur anticipée en lien avec le fait de trop manger est *perçue* comme moindre par rapport à celle de se priver d'une seconde portion.)
3. La meilleure façon d'instaurer un nouveau comportement est d'associer, à une action possible, un maximum de plaisir et un minimum de douleur, à court et à long terme.

Je développerai l'explication de ces trois principes au fil du livre.

Les humains ont cette habileté fascinante d'associer un nombre incalculable de significations aux événements extérieurs et à leurs expériences intérieures, incluant le plaisir et la douleur. Pour bien comprendre notre gestion du plaisir et de la douleur, nous devons savoir comment nous interprétons ces événements et ces expériences, et particulièrement comment nous nous percevons nous-mêmes dans une situation donnée. C'est ce que nous allons aborder dans le prochain chapitre.

CHAPITRE 2

LES QUATRE BLESSURES AU MOI OU QUATRE PENSÉES-PIÈGES

Lorsque j'ai commencé à travailler comme psychologue, j'ai constaté que, bien malgré eux, mes clients avaient souvent de la difficulté à mettre le doigt sur l'essentiel des blessures qu'ils portaient. Ils décrivaient spontanément les circonstances de la situation problématique ainsi que leurs comportements et parfois leurs émotions. Mais ils nommaient rarement la blessure douloureuse qu'ils ressentaient dans leur image d'eux-mêmes, que j'appelle la «blessure au moi». Même quand je les invitais à mettre des mots sur cette brèche douloureuse dans leur moi, qui était pourtant l'essentiel de leur expérience personnelle dans l'ensemble de la situation décrite, ils en étaient parfois incapables, ou encore leur formulation restait vague ou incomplète.

Nommer les blessures au moi

Un jour, je me suis arrêté à la question suivante: «Est-il possible de résumer les situations problématiques que racontent mes clients par un très petit nombre d'énoncés brefs qui exprimeraient clairement cette brèche douloureuse dans l'expérience du moi?» Ces énoncés permettraient aux clients de comprendre rapidement leurs problèmes à partir de leur aspect le plus fondamental et de régler ces problèmes de façon plus efficace en intervenant directement sur cet aspect central.

Réflexion faite, il m'a semblé possible de résumer toutes les situations problématiques en aussi peu que quatre énoncés, chacun décrivant un type de brèche douloureuse dans l'expérience du moi. Ma démarche s'est poursuivie par l'exploration des liens entre ces brèches dans le moi et les émotions qu'elles déclenchent. J'ai ensuite intégré dans mon modèle les principaux comportements problématiques qui sont associés à ces expériences douloureuses du moi et aux émotions correspondantes. J'exposerai de façon plus détaillée la dimension des émotions et des comportements dans des chapitres ultérieurs.

Puisque les pensées-résumés que je cherchais à nommer décrivent des blessures au moi, elles sont identitaires et, bien naturellement, elles commencent toutes par «Je suis...» suivi d'un adjectif désagréable (négatif). Cette attribution à soi est désagréable ou négative au sens où elle constitue une nuisance pour notre bien-être.

À mon avis, les quatre pensées identitaires suivantes résument tous les problèmes humains de nature psychologique et toutes les pensées négatives:

Je suis mal traité[2]

Je suis malfaisant

Je suis inadéquat

Je suis démuni

Depuis que j'ai identifié ces quatre pensées identitaires fondamentales, que je nomme aussi pensées-pièges, j'ai pu en valider la justesse auprès de milliers de clients et de professionnels de la santé que j'ai formés à cette approche. Je peux prédire avec confiance qu'au moins une de ces quatre pensées est présente dans les problèmes que vous rencontrez, sans qu'elle soit forcément verbalisée et parfois même sans que vous en ayez conscience. Quand vous éprouvez une émotion négative, quelle qu'elle soit, que vous en soyez conscient ou non, l'une ou l'autre de ces façons

2. Dans ce document, le genre masculin est utilisé comme générique dans le seul but de ne pas alourdir le texte.

de vous percevoir est l'interprétation fondamentale qui produit et maintient cette émotion. C'est là que s'enracine votre logique émotionnelle. J'en donnerai plusieurs exemples, mais examinons d'abord les diverses facettes des pensées-pièges.

Les diverses facettes des pensées-pièges

Une pensée identitaire désagréable n'est pas dysfonctionnelle par définition et n'est donc pas un piège par nature. Ainsi, la pensée «Je suis mal traité» peut être tout à fait saine et appropriée si quelqu'un vous agresse physiquement ou verbalement. Cette pensée peut vous orienter, par exemple, vers l'autodéfense ou vers la demande d'un dialogue plus respectueux de la part de votre interlocuteur. Lorsque la réaction est adéquate, je ne considère donc pas la pensée identitaire désagréable comme dysfonctionnelle et comme un piège. La pensée identitaire désagréable est une «pensée-piège» lorsqu'elle n'est pas accompagnée par une résolution de problème efficace. Par exemple, on pourrait se plaindre à qui veut l'entendre que l'on n'est pas respecté et que l'on est donc «mal traité» par une personne, mais sans jamais oser en parler directement à cette personne. L'affirmation «Je suis mal traité» serait alors considérée comme une pensée-piège, puisqu'elle constitue une plainte sans résolution de problème efficace. C'est donc seulement en fonction du contexte que l'on peut déterminer si une pensée identitaire désagréable est dysfonctionnelle ou non, autrement dit, si elle est une pensée-piège ou non.

En psychologie, c'est souvent le mot «schéma» qui recouvre ce que je désigne par pensée identitaire fondamentale et par pensée-piège. Comme celles-ci, le schéma est une croyance de fond qui résume plusieurs situations problématiques possibles et qui possède une charge émotionnelle importante. Puisqu'elles sont englobantes, les pensées-pièges sont parfois moins précises que d'autres expressions. Par exemple, «Je suis trahi» est plus précis que la pensée-piège «Je suis mal traité». Cependant, le modèle des quatre pensées-pièges a l'avantage de ramener des milliers de situations problématiques possibles à quelques pensées simples et d'aider à comprendre les liens entre ces pensées et les émotions. Si vous ressentez de la colère ou une émotion qui appartient à cette famille émotionnelle, ce modèle suggère qu'à ce moment, vous vous percevez comme étant traité inadéquatement ou «mal traité» d'une manière ou d'une autre. Vous pouvez alors mieux comprendre votre émotion en orientant sans délai votre auto-investigation vers les raisons pour lesquelles vous ne vous sentez pas bien traité.

Le modèle des pensées-pièges ne cherche pas à pathologiser les pensées et les émotions dites négatives. Toute pensée et toute émotion possède une certaine légitimité. Compte tenu que vous êtes un être humain, que vous avez reçu tel ou tel bagage génétique, que vous avez eu telle ou telle expérience et fait tel ou tel apprentissage durant votre enfance, ou plus tard dans votre vie, compte tenu de tout cela, il est tout à fait compréhensible que vous ayez telle pensée ou telle émotion négative devant telle situation adverse.

Un client me racontait qu'il avait convenu d'un rendez-vous avec son neveu pour que ce dernier effectue des travaux de rénovation chez lui. L'heure du rendez-vous arrivée, pas de neveu. Mon client l'appelle, pas de réponse. Il laisse un message dans la boîte vocale. Rien en retour. Il rappelle deux autres fois au cours de la semaine. Aucun rappel de son neveu. Qui ne ressentirait pas de la frustration devant ce silence plutôt déconcertant? Mon client, lui, la ressentait… Toutefois, la frustration n'était pas la seule réaction possible puisqu'on peut imaginer que certaines personnes réagiraient essentiellement par l'inquiétude. La frustration et l'inquiétude peuvent nous paraître ici tout à fait compréhensibles. Elles ont chacune leur légitimité. Souvent, dans ce genre de situation, pour la personne éprouvant ces émotions à juste titre, l'indésirable est leur prolongement indu. Autrement dit, sa réaction empreinte de frustration ou d'inquiétude lui paraît prendre trop de place ou de temps dans sa vie. Même si elles sont compréhensibles et légitimes, les émotions négatives peuvent donc nous sembler contre-productives par rapport à la vie que nous voulons vivre.

Il est possible d'avoir plus d'une pensée-piège à propos d'une même situation. Les pensées-pièges correspondent alors à diverses façons d'envisager les événements. Elles peuvent se succéder rapidement presque d'une seconde à l'autre, ou de façon plus espacée dans le temps. L'une est alors actualisée (apparente) pendant que l'autre est latente (sous-jacente). Les émotions peuvent aussi varier rapidement en fonction des pensées-pièges, comme nous le verrons dans les prochains chapitres.

Les pensées identitaires ne prennent pas toujours la forme de mots. Quand une émotion négative nous envahit sans avoir été précédée par des pensées ou des mots dans notre esprit, elle provient quand même toujours d'une pensée identitaire désagréable même si elle n'a pas été formulée sous forme verbale. Les formes non verbales des pensées identitaires peuvent être appelées « intuitives ».

Les pensées-pièges ne sont pas toujours reconnues par les personnes qui les produisent. Elles peuvent même être niées, occultées plus ou moins consciemment. C'est donc à partir du comportement d'une personne que l'on doit parfois supposer la présence d'une pensée-piège sous-jacente. Par exemple, chez une personne qui abuse de substances, on peut supposer la présence d'au moins une des pensées-pièges même si cette personne affirme ne pas avoir de problème.

De plus, les pensées identitaires peuvent être envisagées au passé (par exemple « J'ai été mal traité ») et au futur (par exemple « Je vais être mal traité » ou « Je pourrais être mal traité »). Les pensées identitaires au passé (par exemple « J'ai été inadéquat ») peuvent sous-entendre l'accumulation de traces mnésiques de plusieurs expériences semblables au cours des apprentissages de vie. Ces traces cumulatives dans la mémoire (par exemple « J'ai été inadéquat ») peuvent être réactivées par des événements du présent et peuvent orienter l'interprétation de ces événements vers la formulation de la même pensée au présent (par exemple « Je suis (encore) inadéquat »).

Plus les pensées identitaires dysfonctionnelles ou pensées-pièges persistent ou ressurgissent dans des situations diverses, plus elles nuisent à la santé psychologique et physique, notamment en causant du stress chronique.

Au cours des prochains chapitres, nous examinerons en détail en quoi consiste chacune des quatre pensées-pièges.

CHAPITRE 3

« JE SUIS MAL TRAITÉ »

La pensée identitaire « Je suis mal traité » résume toutes les situations où les événements ne correspondent pas à ce que l'on a l'impression de mériter. Elle est présente quand vous estimez que vous êtes traité inadéquatement, que vous êtes traité injustement ou d'une manière qui ne correspond pas à vos attentes. Il ne s'agit donc pas d'une maltraitance au sens limité et courant de « mauvais traitement physique ». Cette pensée identitaire désigne plutôt une maltraitance au sens le plus large du terme, au sens de « Je ne suis pas bien traité ». Voilà pourquoi les mots *mal* et *traité* y sont séparés.

Il existe mille et une manières de ne pas se sentir bien traité. Par exemple, vous estimez que la répartition des tâches est injuste entre votre partenaire et vous. Votre enfant fait exactement ce que vous lui interdisez de faire. Un inconnu est impoli envers vous. Vous avez pris un rendez-vous avec une personne et, sans raison valable, elle est très en retard. Quelqu'un vous reproche quelque chose que vous n'avez pas fait. Votre patron ne tient pas compte de vos suggestions et ses décisions vous nuisent. Vous pourriez aussi vous sentir « mal traité » par vous-même parce qu'à vos yeux, vous n'agissez pas comme vous devriez le faire.

« Je suis mal traité » peut également résumer les situations où vous vous sentez dominé, contrôlé, manipulé, trompé, trahi, intimidé, menacé ou agressé. Ou encore vous ne vous sentez pas aimé, pas apprécié, pas reconnu ; vous avez l'impression d'être délaissé, négligé, ignoré, incompris, exclu, diminué ou humilié. Vous conviendrez sans doute que les occasions de se sentir « mal traité » ne manquent pas...

Il est possible que des facteurs autres que les personnes contribuent à notre impression de ne pas être bien traités, comme si nous étions mis à mal par une foule de choses qui sont en réalité tout à fait inanimées. Je pense par exemple aux embouteillages de la circulation, aux nids-de-poule, à l'ordinateur qui est trop lent ou qui plante sans que l'on sache pourquoi, à la vie elle-même, dont les circonstances semblent s'acharner sur nous plus que sur les autres…

Déjà bien informé du modèle des pensées-pièges, un de mes clients m'a raconté qu'un jour, il bouillait de ne pas réussir à étanchéiser complètement un tuyau de plomberie. Il s'était alors surpris à nourrir l'impression d'être « mal traité » par l'eau qui dégouttait… La situation étant devenue cocasse plutôt que frustrante, il a cessé de résister au fait que l'eau s'écoulait encore, malgré ses tentatives pour régler le problème. Ce recul et ce lâcher-prise lui ont permis de prendre quelques secondes pour concevoir une nouvelle tentative de résolution. Il a démonté les tuyaux, placé un meilleur joint et réglé le problème. Inutile de dire qu'il s'était épargné quelques jurons supplémentaires. À la fin de la journée, il a expliqué à sa femme à quel point il s'était senti mal traité par l'eau qui dégouttait et, ensemble, ils ont bien *rigolé*, c'est le cas de le dire, de cette situation rigolote… La prise de conscience de cette pensée-piège a même aidé mon client à ne plus se sentir « mal traité » par les courbes « traîtres » des terrains de golf.

Il peut arriver que vous vous perceviez comme « mal traité » même quand une situation nuit à une autre personne que vous et avec qui vous n'avez aucun lien particulier. Imaginez, par exemple, que vous êtes dans un centre commercial et que vous voyez des gens qui attendent en ligne. Vous apercevez quelqu'un qui essaie de passer devant les autres et cela vous fâche. Pourquoi ? C'est que l'esprit humain a tendance à penser : « On ne respecte pas mes attentes, donc on ne me respecte pas moi. » C'est là une impression dont on peut encore comprendre la légitimité, mais pour laquelle on parlera de pensée-piège quand elle n'est pas accompagnée d'une résolution de problème efficace.

Les émotions liées à « Je suis mal traité »

Les émotions liées à la pensée «Je suis mal traité» sont principalement celles de la famille de la colère: la frustration, l'irritabilité, l'impatience, le ressentiment et, dans ses formes les plus intenses, la colère, la haine, le dégoût et la rage. À cela, on peut ajouter la tristesse, soit l'émotion la plus générale associée à la déception.

Souvent, l'émotion vient très vite, sans qu'elle soit précédée par une pensée verbalisée ou consciemment articulée. En d'autres termes, on ne se dit pas: «Je suis mal traité, donc je devrais commencer à ressentir de la colère...» Bien au contraire, on est vite enflammé par l'émotion sans passer par les mots. Nous ne devons pas en conclure que nous n'avons pas évalué la situation et que nous n'avons pas identifié une forme de malfaisance. Nous interprétons et nous évaluons toujours les situations, mais cette opération mentale peut se faire en une fraction de seconde, inconsciemment et sans utiliser les mots. Lorsque, après coup, nous prenons le temps d'expliciter le processus mental qui s'est déroulé juste avant l'émergence de la colère, autrement dit, quand nous mettons des mots sur ce processus, nous trouvons immanquablement le thème de la malfaisance.

Voyons maintenant le tout de manière plus concrète à travers des histoires de malfaisance vécues par quelques-uns de mes clients.

La frustration multiforme de Gabriel

Gabriel m'était arrivé avec l'objectif de changer plusieurs de ses comportements. Il voulait améliorer la communication dans son couple, ainsi que diminuer sa frustration et son agressivité envers sa femme, qu'il trouvait pointilleuse à propos du rangement, de la propreté et du ménage. Il voulait se libérer de sa tendance à nourrir de la rancune et à ramener dans leurs conversations les événements négatifs du passé. Ayant fait des études supérieures, il se retrouvait pourtant aujourd'hui serveur dans un restaurant. Il était donc frustré de son piétinement professionnel et espérait améliorer son sort. Il désirait aussi cesser de fuir dans la consommation de marijuana.

La somme des problèmes de Gabriel était imposante et il ne savait pas par où commencer pour les régler. Après lui avoir présenté mon modèle des pensées-pièges, je lui ai demandé dans quelles pensées-pièges il se reconnaissait. Il a rapidement conclu que ses problèmes s'enracinaient tous dans la même pensée-piège, «Je suis mal traité». Le fait de résumer l'ensemble de ses problèmes dans une formulation très simple l'a amené à mieux se comprendre et il a pu ainsi entrevoir une résolution plus facile qu'il ne l'avait espéré.

Au cours de nos séances, il a pris de plus en plus conscience que le nerf de la guerre était la façon dont il se définissait devant les événements. Autrement dit, les problèmes ne venaient pas principalement de ce qui lui arrivait, mais de la façon dont il se définissait par rapport à ces événements. Il a reconnu également qu'il avait une certaine marge de manœuvre pour se définir différemment. En d'autres mots, face à n'importe quelle situation qu'il avait trouvée problématique jusque-là, il pouvait se définir par autre chose que «Je suis mal traité».

Comme je le fais parfois avec mes clients quand nous en sommes aux définitions alternatives de soi, je lui ai proposé, à titre d'exemple, de se définir par «Je suis créatif». Gabriel n'avait jamais imaginé qu'il puisse se définir comme une personne créative. Il pouvait imaginer qu'un artiste puisse être créatif, mais pas lui. Toutefois, il a vite compris qu'il pouvait voir sa vie comme une œuvre d'art dont il serait le créateur au même titre que l'artiste est créateur de son œuvre. Il a accepté volontiers d'expérimenter ceci: devant tout ce qui lui semblait problématique, se définir comme créatif au lieu de «mal traité». Pour l'engager de façon encore plus concrète dans cette démarche, je lui ai proposé l'exercice suivant: en se faisant la barbe, le matin, simplement se rappeler ce qu'il voulait incarner dans sa vie, soit «Je suis créatif», et ensuite se poser la question: «Par rapport aux défis qui m'attendent aujourd'hui, comment puis-je être créatif?»

La rage au volant

À l'inverse de Gabriel, au départ, Denis ne me consultait pas pour un problème qui concernait l'agressivité. Toutefois, quand il conduisait sa voiture, il critiquait continuellement les manières des autres usagers de la route, s'impatientait et jurait après les uns et les autres le long de son trajet. Assise sur le siège de la passagère, sa conjointe était aux premières loges pour recevoir toute cette énergie négative. Elle n'a pu s'empêcher de lui suggérer: «Tant qu'à consulter un psychologue, pourquoi ne pas lui parler aussi de tes rages au volant?»

À la séance suivante, Denis m'a donc informé de ce problème. Je lui ai expliqué brièvement la logique émotionnelle de la colère selon laquelle cette émotion est liée principalement aux attentes. La colère surgit quand nous avons l'impression que nos attentes ne sont pas respectées et quand nous en blâmons quelqu'un qui aurait pu mieux agir ou quelque chose qui n'aurait pas dû arriver. Denis convenait évidemment que ses colères, ses frustrations et ses impatiences étaient liées à son attente voulant que chacun se comporte poliment au volant, que personne ne lui coupe la voie, que tout le monde sache bien conduire, que la voirie répare rapidement les nids-de-poule, mais sans qu'il y ait trop de chantiers de construction sur son chemin avec leurs rangées de cônes orange à n'en plus finir... Évidemment, les aléas de la route qui se présentaient à lui étaient loin d'être toujours conformes à cette attente. Denis voyait donc son attente fréquemment frustrée. Je lui ai expliqué que, de manière inconsciente, nous faisons souvent l'équation suivante: «Quand vous ne respectez pas mes attentes, c'est moi que vous ne respectez pas.» À quoi j'ai ajouté que, dans son cas, on pouvait sans doute préciser la pensée-piège «Je suis mal traité» par «Je ne suis pas respecté».

«Qu'est-ce qu'on fait avec ça?» m'a-t-il demandé. Si vous pouviez changer les situations que vous rencontrez sur la route, lui ai-je répondu, la clé serait dans les actions qui peuvent produire ce changement. Mais puisqu'il s'agit d'événements que vous ne pouvez pas changer, la clé est dans le renversement de l'attente. Les attentes supposent que telle ou telle chose devrait se produire ou ne devrait pas se produire. Quand on ne peut pas empêcher qu'une chose se produise, mieux vaut renverser l'attente, c'est-à-dire mieux vaut s'attendre à ce que cette chose puisse bel et bien se produire. Cela ne veut pas dire que nous désirons ou que nous préférons qu'elle se réalise. Nous convenons simplement: «La vie est telle que les choses se passent comme ça et qu'elles vont probablement continuer à se passer comme ça… » Nous transformons ainsi « Il ne faut pas que ça arrive… » par « La vie est telle que ça arrive… ». Autrement dit, nous passons de l'opposition à ce qu'on ne peut pas changer, à son acceptation. Lui de me répondre : « D'accord, je vais l'essayer. »

Deux semaines plus tard, Denis m'annonçait qu'il prévoyait un voyage d'un week-end avec sa conjointe aux États-Unis. Il a ajouté avec un sourire en coin : « On va me couper la voie au moins six fois ! » J'ai éclaté de rire. « Vous avez tout compris ! » lui ai-je dit. De retour de son séjour en sol américain, il m'a raconté que, la première fois qu'on l'avait coupé au cours de ce voyage, il s'était tourné vers sa conjointe pour lui dire : « Tu vois, je te l'avais dit… Ça, c'est la fois numéro 1. » Et ainsi de suite… Notez que la façon dont Denis avait renversé son attente était à toute épreuve, puisque sa nouvelle attente prévoyait six fois *au minimum*…

Le ressentiment de Mireille

Une dame de plus de 80 ans du nom de Mireille m'a consulté pour une humeur anxieuse et dépressive. Son mari étant décédé d'un trouble cardiaque 18 ans auparavant et ses deux enfants étant très absorbés par leurs occupations respectives, elle souffrait de solitude. Chaque jour, elle s'inquiétait d'une chose qu'elle n'avait jamais réussi à comprendre à propos de son mari. Peu avant son décès, alors qu'il était à l'hôpital, des infirmières avaient rapporté à Mireille un de ses propos voulant que s'il souffrait d'un trouble cardiaque, c'était à cause de sa femme. Mireille avait été surprise et vexée d'entendre cela, mais elle n'avait pas voulu questionner son mari à ce sujet, pour éviter qu'il se fasse du souci et que son état s'aggrave. Malheureusement, il avait emporté dans sa tombe le sens du propos qu'il avait tenu aux infirmières. Toutes ces années, Mireille avait gardé le sentiment qu'il s'agissait là d'une accusation injuste envers elle.

Lors de notre deuxième rencontre, Mireille se disait profondément triste que sa relation se soit terminée de cette manière, très déçue et frustrée d'avoir appris que son mari l'accusait de sa maladie, comme s'il avait voulu la quitter alors qu'il vivait ses derniers jours. Elle se sentait donc injustement accusée par lui ou encore « mal traitée », pour reprendre la formulation plus générale de cette pensée-piège. Elle ne comprenait pas pourquoi il avait agi ainsi. Lorsque j'ai essayé de lui faire préciser comment elle se sentait par rapport à cette impasse, elle a avoué être incapable d'accepter de ne pas comprendre. Elle ne digérait ni le reproche ni le fait de ne pas comprendre le reproche. Pour pouvoir finalement tourner la page, il fallait qu'elle comprenne ce reproche, et la seule façon d'y arriver était d'y réfléchir. C'est ce qu'elle avait fait chaque jour, depuis 18 ans, me disait-elle, même si elle avait conscience que cela nourrissait sa tristesse et assombrissait le reste de sa vie. Afin que Mireille reste consciente du mécanisme qui nourrissait sa rumination tel que nous venions de le découvrir, j'ai résumé cette logique émotionnelle sur une fiche qui lui servirait de carte-rappel. Celle-ci affirmait que la seule façon d'être en paix, c'était d'arriver à comprendre le reproche de son mari, et il fallait donc qu'elle continue à y réfléchir. J'ai demandé à Mireille de lire cette carte-rappel au moins deux fois par jour. En restant ainsi globalement consciente au jour le jour du raisonnement émotionnel sous-jacent qui la poussait à ruminer sur cette énigme, Mireille gardait vivante la possibilité de remettre en question et de contredire la pertinence de ce raisonnement. Elle augmentait ses chances de désamorcer l'engrenage qui lui donnait l'impression que la réflexion, et donc la rumination, était nécessaire. En procédant ainsi avec Mireille, je favorisais chez elle la transformation expérientielle visée par la thérapie de la cohérence que nous aborderons en détail dans la deuxième partie.

À son retour, deux semaines plus tard, Mireille m'a confié qu'elle avait trouvé difficile la lecture de la carte-rappel. Après quelques jours, cependant, une nouvelle façon de voir avait pris le dessus. Maintenant, ce qui dominait ses pensées, c'était le point de vue suivant : « Tout ça, c'est du passé. Je ne peux rien y changer et y repenser ne donnera rien de plus. Je n'ai plus à y penser et je ne veux plus y penser. » Plus clairement que jamais auparavant, Mireille avait réalisé l'inutilité de tous ses efforts pour comprendre. Cette prise de conscience était un constat personnel et expérientiel. Et ce type de constat était plus susceptible de produire un impact que tout ce que, de mon point de vue extérieur, j'aurais pu lui dire pour la convaincre de lâcher prise. Lors de notre dernière rencontre, trois mois plus tard, les ruminations à propos de son mari n'avaient toujours plus de place dans son esprit. La pensée-piège «J'ai été mal traitée» et toutes les préoccupations qui s'y étaient greffées avaient été délogées de la niche qu'elles avaient occupée au cours des 18 dernières années.

L'agressivité de Francis

Francis est venu me voir pour mieux contrôler son agressivité. À titre d'exemple, il m'a raconté que, lors d'une réunion de travail, un collègue était entré dans la salle et lui avait demandé de lui envoyer tout de suite un des employés qui participait à la rencontre et dont Francis était responsable. Francis avait refusé. Le collègue lui avait alors reproché de ne pas prioriser la bonne chose. Francis avait répondu d'un ton sec: «T'es mieux de ne pas me parler comme ça. Tu vas voir, je ne tolérerai pas ce genre de commentaire.»

En jetant un coup d'œil sur le tableau des quatre pensées-pièges que je lui présentais, Francis a reconnu rapidement qu'il s'était senti «mal traité» par ce collègue. Je l'ai interrogé à propos de la règle qui, selon lui, avait été enfreinte par son collègue. Notre dialogue nous a amenés à découvrir que, selon Francis, son collègue avait enfreint une règle cruciale qui dit: «On devrait toujours me respecter.» Francis a alors compris l'engrenage qui l'avait mené à l'agressivité. Il a constaté que, lorsque cette règle avait préséance dans son esprit et qu'elle était contrariée, il avait recours à l'agressivité pour se faire respecter, bien que ce pattern produise en lui une accumulation de stress et ternisse son image.

Ensuite, j'ai exploré avec Francis ce qui lui tenait à cœur dans la vie, notamment comment il voulait se définir s'il cessait de se voir comme celui qui était «mal traité». Il m'a répondu que, l'important pour lui, c'était d'incarner le bonheur. Je l'ai invité à réfléchir à ce que pourrait être une nouvelle règle qui serait conséquente avec sa volonté d'incarner le bonheur. Il s'est donné alors comme principe d'accepter que les autres aussi puissent se sentir «mal traités» et de comprendre l'état émotif des gens qu'il côtoyait. Dans le même genre de différend, il a même prévu se dire avec une touche d'humour: « Un autre qui se sent mal traité... » Sa perspective n'était donc plus dominée par l'impression d'être agressé, mais par la compréhension empathique de la réaction d'autrui, ce qui lui ouvrait la possibilité de résoudre les problèmes de façon plus harmonieuse et durable. En comprenant qu'il pouvait se définir autrement que par « Je suis mal traité » même dans ce genre de situation, Francis a choisi de générer sa vie à partir de « J'incarne le bonheur » et de transformer ses règles en fonction de cette nouvelle définition de lui-même. Il a jeté les bases d'une vie à la hauteur de ses aspirations.

CHAPITRE 4

« JE SUIS MALFAISANT »

La pensée identitaire «Je suis malfaisant» est en quelque sorte l'inverse de «Je suis mal traité». Nous avons l'impression de *subir* un mauvais traitement lorsque nous pensons «Je suis mal traité». Ici, à l'inverse, en nous percevant comme malfaisant, nous avons l'impression de *faire subir* quelque chose de nuisible à quelqu'un et parfois à nous-mêmes. Par exemple, nous réagissons de façon agressive envers notre partenaire ou nos enfants et nous nous en voulons après coup.

La pensée «Je suis malfaisant» est associée le plus souvent à l'émotion de la culpabilité. Elle peut produire aussi la honte, le regret, le remords, le dégoût envers soi et, de façon plus générale, la tristesse.

Voyons comment cette pensée identitaire s'est révélée une pensée-piège dans la vie de certains de mes clients.

La malfaisance familiale de Diane

Diane était l'aînée d'une famille de quatre enfants. Elle était toujours au-devant des besoins de tous et faisait beaucoup pour ses proches. Durant son enfance, pour la faire plier à ses exigences, son père la rabaissait parfois par des remarques sarcastiques et humiliantes. Elle en était profondément peinée, car elle était consciente de sa propre générosité et de tout le bien qu'elle faisait. Se sentant évidemment « mal traitée », elle était tombée quelques fois dans une rage terrible contre son père. Mais elle avait surtout développé la peur qu'on la juge méchante ou « malfaisante » malgré tous ses efforts et ses actions pour être bienfaisante.

Très tôt, Diane avait commencé à croire que lorsque les gens s'éloignaient d'une personne, c'était parce que cette dernière était fautive et coupable. Elle nourrissait plus ou moins consciemment la terreur d'être haïe par deux des membres de sa fratrie. Pour éviter cette profonde souffrance, elle tentait d'amadouer tout un chacun. Quand elle sentait que son frère ou sa sœur la jugeaient négativement ou s'éloignaient d'elle, elle faisait tout pour être aimable en espérant les ramener vers elle. Quand des conflits émergeaient dans la fratrie, elle avait l'impression que c'était parce qu'elle ne réussissait pas à créer et à maintenir l'idéal familial. Alors, elle redoublait d'efforts pour harmoniser de nouveau la famille. Elle s'inquiétait beaucoup à propos des événements conflictuels. Il fallait à tout prix qu'elle répare la famille. Si elle n'y travaillait pas, elle était méchante. En cherchant à conserver des liens harmonieux avec toute la famille, elle ne respectait pas toujours ses préférences personnelles et elle redoutait sans cesse que ses interventions soient mal interprétées.

À mesure que Diane a pris conscience de sa propre contribution au stress qu'elle vivait en lien avec sa famille à travers sa pensée-piège «Je suis malfaisante», elle a moins dramatisé les différends familiaux. Lors de l'une de nos rencontres, en un éclair soudain et spontané, elle a été capable de voir les choses d'une façon complètement différente. Elle a constaté clairement que, malgré les conflits familiaux et l'éloignement occasionnel de la fratrie, elle avait le droit de vivre selon ses propres valeurs et le droit d'être libre. Ils faisaient leurs choix et elle faisait les siens. Elle ne se sentait plus l'obligation de sauver la famille. Elle pouvait vivre la vie dont elle-même avait envie et se sentir bien dans sa peau. Elle avait trouvé la façon d'être bienveillante envers ses proches tout en ne se considérant pas comme malfaisante quand elle se respectait elle-même dans sa différence et quand elle ne cherchait pas sans cesse à réparer la détresse de toute la famille.

La règle enfreinte par Marguerite

Marguerite s'était beaucoup occupée de son frère aux prises avec une dépendance sévère à l'alcool, si bien qu'après plusieurs années d'efforts pour le sortir de ce marasme, elle était psychologiquement et physiquement incapable de continuer à en prendre soin. Elle avait donc demandé à sa sœur de prendre la relève, ce que cette dernière avait fait. Cependant, Marguerite se sentait coupable de ne plus donner de nouvelles à son frère.

Au cours de notre discussion, nous avons trouvé que la culpabilité venait du fait d'enfreindre une règle qu'elle avait faite sienne, mais dont elle n'avait pas pris conscience à ce jour. Cette règle disait: «Tant qu'un être proche souffre, tu dois aller à son secours.» Quand elle envisageait de ne plus aider son frère inconditionnellement, elle estimait enfreindre cette règle. Elle se percevait alors comme «malfaisante» et se sentait coupable. Ayant identifié la règle qui la maintenait compulsivement dans la relation d'aide avec son frère, elle était maintenant en mesure de la relativiser, de tenir compte d'autres règles comme celle de l'équilibre entre prendre soin de soi et prendre soin des autres. Elle pouvait appliquer cette autre règle sans arrière-pensée de malfaisance et de culpabilité.

Entre l'abandon d'elle-même et l'abandon des autres

Âgée d'environ 40 ans, Héloïse est venue en consultation pour de l'anxiété et des troubles digestifs qui pouvaient être causés, au moins en partie, par des facteurs psychologiques. Tout en soulignant que ses parents avaient fait beaucoup pour elle au cours de son enfance, elle se rappelait que son père, personnalité à la fois souriante et contrôlante, ne pouvait tolérer qu'on le contredise et que sa mère, hypersensible, était aisément contrariée et perturbée par les mauvaises nouvelles. Aussi, sa mère pleurait et «déprimait» facilement en entendant une critique à son endroit. Après quelques séances d'exploration sur les liens entre son enfance et ses symptômes actuels, il paraissait clair que Héloïse se sentait «malfaisante» envers ses parents du fait de voler de ses propres ailes. Entre deux de nos rencontres, elle avait rédigé le résumé suivant de sa logique émotionnelle, qui lui servait de carte-rappel et qui était adressé à ses parents:

> Me lancer dans la vie que je veux équivaut à abandonner les principes que vous m'avez donnés: la sécurité, la vigilance, la prudence. Et vous abandonner, c'est renoncer au passé, devenir autonome et, quelque part, vous blesser et vous laisser seuls avec vos blessures d'abandon.

Comme ça me brise le cœur, je reste près de vous, je referme mes ailes, je me limite moi-même pour ne pas vous abandonner. Mes maux de ventre et mon anxiété me rappellent d'où je viens ainsi que le poids énorme de culpabilité et de tristesse qui vient avec le fait de déroger aux «il faut».

Pour faciliter le travail sur cette logique émotionnelle, je lui ai proposé le résumé suivant de son propre résumé: «Je ne dois pas déroger à vos principes, sinon, je vais me retrouver seule, sans cœur et coupable sur mon petit chemin.» Cette formulation brève sonnait vrai aussi pour elle. Quand je lui ai proposé d'examiner les conséquences de déroger aux principes de ses parents, elle m'a confié la peur suivante, qui semblait exprimer directement l'univers de son enfance: «Si je me montre sur la place publique, quelqu'un pourrait nous faire du mal. Alors mieux vaut rester dans l'ombre.»

En comprenant l'engrenage de sa logique émotionnelle, Héloïse avait créé un certain recul par rapport à ce qui, jusque-là, était resté plus ou moins clair et donc difficile à désamorcer de façon ciblée. Ce recul avait fait surgir plusieurs pensées qui contredisaient divers aspects de cette logique. Elle constatait, par exemple, que penser à elle-même ne voulait pas dire être coupable du sort de ses parents. Abandonner leurs principes ne signifiait pas qu'elle les abandonnait, eux. Se montrer sur la place publique était loin de susciter automatiquement du mal. Choisir la liberté ne voulait pas dire ne plus tenir compte de la sécurité.

Tous ces nouveaux raisonnements peuvent vous paraître des évidences. Sur le plan intellectuel, ils n'étaient d'ailleurs pas nouveaux pour Héloïse. Pourtant, maintenant ils sonnaient vrai pour elle, même en tenant compte du lien émotionnel insécurisant avec ses parents qui, jusqu'alors, avait orienté ses émotions vers la culpabilité et l'anxiété. C'est la résonance toute personnelle et expérientielle de ces autres raisonnements qui pouvait maintenant faire la différence dans son existence. Ces nouvelles vérités émotionnelles avaient désormais le pouvoir de transformer sa relation avec ses parents et avec elle-même pour le reste de sa vie. Héloïse avait jeté les bases de sa réalisation en tant que personne autonome, libre et résiliente.

CHAPITRE 5

«JE SUIS INADÉQUAT»

La pensée identitaire «Je suis inadéquat» correspond à toutes les situations problématiques où nous évaluons qu'il nous manque quelque chose pour être à la hauteur d'une exigence, d'une norme, d'un critère de performance ou d'une règle. Nous avons l'impression de ne pas être assez bon, pas aussi performant que Pierre, Jean ou Jacques, pas assez riche, pas parfait, ou encore carrément incompétent, un échec ambulant et ainsi de suite. L'être humain peut se trouver inadéquat sous une multitude de points de vue. Peut-être pensez-vous que vous n'êtes pas assez sexy ni conforme aux critères actuels de beauté, que vous avez 10 kilos en trop ou que vous avez trop de rides. La liste pourrait être longue... Il est rare qu'un humain ne traîne pas avec lui tel ou tel problème d'inadéquation.

La famille d'émotions la plus fréquemment rattachée à la pensée-piège «Je suis inadéquat» est celle de la peur. Elle comprend la crainte, l'inquiétude, l'anxiété, le stress, la timidité, et, dans ses formes plus intenses, l'angoisse et la panique. L'impression d'être inadéquat peut aussi être accompagnée par la jalousie, l'envie et la culpabilité ou par d'autres couleurs émotionnelles comme la honte, le regret, le remords et le dégoût envers soi. Finalement, cette pensée peut être suivie simplement d'une tristesse qui, en s'aggravant, culmine parfois dans le découragement et la dépression.

À l'origine, l'exigence que nous nous imposons peut venir de notre culture, de nos parents, de nos amis, de nos collègues de travail ou de nous-mêmes. Même quand cette exigence provient de l'extérieur, si nous nous sentons inadéquats par rapport à tel ou tel critère, c'est que, tôt ou tard, nous l'avons incorporé dans nos propres exigences.

Les paniques inexpliquées de Patrick

Parmi mes clients, beaucoup souffrent de la pensée identitaire «Je suis inadéquat». Mais cette perception négative de soi n'est pas toujours visible du premier coup. C'était le cas pour Patrick, âgé de 44 ans. Lors de sa première visite, il m'a mentionné que, depuis un an et demi, il était particulièrement anxieux. Il était parfois emporté par des paniques, souvent sans savoir pourquoi. Il se levait anxieux le matin, mais ne pouvait en cerner la cause. Il tendait à fréquenter des femmes brisées, affirmait-il, pour mieux les sauver et s'assurer de leur amour.

Quelques heures avant notre deuxième rendez-vous, il m'a téléphoné de chez un ami où il séjournait. Il se disait paniqué à l'idée de retourner chez lui, mais sans comprendre pourquoi. Il était tellement anxieux qu'il préférait annuler notre rendez-vous et rester chez son ami. Je lui ai répondu que je comprenais et qu'il avait certainement quelque chose à découvrir dans cette réaction. Lorsqu'il serait prêt, lui ai-je dit, nous chercherions ensemble à découvrir la logique émotionnelle de cette peur. Selon mon modèle des quatre pensées-pièges, je m'attendais à ce que cette intense anxiété soit enracinée dans l'une ou l'autre des pensées-pièges «Je suis inadéquat» ou «Je suis démuni» ou peut-être même dans les deux à la fois.

Quelques jours plus tard, lors de notre deuxième rencontre, il m'a dit être allé deux fois à sa maison, mais qu'il habitait encore chez son ami. Il avait constaté que sa peur de retourner chez lui était en fait la peur de rester seul. Nous avons convenu d'explorer ensemble la logique émotionnelle de sa peur de retourner vivre seul chez lui. Pour identifier de quoi était faite sa résistance à ce retour à la maison, suivant les techniques de la thérapie de la cohérence, je lui ai suggéré d'essayer d'imaginer qu'il était seul chez lui et qu'il était en paix, puis de me dire au fur et à mesure ce qui lui venait. Il m'a mentionné que la vie de couple lui manquait beaucoup quand il constatait combien ses amis en couple étaient heureux. Je lui ai alors demandé : « Et cette situation, qu'est-ce que ça dit à propos de vous ? » Il s'est mis à pleurer intensément et à penser au moment de son enfance où, à sept ans, ses parents s'étaient séparés et où son père était parti refaire sa vie en Floride. Petit à petit, au cours de cette séance, à travers des pleurs fréquents, nous avons identifié le sens que cet événement avait eu pour lui et nous avons établi les liens avec sa vie d'adulte. À la fin de la rencontre, nous avons résumé ainsi la logique émotionnelle que nous avions mise en lumière :

> Quand tu m'as abandonné, papa, j'ai eu l'impression que tu me condamnais à ne jamais avoir le droit d'être aimé, que tu me condamnais à être seul. Quand les femmes que j'aimais s'éloignaient, je concluais que ce destin continuait de se réaliser. Je les comprenais et je ne faisais rien pour les retenir. Quand je me sens seul aujourd'hui, j'ai l'impression que ce destin s'accomplit encore, j'angoisse et je panique.

Patrick comprenait finalement pourquoi le simple fait d'anticiper de retourner à sa maison et de s'y retrouver seul pouvait le conduire à la panique. Il avait saisi la logique de son anxiété et de ses paniques jusque-là incompréhensibles. Je voyais de mon côté, et je lui en ai fait part plus tard, que son anxiété était nourrie par deux pensées-pièges en même temps : à la fois par l'impression d'être inadéquat au point de ne pas mériter d'être aimé, et par l'impression d'être démuni par rapport à la fatalité persistante de cette condamnation d'abord ressentie à l'âge de sept ans et qui semblait le poursuivre sans relâche depuis ce temps.

Lors de notre troisième rencontre, Patrick s'est dit soulagé d'un gros poids sur ses épaules. Comme je lui avais recommandé, il avait lu le résumé de la logique émotionnelle chaque jour. Au début, il avait pleuré encore intensément tout en éprouvant de l'anxiété. Au cinquième jour, il était resté neutre en la lisant. Au cours de la semaine, il s'était rendu chez lui sans aucune anxiété. Je lui ai demandé comment il percevait maintenant l'impression de ne pas mériter d'être aimé. Il m'a répondu que, pendant la semaine, il s'était rappelé plusieurs moments de sa vie où des femmes voulaient être en relation amoureuse avec lui. Il se souvenait surtout que des amies de fille lui avaient présenté leurs propres amies pour explorer la possibilité d'une relation amoureuse avec lui. Il était devenu très clair pour lui que, si des femmes parmi ses amies cherchaient, comme on dit, à le *matcher* avec leurs bonnes amies, c'est qu'elles considéraient qu'il était *matchable*, qu'il avait tout ce qu'il fallait pour être aimé. Le fait de bien comprendre la logique émotionnelle de ses paniques avait permis l'émergence d'une expérience de vie qui venait contredire l'impression de ne pas mériter d'être aimé et qui avait la capacité d'annuler cette ancienne croyance et les symptômes d'anxiété qui en découlaient.

J'ai revu quelques fois Patrick au cours des mois qui ont suivi pour l'accompagner dans la reconstruction de sa vie sur de nouvelles bases. Les paniques ne sont jamais revenues. Pour exprimer le tout en fonction des pensées identitaires, je dirais que les pensées-pièges «Je suis inadéquat» et «Je suis démuni» avaient perdu leur ascendant dans l'esprit et le cœur de Patrick.

Celui qui n'avait pas trouvé la solution

Un de mes clients, dénommé André, travaillait dans la construction. Un jour, il m'a rapporté ceci: alors que son coéquipier venait de trouver la solution à un problème de moulure, André s'était senti très inadéquat et dépassé, parce qu'il n'avait pas trouvé la solution lui-même. Il n'en avait rien dit à son collègue et avait gardé ce malaise à l'intérieur. Pour compenser ce sentiment d'inadéquation, il s'était mis à redoubler d'intensité à l'ouvrage, au point de se sentir épuisé à la fin de son quart de travail et pas du tout satisfait de sa journée. C'était un prix à payer qu'il n'appréciait pas, mais auquel un engrenage intérieur l'avait conduit.

Dans les étapes du travail que nous avons fait ensemble sur cette situation, la plus cruciale a été de prendre le temps de préciser la règle par rapport à laquelle il ne se sentait pas adéquat. Après un temps de réflexion, André a réussi à l'expliquer ainsi: «Il aurait fallu que je trouve la solution avant lui pour pouvoir être adéquat.» Nous avons ensuite exploré ce qui, dans son expérience, pouvait remettre en question la pertinence de cette règle. Il a pensé qu'il ne pouvait pas se fier à un seul exemple pour conclure qu'il était inadéquat et que, peu importe celui qui trouvait la solution, c'était un travail d'équipe. Quand il s'est rendu compte que son impression d'être inadéquat ne venait pas de la situation, mais de l'étiquette «inadéquat» qu'il s'était lui-même collée, il a vu immédiatement qu'il aurait pu dire «Bravo!» à son coéquipier et simplement vérifier avec lui si, en procédant de cette manière, tout était conforme. En défusionnant de la pensée-piège «inadéquat», il a pu désormais choisir de se définir non plus comme celui qui n'était pas à la hauteur, mais comme celui qui, bien humainement, ne sera jamais parfait et qui aura toujours l'occasion d'apprendre.

La vie enfermée de Gilbert

Dans la soixantaine, Gilbert était retraité depuis quelques années quand il a demandé à me consulter. Il était peu motivé par ses activités quotidiennes et n'avait pas le goût de parler à qui que ce soit. Il se disputait souvent avec sa conjointe à propos de ce qu'il considérait comme des banalités et il évitait surtout les conversations à propos de leurs enfants. Ils avaient déjà essayé une thérapie de couple, mais sans succès. Stressé à l'idée d'appeler ses amis de longue date, il ne passait pas à l'action. Il avait l'impression de n'avoir rien à dire, même s'il était très informé sur plusieurs sujets. Craignant de ne pas savoir comment répondre lors de ses interactions, il évitait les contacts. En fait, il était timide depuis l'adolescence. Il n'avait jamais été fier de lui-même. Travaillant à l'étranger pour de longues périodes, son père avait été peu présent durant son enfance et Gilbert n'avait jamais été certain que ce dernier l'aimait. À sa mort, Gilbert n'avait que huit ans. Une grande part de ce qu'il me racontait semblait broder autour de la pensée-piège «Je suis inadéquat». À la fin de notre première rencontre, je lui ai présenté le principe de l'activation graduelle qui, à lui seul, selon des études, pouvait permettre de sortir de la dépression.

Lors de notre deuxième rencontre, j'ai constaté qu'il avait commencé à s'activer: il avait passé une entrevue pour travailler comme bénévole et il avait été retenu. De plus, il avait organisé un déjeuner avec des amis. Nous avons quand même pris le temps de préciser la logique émotionnelle de ses évitements et l'avons formulée ainsi:

Pour ne pas perdre mes moyens et ne pas avoir l'air ridicule, mieux vaut ne pas entrer en contact et ne pas demander de l'aide, même si ça me garde isolé.

Lors de la séance suivante, Gilbert m'a informé que le fait de relire sa logique émotionnelle le conscientisait et lui rappelait l'importance de sortir de son cocon. Il constatait à quel point, jusque-là dans sa vie, il avait réagi en fonction de sa peur d'être inadéquat: il restait mal à l'aise avec ses amis même s'il savait qu'ils l'appréciaient; il se conformait à l'opinion des autres pour s'assurer d'être aimé; quand il jouait au hockey, il passait toujours la rondelle pour ne pas risquer un mauvais jeu.

Vers la fin de cette séance, je lui ai proposé un exercice à faire jusqu'à notre prochaine rencontre. Cet exercice est basé sur le principe «Liberté aux autres, pertinence pour soi», qui consiste en ceci: «Je donne aux autres la liberté de penser et de dire ce qu'ils veulent penser et dire, et j'évalue la pertinence de ce qu'on me dit en fonction de ce qui est pertinent par rapport à mes principes et à mes besoins.» Je lui ai suggéré d'observer ce qui se passait quand il essayait d'appliquer ce principe de gestion de l'opinion d'autrui dans sa vie quotidienne. J'ai opté pour cette intervention afin de lui faire connaître une nouvelle façon de se positionner par rapport aux jugements qu'il avait redoutés jusque-là et afin de mettre en lumière tout ce qui pourrait faire encore obstacle à cette manière moins stressante de gérer le jugement d'autrui.

Trois semaines plus tard, Gilbert me disait qu'il était beaucoup plus actif et à l'aise socialement. Il estimait que le déclic était venu de la combinaison de l'activation graduelle et du principe «Liberté aux autres, pertinence pour soi» que je lui avais proposé. Désormais, il se disait: «1- Si je m'écoute trop, je vais déprimer; et 2- Je ne peux pas contrôler ce que *tu* penses, mais je peux contrôler ce que *je* pense.» Il ne semblait donc pas manifester de résistance quant à l'application des deux principes que je lui avais proposés.

Au cours des quelques autres rencontres tenues par la suite sur une période de six mois, Gilbert a continué à bien occuper ses journées et à se sentir à l'aise avec les gens qu'il fréquentait. Il avait réussi à désamorcer la pensée-piège «Je suis inadéquat» qu'il avait nourrie pendant des décennies.

CHAPITRE 6

«JE SUIS DÉMUNI»

La quatrième pensée identitaire fondamentale est «Je suis démuni». Elle apparaît lorsque, face aux difficultés ou aux menaces actuelles, ou anticipées, nous avons l'impression que nous n'avons pas assez de ressources ou de moyens pour éviter de souffrir ou, à tout le moins, pour atténuer cette souffrance jusqu'à un niveau acceptable ou tolérable. Nous nous sentons impuissants par rapport à cette souffrance.

Cette pensée identitaire peut revêtir de nombreuses formes. On peut avoir l'impression de manquer de temps ou d'argent, se sentir bloqué dans tel ou tel projet ou par rapport à tel objectif, craindre d'avoir le cancer, avoir peur de paniquer, peur d'être abandonné et de se retrouver seul, peur des accidents ou des catastrophes à venir, peur des araignées ou de tel animal, peur de manquer de n'importe quelle ressource qui nous paraît indispensable pour ne pas souffrir.

Comme dans le cas de la pensée «Je suis inadéquat», la famille d'émotions la plus fréquemment rattachée à «Je suis démuni» est celle de la peur. Elle comprend la crainte, l'inquiétude, l'anxiété et le stress qui peuvent culminer dans l'angoisse et la panique. Elle peut aussi être accompagnée de la jalousie et de l'envie. Finalement, cette pensée provoque parfois une tristesse qui peut aboutir au découragement et à la dépression.

Plusieurs de mes clients ont été confrontés aux difficultés de cette pensée-piège. Voici quelques-unes de leurs histoires.

Pourquoi suis-je si anxieuse ?

Un jour, une femme dans la trentaine s'est présentée à mon cabinet pour régler un important problème d'anxiété. Patricia était envahie par plusieurs peurs : celle d'être malade, celle de mourir, celle que son conjoint meure, celle de perdre son emploi, celle d'être jugée en public. Elle en ressentait plusieurs malaises physiques : une boule à la poitrine et au ventre, de la difficulté à respirer et des tremblements physiques. Elle souffrait aussi d'insomnie depuis son enfance. Elle affirmait ne pas comprendre pourquoi elle vivait autant d'anxiété, puisqu'elle estimait avoir un conjoint idéal, elle aimait son travail et avait un très bon groupe d'amies.

Compte tenu des grandes lignes de son enfance qu'elle m'a racontées ensuite, j'ai vite constaté que sa détresse psychologique aurait pu être encore pire. Ses parents étaient tous deux alcooliques et narcomanes, et sa mère souffrait de bipolarité. Le délabrement de ses parents était si complet que Patricia avait été placée dès sa naissance dans une famille d'accueil. Elle avait d'ailleurs fait des séjours dans plusieurs familles. Elle ne se souvenait maintenant que de trois familles d'accueil différentes où elle avait vécu entre l'âge de 5 ans et de 21 ans. Malgré ces trimbalements substantiels, elle disait s'être bien intégrée socialement, s'entendre avec les gens et n'avoir pas eu de problèmes avec les garçons. En dépit de tous les points positifs de sa vie, force était de constater qu'elle souffrait de ce que l'on appelle l'« anxiété généralisée ». Dans le contexte de mon modèle des pensées-pièges, Patricia était de toute évidence emportée par la pensée identitaire « Je suis démunie », puisqu'elle était envahie par des inquiétudes à propos de choses graves qu'elle ne pouvait pas contrôler.

À la fin de notre première rencontre, je lui ai expliqué brièvement ce qu'était l'anxiété généralisée de même que le mécanisme de l'anxiété. L'anxiété surgit quand les deux conditions suivantes sont présentes : 1- on anticipe quelque chose de négatif ; 2- on a l'impression que l'on n'a pas les ressources pour éviter que ce soit souffrant. À l'inverse, si on anticipe quelque chose de négatif et que l'on se sent équipé pour y faire face sans souffrir, il n'y aura pas de peur ni d'anxiété. Je lui ai précisé que, souvent, la personne anxieuse estimait que sa principale ressource pour faire face au danger anticipé était d'y penser très précisément à l'avance, et d'essayer de tout prévoir et de tout prévenir. Patricia a convenu avec moi que ses peurs étaient principalement à propos de choses qu'elle ne pouvait prévoir ni prévenir complètement, telles que la maladie, la mort, la perte d'un emploi et le jugement d'autrui.

J'ai proposé à ma cliente de déterminer la bonne stratégie face à un danger anticipé à partir de la possibilité ou de l'impossibilité de modifier quelque chose concernant ce danger. Quand on perçoit qu'il est possible de modifier quelque chose par rapport à un danger, la solution est d'appliquer les étapes d'une résolution de problème (en commençant par les écrire, par exemple). Quand on perçoit qu'il n'est pas possible de modifier quelque chose, la solution est de lâcher prise sur la résistance et la crispation par rapport au fait que cette chose incontrôlable puisse arriver. Je lui ai expliqué ces principes en m'attendant toutefois à ce qu'elle ait de la difficulté à les appliquer sereinement, à cause d'apprentissages de vie traumatisants dont elle pouvait n'avoir aucunement conscience. Si elle éprouvait effectivement une difficulté dans l'application de ces principes, ce serait pour nous le point de départ de l'exploration de la logique émotionnelle sous-jacente ayant fait surgir cette difficulté.

Au cours de nos rencontres subséquentes, en fonction de la résolution de problème appliquée au modifiable et du lâcher-prise appliqué au non modifiable, nous avons discuté des façons de gérer la pression au travail et ce qu'elle percevait comme des retards dans ses tâches. Sans trop de résistance, elle a appris à passer de l'impression d'être démunie à la capacité de résoudre les problèmes. Finalement, nous avons constaté qu'elle n'était pas si démunie par rapport à sa pensée «Je suis démunie»! Lors de notre huitième et dernière rencontre, soit cinq mois après le début de la consultation, Patricia a précisé que lorsque des anticipations négatives survenaient dans son esprit, elle reconnaissait que c'étaient des pensées qu'elle avait déjà eues, qu'elle connaissait déjà, et pour lesquelles elle avait déjà des réponses. Alors, elle choisissait de lâcher prise sur ces anticipations et celles-ci disparaissaient d'elles-mêmes. Devant ce constat qu'elle me livrait, nous avons reconnu ensemble tout le trajet qu'elle avait parcouru, à partir de la pensée identitaire «Je suis démunie» et sans ressources face au danger, jusqu'à cette nouvelle façon de se définir comme une personne «munie» de ressources qu'elle avait développées pour elle-même et sur lesquelles elle pouvait désormais compter.

La peur viscérale de Yanick

Dans la trentaine, Yanick m'a consulté pour une peur d'être atteint de toute maladie qui pourrait le faire vomir. Il traînait cette crainte depuis l'âge de 10 ans. Il se souvenait que lorsqu'il était en sixième année du primaire, il avait eu un malaise au ventre et la directrice de l'école avait dit à sa mère: «C'est le temps de la gastro!» Il avait eu une peur bleue de l'attraper et de vomir. Depuis ce temps, quand il entendait quelqu'un dire que la gastroentérite courait, Yanick devenait parfois obsédé pendant des jours à propos de la possibilité de l'attraper lui aussi et de vomir. Cette réaction était plus fréquente en novembre et durant la période des fêtes de Noël et du jour de l'An. Il m'a semblé alors clair que la pensée-piège de Yanick était «Je suis démuni» par rapport à la douleur d'être malade et de vomir.

À la fin de notre première rencontre, il nous restait un peu de temps pour commencer à nommer le mécanisme de cette phobie. Nous avons terminé la séance avec la logique émotionnelle suivante:

> Lorsque j'anticipe que je pourrais subir 12 heures de vomissement, je ne vois pour seule solution que de me préparer au pire en imaginant les divers scénarios catastrophiques possibles et en me refermant sur moi-même pour les éviter. Je limite les sorties, je ne m'expose pas aux situations le moindrement à risque et je me lave les mains très souvent. Tout cela, même si cette stratégie nourrit un mal de vivre pénible dans lequel je me perds moi-même.

J'ai écrit cet énoncé sur une carte-rappel et j'ai invité Yanick à en prendre conscience au moins deux fois par jour dans le but d'exposer cette logique émotionnelle à des remises en question.

Lors de notre deuxième séance, Yanick a souligné à quel point, lorsqu'il entrevoyait la possibilité d'attraper la gastro, il entrait dans une attitude de combat extrême. À mesure que je l'aidais à expliciter ses expériences, nous avons pu mettre le doigt sur sa pire crainte, celle de faire souffrir ses proches de cette maladie. Pour conclure la séance, nous avons rédigé la logique émotionnelle suivante sur une carte-rappel adressée à sa famille :

> J'ai vraiment peur de subir la gastro, de vous la transmettre et de vous bloquer dans quelque chose de dégueulasse. Alors, je dois *tout* faire pour ne pas l'avoir. Ça vaut la peine de me lancer dans un effort extrême d'évitement, ne serait-ce que pour diminuer de 1 % le risque d'être atteint. Et cela, même si je suis conscient que je me surprotège à l'occasion de mon branle-bas de combat pour éviter le pire, et même si le stress que je ressens multiplie mes malaises physiques.

Au cours de notre troisième rencontre, Yanick a pu constater encore plus clairement que sa stratégie de suranticipation et de surprotection lui paraissait comme le recours ultime pour contrôler un tant soit peu son environnement afin de ne pas souffrir et de ne pas faire souffrir les gens autour de lui. À la lecture de la deuxième carte-rappel rédigée lors de la dernière rencontre, il avait pris conscience que les malaises physiques qu'il ressentait jouaient un rôle dans sa peur et dans sa stratégie de protection. À l'aide des techniques de la thérapie de la cohérence, nous avons réussi à décrire encore plus précisément l'escalade de l'anxiété et du besoin de se protéger. En résumant cette logique émotionnelle, nous l'avons adressée à sa conjointe pour intensifier son impact expérientiel :

> Quand notre fils a la gastro, un stress apparaît que je ressens dans mon système digestif sous la forme de symptômes qui miment ceux de la gastro. Plus ça persiste, moins je peux discerner les vrais des faux symptômes de la gastro, plus mon incertitude augmente, plus elle devient massive, et plus je dois la contrer massivement en faisant tout en mon pouvoir pour apaiser l'incertitude. Même si c'est super-énergivore, je reste alors toujours dans ma tête et je deviens moins fonctionnel.

Trois semaines plus tard, Yanick a relaté un changement majeur dans ses réactions. Il avait entendu parler de la gastro par quelques personnes, mais il n'avait pas eu la réaction intense habituelle. Il s'était dit: «OK, il arrivera ce qui arrivera», et il était vite passé à autre chose. Aussi, il avait été capable d'être empathique envers sa belle-sœur qui avait eu la gastro et de l'écouter calmement, ce qu'il n'aurait jamais pu faire auparavant. Quand un ami lui avait dit au téléphone que son garçon avait attrapé la gastro, Yanick n'avait pas cherché à se rassurer en posant des questions détaillées sur les circonstances précises de cette infection. Nous avons explicité et écrit sur une carte-rappel le changement majeur de *perception* qui avait produit ce changement de *réaction*:

> Cette tentative extrême de contrôle, c'est de l'énergie dépensée pour rien et c'est une nuisance envers moi-même. Pas besoin d'analyser dans le but de tout contrôler, simplement vivre, être moi-même et être empathique. Le reste va suivre.

Je ne crois pas qu'aucun discours de ma part n'aurait pu amener Yanick à un tel changement de perception. À travers ses apprentissages de vie, il avait conclu dans son enfance que la gastro avait quelque chose d'insupportable qu'il fallait éviter à tout prix. Comme il n'était jamais certain de pouvoir l'éviter, il avait également conclu que la seule solution était le décuplement des efforts pour contrôler son environnement. Le fait de prendre conscience précisément de cet engrenage émotionnel, de son prix à payer et de l'illusion de vérité qu'il véhiculait à propos du contrôle, avait profondément convaincu Yanick qu'il lui fallait réviser sa stratégie. Ce faisant, au cours de nos quatre rencontres, cette image de «démuni» qu'il avait de lui-même par rapport à la gastro a été transformée et même renversée par l'image de celui qui, tout en se protégeant normalement, peut profiter de la vie et contribuer au mieux-être d'autrui en exprimant son empathie envers ceux qui sont aux prises avec la gastro.

La misère noire de Pierre

Dans la cinquantaine, Pierre était en arrêt de travail depuis un mois pour une dépression quand il est venu me voir pour la première fois. Tout en étant déçu de la haute direction de son entreprise et ne se reconnaissant plus dans cette compagnie, il avait pris sur ses épaules une forte pression à la performance et avait accumulé beaucoup de stress, ce qui l'avait conduit à l'épuisement. De plus, il se considérait comme étant d'un tempérament anxieux chronique. Depuis la vingtaine, à divers degrés d'intensité, il avait toujours eu la crainte de ne pas «arriver» financièrement et de ne pas pouvoir subvenir aux besoins de sa famille. Souvent, il redoutait d'être pris en faute et de ne pas être perçu comme «le bon gars» aimable. Il craignait maintenant d'être «brisé», de ne pas pouvoir récupérer de sa dépression et de se trouver dans l'impossibilité de redevenir productif, d'autant plus qu'il avait fait trois autres dépressions antérieurement. Il souffrait aussi d'insomnie chronique. En prenant connaissance du modèle des pensées-pièges, il s'est reconnu clairement dans «Je suis inadéquat» et «Je suis démuni».

Je m'attarderai ici au travail que nous avons fait sur la pensée identitaire «démuni». Un jour, en préparation à l'une de nos séances, il m'a présenté un résumé de cette dimension en lui:

> J'ai une peur viscérale de me retrouver dans une situation catastrophique où je serais incapable de subvenir à mes besoins, où je me retrouverais dans la misère noire, sans ressources financières, et où je mourrais complètement démuni. Depuis que je suis tout petit – je me souviens très bien de l'avoir ressenti distinctement et précisément vers cinq ou six ans –, je me prépare au pire. Même si je réussissais bien à l'école, je me préparais mentalement à échouer aux examens car, au moins, si je l'avais prévu, ça ne me prendrait pas par surprise et ça me donnerait du contrôle. Plus tard, j'ai toujours tenté de prévoir le pire. Encore aujourd'hui, si je me surprends à apprécier une réussite ou du bon temps, c'est généralement de courte durée. Au bout de quelques heures, je me remets à prévoir le pire, parce que si je reste absorbé trop longtemps dans le bonheur, je risque de manquer quelque chose qui soit finalement catastrophique.

Une fois consolidée sa récupération de la dépression, il était temps pour Pierre d'envisager concrètement le retour au travail. Cette anticipation a fait ressurgir la même pensée-piège «Je suis démuni». À l'aide de la thérapie de la cohérence, nous avons énoncé ainsi la logique émotionnelle:

Je crains tellement de ne pas réussir mon retour au travail et de me retrouver incapable de subvenir à mes besoins et sans contrôle sur ma vie ! Alors la seule façon de reprendre un certain contrôle, c'est d'essayer de tout prévoir (catastrophes et solutions). Tout ça, même si ça m'envahit, ça me submerge (il y en a tellement que ça me décourage), je ne suis plus disponible pour mes proches, j'évite les contacts et les situations stressantes, le quotidien devient un fardeau, j'ai toujours cette boule de tension au plexus et j'ai l'impression d'être écrasé.

Au cours de nos trois dernières séances, nous avons exploré le nouvel apprentissage de vie qui prenait forme en lui après avoir nommé le vieil engrenage qui avait largement orienté ses pensées, ses émotions et ses comportements jusque-là. Deux nouveaux principes avaient commencé à diriger ses pensées :

- Il est impossible de tout prévoir.
- À essayer d'avoir le contrôle complet, je le perds : la solution devient le problème.

Encore un fois, ces principes vous paraîtront peut-être aller de soi. Mais en prenant vivement conscience de l'impasse où le menaient la tendance à se voir démuni et la stratégie conséquente de contrôle qu'il avait utilisée jusque-là, ces nouvelles vérités résonnaient pour Pierre d'une façon si expérientielle et convaincante qu'elles avaient le pouvoir de mener à un lâcher-prise durable pour lui.

Nous avons finalement formulé tout le travail que nous avions fait ensemble en deux phrases simples qui mettaient en contraste la logique émotionnelle de son identité de « démuni » et celle de l'identité résiliente qu'il pouvait maintenant reconnaître en lui. Accompagné des deux nouveaux principes que je viens de citer, ce contraste saisissant avait le pouvoir de guider Pierre dans son passage d'un monde de pénurie à un monde de ressources :

- Démuni : en anticipant toujours le pire, ce sera moins pire.
- Résilient : peu importe ce qui arrive, je saurai me débrouiller.

Ne jamais arriver à faire tout ce qu'il faut

Éliane, une femme dans la trentaine, m'a consulté pour une anxiété de fond culminant dans des crises de panique environ une fois par mois. Un an auparavant, elle avait vécu une période de paniques fréquentes en lien avec la pression qu'elle ressentait au travail. Durant son enfance, sa mère était stricte et rigide. Aujourd'hui, Éliane la tenait le plus loin possible parce qu'elle n'obtenait pas la compréhension qu'elle espérait de celle qui l'avait mise au monde. Elle estimait malgré tout que sa mère lui avait appris la discipline.

Au cours des rencontres subséquentes, je lui ai d'abord enseigné la méditation pleine conscience pour renforcer sa capacité de s'apaiser. Après coup, le sujet de sa relation avec sa fille Myriam est venu rapidement à l'avant-plan. Elle m'a mentionné que sa fille éparpillait ses jouets sans les ramasser et qu'elle faisait beaucoup de bruit tout au long de la journée. Elle résistait à la routine du matin et ne voulait pas aller à la garderie. Comme Éliane devait se rendre au travail à temps, elle adoptait alors un ton plus autoritaire, mais Myriam lui riait au visage. Éliane se fâchait et criait après sa fille, mais elle s'en voulait après coup. Elle ne savait plus quoi faire pour que leur relation fonctionne bien ; elle sentait une immense lourdeur dans la discipline qu'elle devait imposer à sa fille. Elle avait l'impression d'avoir perdu le contrôle sur elle-même en même temps que sur sa fille. Elle se sentait vidée dès le matin. Elle n'était plus l'Éliane qui éprouvait du plaisir, ce qui l'attristait profondément. Elle s'ennuyait de sa vie libre et joyeuse d'avant l'arrivée de sa fille et de toutes les responsabilités maternelles. Elle remettait sérieusement en question le projet d'avoir un deuxième enfant. Au terme de cette rencontre, il est ressorti assez clairement à mes yeux qu'Éliane était emportée par plusieurs pensées-pièges : elle se sentait tour à tour « mal traitée » par sa fille, « malfaisante » envers elle et « démunie » (impuissante) devant une situation qui ne paraissait pas avoir d'issue, impression pénible qui la conduisait parfois à la panique.

Au fil de nos rencontres, j'ai précisé avec Éliane la logique émotionnelle de ses réactions à l'endroit de sa fille. Cependant, lors de notre septième séance, elle s'est exprimée davantage sur le lien entre sa façon d'être mère et sa relation avec sa propre mère.

Sa mère lui reprochait certains choix, comme prendre du temps pour son couple, et trouvait anormal qu'Éliane sente beaucoup de lourdeur dans son rôle de mère. Éliane était très déçue de ces commentaires, mais elle n'aimait tellement pas les conflits qu'elle n'osait pas s'affirmer devant sa mère et elle ne lui répliquait pas. En même temps, elle continuait à se mettre beaucoup de pression pour performer en tant que mère et elle n'était jamais satisfaite. Nous avons formulé sa logique émotionnelle de la manière suivante, en l'adressant à son conjoint et à sa fille Myriam :

> Je me sens fatiguée, épuisée, et je n'aime pas les chicanes. Alors, pour éviter d'alourdir ma vie encore plus, ça vaut la peine de ne pas parler de nos problèmes, de les mettre de côté et d'utiliser des solutions faciles comme les cris, même si ça accumule les non-dits, les problèmes non réglés et un trop-plein qui aboutit à mon anxiété.

Une semaine plus tard, Éliane m'a raconté que notre travail de la semaine précédente avait produit un effet important. Elle s'était mise à relativiser les exigences qu'elle s'imposait en tant que mère et qu'elle avait apprises de sa propre mère. Elle avait aussi constaté que son fond d'anxiété était nourri par l'impression de ne jamais arriver à faire tout ce qu'il fallait. À l'inverse de son habitude et contrairement à ce que sa mère exigeait d'elle, elle avait quitté la maison sans que tout soit rangé. Elle avait dédramatisé le fait d'arriver légèrement en retard lorsqu'elle avait visité une garderie pour sa fille. Surmontant son évitement, elle avait même fait le point avec son conjoint. Inspiré par cette initiative, ce dernier s'était réengagé envers elle, ce qui avait rassuré Éliane en retour. Nous avons résumé ce changement majeur de perspective dans la phrase suivante :

> Il est normal que ça ne se passe pas toujours comme j'aimerais que ça se passe.

Le lâcher-prise d'Éliane sur ses exigences s'est maintenu au cours des deux mois qui ont suivi. En date de notre dernière séance, elle se sentait beaucoup mieux personnellement ainsi que dans son rôle de mère. Constater que « c'est une enfant » guidait désormais la dédramatisation de ses contrariétés avec sa fille. Elle avait lu un texte qui avait profondément résonné en elle, et qui disait que l'art de vivre n'est pas d'espérer être heureux un jour, mais d'être heureux en même temps que surgissent les obstacles. Elle était désormais moins rigide à propos de la routine, elle s'ajustait aux aléas et elle chargeait moins son horaire pour ne plus être sous pression dans ses interactions avec sa fille. Elle trouvait donc la routine beaucoup moins lourde. Elle avait laissé aller sa fille dans son désordre en se disant : « On va ramasser à la fin. » Éliane avait même pris le temps d'une journée « pyjama » avec Myriam où elles avaient eu beaucoup de plaisir.

L'entendre décrire cette belle transformation était de la musique à mes oreilles. Nous constations ensemble qu'elle avait reconnu et laissé tomber certaines exigences qu'elle s'était imposées inconsciemment. Elle laissait derrière elle le sentiment d'être désemparée qui lui venait de l'identité « démunie » et impuissante. Elle s'ouvrait à une joie de vivre qui permettait de concilier l'aspiration d'être une femme profitant de la vie avec celle d'être une mère heureuse avec sa fille.

CHAPITRE 7

L'IMPORTANCE DE RÉSUMER UN PROBLÈME PAR LA PENSÉE-PIÈGE

L'histoire de transformation d'un de mes clients appelé Jean illustre bien comment la capacité de résumer les situations négatives par l'enjeu identitaire essentiel que sont les pensées-pièges peut conduire à une prise de conscience déterminante de nos mécanismes psychologiques et à des façons de voir complètement différentes qui ouvrent sur une transformation durable.

J'ai accompagné Jean en thérapie pour favoriser son retour au travail et je lui ai présenté brièvement mon modèle des pensées-pièges. Trois semaines après son retour au travail, Jean m'a raconté des situations qui avaient suscité beaucoup d'émotions négatives en lui, mais où il n'avait pas réussi à identifier les pensées-pièges. Par exemple, des collègues étaient venus lui présenter un problème et lui demander des informations. Jean estimait qu'ils auraient dû connaître la réponse à leurs questions et leur avait dit qu'il n'était pas la personne à qui ils devaient demander ces choses. Irrité parce que ces gens lui avaient fait perdre son temps, il avait accéléré son rythme de travail, ce qui avait augmenté les risques d'erreur. Au fur et à mesure qu'il me racontait les événements, je l'aidais à identifier les pensées-pièges. Voici ce que nous avons trouvé.

Puisque Jean était irrité que ses collègues lui aient fait perdre son temps à propos de ce qu'ils auraient dû savoir, il s'était senti dérangé de façon inappropriée par eux. Il a convenu avec moi que son expérience correspondait à la pensée-piège «Je suis mal traité». En me racontant qu'il avait accéléré le rythme, même si cela comportait le risque d'une erreur, il a pris conscience qu'il l'avait fait parce qu'il compensait pour l'impression de ne pas travailler assez vite. Il y avait là une deuxième pensée-piège, soit «Je suis inadéquat». Il était frustré aussi envers sa patronne, qui lui avait demandé de faire fonctionner deux appareils à la fois, ce qu'il avait refusé de faire, parce que l'opération simultanée requérait plus d'attention, comportait des dangers, était épuisante à la longue, et n'était même pas essentielle pour la bonne marche des choses. Avant son arrêt de travail, il aurait acquiescé à la demande de sa patronne, m'a-t-il dit. Nous avons découvert ensemble sur-le-champ que cette docilité lui avait permis jusque-là de compenser pour son impression d'être «inadéquat». Il ressentait aussi de la colère contre ses supérieurs, qui prêchaient de beaux principes tout en faisant à leur tête, sans égard aux employés. Mais il ne parvenait pas à nommer l'essentiel de ce qu'il éprouvait intérieurement à ce sujet. Notre discussion nous a permis de conclure ensemble qu'il se sentait trahi par les supérieurs, ce qui était une façon de se voir «mal traité». De plus, en revenant chez lui après le travail, Jean se sentait coupable de rester absorbé dans les pensées et les émotions négatives qu'il ressassait depuis la conversation avec ses collègues. Nous avons pu identifier dans cette culpabilité la pensée-piège «Je suis malfaisant (envers moi-même)».

Une semaine plus tard, tout enthousiasmé, Jean m'a raconté combien son regard sur les événements et sa façon d'y réagir avaient changé grâce à sa capacité d'identifier les pensées-pièges derrière ses émotions négatives. Il avait même transformé sa résistance aux événements qui ne faisaient pas son affaire à l'aide du principe suivant: «Saisis, gère et avance avec ce qui est.» Le premier mot de cette formule me paraissait remarquable. Le verbe «saisir» signifiait à la fois l'importance d'accepter (au lieu d'éviter ou de résister) et l'importance de prendre le temps de comprendre (au lieu de réagir trop rapidement d'une façon qui, souvent, empire le problème). Dans son ensemble, avec ses quatre verbes, cette formule encapsulait admirablement la synthèse de l'acceptation et de la résolution de problème efficace, qui lui permettait de progresser plus sereinement malgré les impairs.

Lors de cette séance, Jean m'a fait part également de quelques épisodes illustrant sa transformation. Sa mère l'avait appelé pour lui dire que, le sachant très occupé, elle avait payé quelqu'un pour réparer son climatiseur, plutôt que de lui demander de le faire. Avant, Jean se serait senti coupable et « malfaisant » de ne pas l'avoir réparé lui-même pour sa mère. Cette fois, il avait reconnu son ancien réflexe et ne l'avait pas nourri. Il avait simplement constaté que sa mère était contente, et il l'était aussi.

Une nouvelle sorte d'interaction avec son fils avait aussi pris naissance. En entrant à la maison après le travail, Jean avait vu que son garçon de neuf ans avait laissé son sac de football dans le garage au retour de sa pratique. Avant, Jean lui aurait ordonné de ranger ses affaires tout de suite. Cette fois, il avait demandé à son fils de prendre sa douche et lui avait dit qu'il l'aiderait à ranger son équipement après coup. Sa femme avait été agréablement étonnée de voir Jean réagir de cette nouvelle manière !

Il m'a aussi raconté que, lors d'une partie de golf avec un ami homme d'affaires, ce dernier lui avait expliqué les difficultés de son entreprise au fil de leur progression sur le parcours. Son ami était frustré que le propriétaire de l'immeuble augmente son loyer de façon exagérée à la fin d'un contrat de location de 10 ans. Il voulait un local abordable d'au moins 12 mètres de haut pour les besoins spécifiques de son entreprise, mais il ne trouvait pas ce qu'il cherchait. Constatant que son ami jouait de plus en plus mal à mesure qu'il relatait la situation et qu'il devenait toujours plus irrité, Jean avait évidemment repéré que son partenaire de golf était envahi par la pensée-piège « Je suis mal traité » (à la fois par le propriétaire et par son propre jeu médiocre). Au lieu de simplement subir la frustration de son ami et de se sentir lui-même « mal traité », Jean avait eu l'idée créative et le courage de la petite expérimentation suivante. Sans en parler, il s'était mis à jouer moins bien, ce qui avait attiré l'attention de son partenaire. Jean lui avait ensuite donné le défi réaliste de jouer mieux que lui. Son ami était sorti de sa bulle d'idées négatives, son humeur était devenue plus positive et son jeu s'était amélioré…

La compréhension des pensées identitaires désagréables que sont les pensées-pièges avait donc rendu Jean beaucoup plus perspicace à propos de lui-même et d'autrui, plus attentionné envers les autres et plus à même de leur apporter une contribution.

CHAPITRE 8

L'AXE DE LA MALFAISANCE ET L'AXE DE L'INSUFFISANCE

À ce jour, mis à part les cas de douleur sensorielle pure et simple, chez des milliers de personnes, je n'ai jamais trouvé de situations souffrantes qui ne puissent se ramener à l'une ou l'autre des quatre pensées-pièges identitaires désagréables de mon modèle. D'un côté, j'avais construit ce modèle synthétique de façon intuitive et, d'un autre côté, je pouvais en confirmer la pertinence cas après cas. Un jour, je me suis demandé pourquoi ce modèle était si englobant. Pourquoi ces quatre définitions de soi-même résumaient-elles de façon juste l'interprétation qui menait à l'émotion négative dans un nombre impressionnant de situations?

En cherchant d'abord ce qu'il y avait de commun entre les pôles «mal traité» et «malfaisant», il m'est apparu qu'il s'agissait là, dans sa plus simple expression, de la perception d'une malfaisance. Grosso modo, malfaisance de l'environnement envers soi dans le cas de «Je suis mal traité» et malfaisance de soi envers l'environnement dans le cas de «Je suis malfaisant». Je pouvais donc appeler cet axe celui de la malfaisance (envers soi ou envers autrui). Je notais toutefois qu'il est possible de se sentir «mal traité» par soi-même, au point de piquer une colère contre soi. C'est alors comme si on se divisait soi-même et que l'on était à la fois la personne «malfaisante» et celle qui est «mal traitée». Ici aussi, cependant, on reste dans l'axe de la malfaisance.

Il me semble assez évident que beaucoup de souffrance humaine est liée à des questions de malfaisance, plus précisément à des situations où nous ne sommes pas traités comme nous souhaitons l'être, comme nous nous attendons à l'être ou encore à des situations où nous nous décevons nous-mêmes de ne pas avoir bien traité les personnes ou les choses. Dans cette perspective, il n'est pas surprenant que les pensées «Je suis mal traité» et «Je suis malfaisant» résument si bien nombre de situations problématiques que me présentent mes clients. Comme vous pouvez le voir dans la figure 2, j'ai placé les deux pôles de l'axe de la malfaisance sur le plan vertical.

FIGURE 2

LES QUATRE PENSÉES-PIÈGES
(PENSÉES IDENTITAIRES DÉSAGRÉABLES)

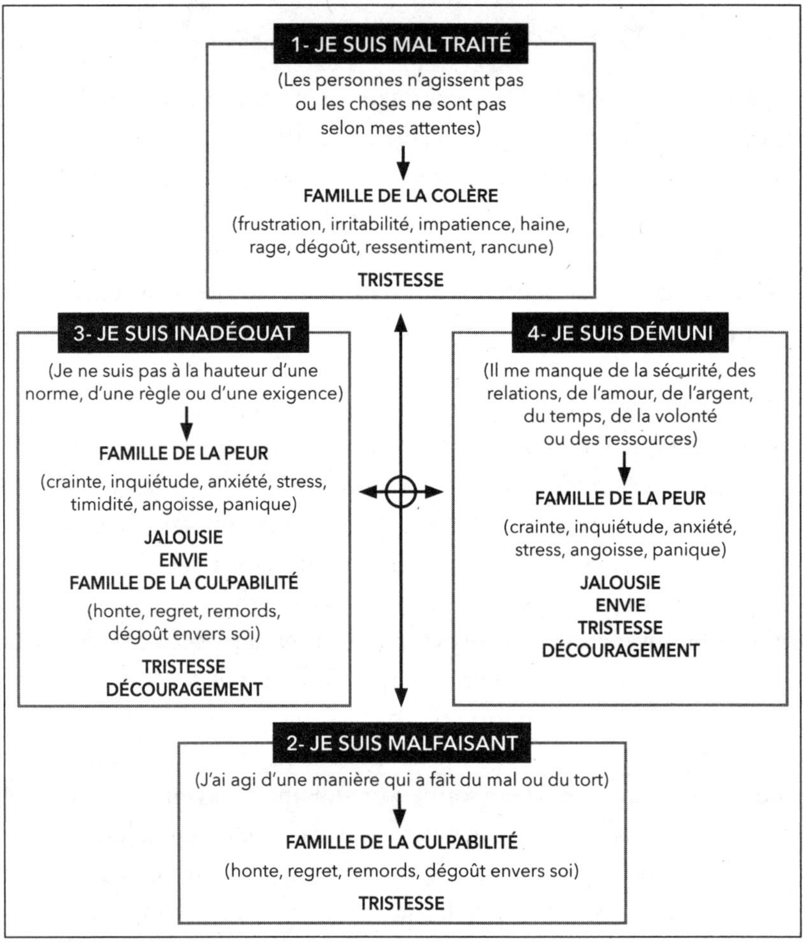

L'axe horizontal, pour sa part, combine les pôles «Je suis inadéquat» et «Je suis démuni». En tentant de saisir ce qu'ils ont en commun, il m'est apparu que, dans ces deux cas, la souffrance vient de la perception d'un manque. Dans «Je suis inadéquat», il s'agit d'un manque par rapport à une règle, à une exigence ou à une attente. Dans «Je suis démuni», il s'agit d'un manque dans notre capacité à éviter une souffrance significative. Autrement dit, nous souffrons au moment présent ou nous anticipons que nous allons souffrir dans l'avenir et nous ne nous sentons pas bien équipés pour éviter cette souffrance ou pour l'atténuer de façon vraiment rassurante. «Je suis inadéquat» exprime donc une insuffisance quant à la performance, alors que «Je suis démuni» nomme une insuffisance quant à la protection. Cet axe m'apparaît ainsi comme celui de l'insuffisance.

En résumé, il me semble logique de concevoir la souffrance psychologique dans son ensemble comme le résultat de la perception de la malfaisance ou de l'insuffisance, ou des deux simultanément. Les quatre pensées identitaires désagréables peuvent être vues comme les modalités subjectives fondamentales de ces deux grands axes de la souffrance humaine. Éclairer votre façon de vous percevoir dans les situations problématiques à la lumière de ces deux grands axes de la malfaisance et de l'insuffisance vous permettra de mieux comprendre l'enjeu fondamental ou existentiel de vos difficultés et de celles des autres humains, et d'y trouver des solutions plus adéquates et plus durables.

La figure 2 vue précédemment présente donc les quatre pensées identitaires désagréables ainsi que les émotions qui leur sont associées. Comme nous l'avons vu, ces pensées identitaires désagréables deviennent des pensées-pièges lorsqu'elles ne sont pas accompagnées par une résolution de problème efficace. Le chapitre suivant permettra de mieux comprendre ce phénomène.

CHAPITRE 9

QUAND UNE PENSÉE IDENTITAIRE DÉSAGRÉABLE DEVIENT UNE PENSÉE-PIÈGE

Comme je l'ai mentionné au chapitre 2, les quatre pensées identitaires qui définissent mon modèle ne sont pas forcément négatives ou dysfonctionnelles. Voyons comment chacune d'elles peut être tout à fait fonctionnelle, même si elle est désagréable.

Les pensées identitaires désagréables fonctionnelles

Premièrement, la pensée « Je suis mal traité » peut non seulement être fonctionnelle, elle peut même nous sauver la vie ! Il est extrêmement important et tout à fait sain de penser que nous sommes « mal traités » ou que nous le serons éventuellement quand des événements nous le laissent croire. Autrement, nous subirions des injustices et des préjudices sans jamais avoir l'impression que c'est inacceptable ou dangereux. Nous ne prendrions pas les mesures pour nous protéger et parfois même pour éviter le pire.

Estimer que nous sommes « malfaisants », que nous l'avons été ou que nous pourrions l'être en faisant telle ou telle action est pour sa part un pilier indispensable de la vie morale. Ne jamais avoir cette pensée signifierait que nous agirions sans avoir aucune notion de bien et de mal, sans aucune responsabilité morale, et nous ne verrions jamais la pertinence de corriger notre comportement.

Par ailleurs, constater que nous sommes « inadéquats », au sens où nos comportements ne sont pas à la hauteur d'une norme ou d'une exigence de performance, est la condition de base pour chercher à nous améliorer. Si, à l'inverse, nous pensions que nos comportements étaient toujours à la hauteur et adéquats, il n'y aurait aucun espace pour tenir compte de ce qui laisse à désirer et de ce qui peut être perfectionné. Le dépassement de soi n'existerait pas.

Finalement, la capacité de percevoir que nous sommes «démunis», que nous n'avons pas assez de ressources pour nous épargner telle ou telle souffrance, peut nous orienter de façon tout à fait pertinente vers la recherche des ressources et des moyens pour nous en sortir le mieux possible. Autrement, nous ne ferions rien pour nous protéger davantage des calamités naturelles, par exemple, ou de tout danger actuel ou à venir.

Les pensées-pièges

Il est donc important de faire la distinction entre une pensée identitaire désagréable fonctionnelle et une pensée identique qui serait toutefois dysfonctionnelle. À mon avis, la meilleure façon de les distinguer est la suivante. La pensée identitaire désagréable est fonctionnelle dans la mesure où elle est accompagnée par une résolution de problème efficace. Elle est dysfonctionnelle lorsqu'elle n'est pas accompagnée par une résolution de problème efficace. Dans ce cas, on l'appelle «pensée-piège».

Le cas le plus évident et le plus courant où la pensée identitaire est associée à une résolution de problème inefficace est celui où la solution que l'on utilise pour tenter de mettre un terme à notre pensée identitaire désagréable comporte des conséquences négatives significatives. Il vous est sans doute arrivé, par exemple, de fuir dans l'hyperphagie pour éclipser les émotions négatives liées à l'une ou l'autre des quatre pensées identitaires désagréables, tout en subissant par la suite les malaises physiques de votre excès de table. C'est lorsqu'elle comporte ainsi un prix à payer significatif que notre solution manque d'efficacité. Même si notre solution ne nous paraît pas complètement inefficace, le fait d'y voir un prix à payer notable suggère à tout le moins qu'elle laisse à désirer. La plupart du temps, dans ce genre de cas, la solution ne permet pas non plus d'éradiquer la pensée identitaire désagréable. On y reste emprisonné de façon plus ou moins intense, persistante et répétitive. C'est en ce sens que la pensée identitaire désagréable est un piège et donc une *pensée-piège*.

Les étapes de la résolution efficace d'un problème

On peut toutefois se demander ce qu'est la résolution efficace d'un problème. Si l'on se fie à la définition appuyée par de nombreuses études scientifiques, la résolution efficace compte les six étapes suivantes (malgré des variations d'un auteur à l'autre) :

1. Définir le problème ;
2. Comprendre le mieux possible les causes du problème ;
3. Faire un remue-méninges à propos des solutions ;
4. Sélectionner la ou les solutions à retenir ;
5. Appliquer la ou les solutions ;
6. Faire le suivi des résultats.

Le cycle est ensuite repris au besoin, en fonction des constats concernant les résultats.

Comment les pensées-pièges sabotent la résolution de problème

Dans le contexte des deux premières étapes de ce modèle de résolution efficace des problèmes, la pensée identitaire désagréable peut devenir une pensée-piège dans la mesure où elle définit le problème ainsi que ses causes d'une façon à la fois très personnelle et contestable. Par exemple, on pourrait se sentir « mal traité » par quelqu'un, alors que ce n'est pas du tout l'intention de la personne concernée ou que son comportement reste dans les normes acceptables. On pourrait se sentir « malfaisant » d'avoir trop parlé, alors que personne n'a trouvé que c'était inapproprié ou trop long. On pourrait encore se sentir « inadéquat » et très anxieux de ne pas présenter une performance parfaite, alors qu'aucune des personnes témoins ne l'exige. Enfin, on pourrait craindre de manquer d'argent et de se retrouver « démuni » dans la vie, alors que l'on est multimillionnaire et toujours prospère.

Des blocages générés par les pensées identitaires désagréables peuvent survenir aussi aux étapes 3 et 4 du modèle de résolution des problèmes, soit sur le plan de la solution (ou des solutions) à découvrir. Obnubilé par notre blessure au moi, insensible à celle de notre interlocuteur et motivé par le besoin de l'attaquer parce qu'on ne se sent pas bien traité par lui, on pourrait être incapable d'envisager une solution gagnant-gagnant.

L'étape 5 du modèle de résolution des problèmes est l'application de la solution. L'incapacité de la mettre en œuvre à cause de la prédominance d'une pensée identitaire désagréable dans notre esprit est sans doute ici le principal obstacle. Par exemple, nous sentir de nouveau injustement traités et en colère à cause de telle ou telle remarque d'une personne avec qui nous avons convenu d'un accord, pourrait nous amener à nous désister de cet accord ou à le boycotter sans même essayer de comprendre le point de vue de notre interlocuteur.

La dernière étape du modèle est l'observation des résultats de l'application de la solution retenue. Emportés encore ici par telle ou telle pensée-piège, nous pouvons être biaisés dans l'évaluation des résultats de la solution convenue. Imaginez une personne minée par une impression d'inadéquation qui la pousse au perfectionnisme et à la performance à tout prix, malgré l'épuisement qui la gagne de plus en plus. Comme solution, elle pourrait concevoir et instaurer un horaire de travail plus équilibré. Elle pourrait ensuite constater que même avec ce changement, elle continue de réussir très bien. Mais, se sentant « inadéquate » de ne pas avoir remporté le prix de l'employée la plus performante comme lors des années précédentes, elle pourrait revenir promptement à son ancien mode de vie effréné.

La plupart des blocages dans la résolution efficace des problèmes sont ancrés dans la logique émotionnelle des pensées-pièges. Cette logique est en partie inconsciente et elle est souvent enracinée dans des apprentissages de vie très blessants, donc associée aux enjeux existentiels les plus sensibles et les plus souffrants pour l'être humain. C'est pourquoi, malgré toute la connaissance intellectuelle acquise en résolution efficace des problèmes, nous sommes parfois incapables de nous libérer des pensées-pièges.

En somme, une pensée-piège est une pensée identitaire désagréable (une qualification de soi déplaisante) qui n'est pas accompagnée par une résolution de problème efficace et qui tend à saboter le processus même de la résolution des problèmes.

Comme on l'a vu à travers plusieurs exemples, les pensées-pièges sont intimement liées aux émotions et aux comportements. Les prochains chapitres présenteront encore plus précisément ces deux autres composantes du modèle des pensées-pièges.

CHAPITRE 10

COMPRENDRE VOS ÉMOTIONS

Puisque les pensées-pièges sont identitaires, elles contiennent les enjeux fondamentaux de notre moi. C'est pourquoi elles sont empreintes d'émotions. Si bien que pensée-piège et émotion forment le duo fondamental de la logique émotionnelle qui conduit à nos comportements indésirables. Il est donc très important de comprendre les liens entre nos pensées-pièges et nos émotions. Nous allons d'abord éclairer le phénomène des émotions de façon plus générale, pour ensuite examiner les liens entre les émotions et les quatre pensées-pièges.

Nous éprouvons plusieurs émotions par jour ou encore nous vivons plusieurs fois la même émotion au cours d'une journée, que ces émotions soient positives ou négatives. À d'autres moments, nous pouvons rester dans un état relativement neutre, sans émotion particulière. Mais nous serions pour la plupart bien embêtés si on nous demandait ce qu'il faut pour avoir une émotion.

La théorie des émotions de Richard Lazarus

Au cours des années 1970, Richard Lazarus, un éminent psychologue déjà réputé pour ses études sur le stress, s'est attelé à la tâche d'identifier les ingrédients nécessaires pour produire des émotions en nous. Puisque le stress prend souvent la forme des émotions négatives, il estimait qu'il ne lui serait pas possible de comprendre le phénomène du stress sans comprendre aussi les émotions qui en sont l'expression. Il a donc élaboré une théorie complète des émotions. Il s'est demandé quelles sont les émotions, quels sont les ingrédients nécessaires pour qu'un être humain ressente une émotion en général et, enfin, quels sont les éléments qui doivent être réunis pour que l'on vive telle ou telle émotion spécifique. En 1991, il a rassemblé les résultats de ses recherches et de ses réflexions dans *Emotion and adaptation*. Lors de la parution, Joseph J. Campos, un de ses collègues de l'Université de Berkeley en Californie, estimait que ce livre « propose une compréhension de l'émotion plus complète et plus profonde que tout ce qui a été écrit à ce sujet ». C'est une conviction que je partage encore aujourd'hui, plus de 30 ans plus tard.

Pour Lazarus, les émotions agréables ou « positives » sont la joie, la fierté, l'amour, le soulagement, la gratitude et la compassion. Les émotions désagréables ou « négatives » rassemblent la colère, la peur (incluant l'anxiété), la culpabilité et la honte, la tristesse, l'envie et la jalousie ainsi que le dégoût.

Les conditions pour avoir une émotion

La théorie de Lazarus est basée sur l'idée que l'émotion et la sorte d'émotion éprouvée dépendent toutes deux de l'*évaluation* que nous faisons d'une situation, que cette évaluation soit consciente ou non, qu'elle soit verbalisée ou non.

D'abord, du point de vue le plus général, pour que nous puissions ressentir une émotion, peu importe laquelle, qu'elle soit de nature positive ou négative, il faut que nous ayons l'impression que la situation est pertinente par rapport à une attente ou à un objectif personnels. Si vous êtes un fan de l'équipe de football ou de hockey qui représente votre ville et que vous apprenez la défaite de votre équipe aux séries éliminatoires ou, à l'inverse, qu'elle a gagné le championnat, vous ressentirez une émotion, soit de tristesse, soit de joie. Si, au contraire, le sport n'a pour vous aucun intérêt et vous laisse totalement indifférent, le fait d'apprendre que l'équipe de votre ville a perdu ou gagné vous laissera dans un état neutre, sans aucune émotion, ni positive ni négative, puisque cette nouvelle ne connecte avec aucune attente dans votre esprit.

La différence entre une émotion positive et une émotion négative

Ensuite, s'est demandé Lazarus, qu'est-ce qui distingue une émotion positive d'une émotion négative ? Selon lui, ce qui est déterminant, c'est encore la sorte d'évaluation que nous faisons de la situation. Si nous estimons que la situation est compatible avec notre attente personnelle, nous ressentirons une émotion positive. Si nous percevons la situation comme étant incompatible avec notre attente personnelle, nous éprouverons une émotion négative.

Imaginez, par exemple, que vous êtes partisan de l'équipe de baseball de votre ville, que vous habitez la ville de New York et que les deux équipes qui s'affrontent dans la série finale du championnat sont les Yankees de New York et les Mets de New York... À la fin de la série, votre émotion dépendra de la compatibilité entre votre attente personnelle et le résultat du match décisif. Si votre attente est de voir gagner les Yankees et qu'ils gagnent, vous aurez une émotion positive comme la joie ou la fierté ; s'ils perdent, vous aurez une émotion négative comme la tristesse, la colère ou la honte. On trouverait le même mécanisme émotionnel si vous espériez voir gagner les Mets. Donc, l'émotion positive ou négative ressentie ne serait pas causée par la victoire de l'une ou l'autre équipe, elle ne serait pas produite purement et simplement par l'événement « objectif » de la victoire. L'émotion serait déterminée plus fondamentalement par la compatibilité ou l'incompatibilité de la victoire de telle ou telle équipe par rapport à votre attente personnelle.

C'est là un principe fondamental de la logique émotionnelle que nous sommes portés à oublier et qui est souvent relégué à l'arrière-plan au profit de l'impression que ce qui produit nos émotions, ce sont les faits « objectifs » ou les personnes qui nous font ceci ou cela, et que ces faits ou ces actions envers nous agissent indépendamment de nos évaluations et de nos attentes. *Plus nous avons l'impression que les faits « objectifs » sont la cause de nos émotions, plus notre vie est à la merci des circonstances extérieures. À l'inverse, plus nous comprenons le rôle que nous jouons dans nos états émotifs, plus nous pouvons agir sur les facteurs qui relèvent de nous et avons le pouvoir d'orienter nos expériences et notre vie dans le sens de nos aspirations.*

Les évaluations spécifiques à chacune des émotions

Finalement, Lazarus s'est demandé quelles sont les conditions nécessaires pour que telle ou telle émotion particulière apparaisse. Autrement dit, si chaque émotion est une saveur particulière, quels en sont les ingrédients?

Pour mieux nous concentrer sur la dimension émotionnelle des pensées-pièges, nous nous attarderons ici aux émotions négatives. Voyons comment une seule phrase simple pourrait vous faire passer à travers une foule d'émotions négatives, en fonction de divers contextes possibles et des évaluations que vous pourriez en faire.

Imaginez que vous êtes en train de lire une revue et que vous tombez sur un article à propos du renouvellement de la relation amoureuse entre des conjoints qui s'étaient séparés. L'article est titré: «J'ai revu mon ex et ça va à merveille!» Si vous êtes bien dans votre relation amoureuse actuelle et n'avez aucune intention de retourner vers un ex, ce titre n'a pas vraiment de pertinence personnelle pour vous. Il ne suscitera donc pas d'émotion et vous gardera dans un état neutre. Si c'est votre meilleur ami qui vous annonce qu'il a revu son ex et que ça va à merveille, puisqu'il s'agit de votre ami, que vous voulez son bien et que cette nouvelle est pertinente par rapport à son bien-être, cette annonce fera surgir en vous une émotion: elle sera positive si vous avez confiance dans les chances de succès de ce retour amoureux et elle sera négative si, par exemple, vous estimez que cet ex n'est pas une bonne personne pour votre ami.

Maintenant, toujours afin de bien comprendre les émotions, imaginez que c'est *votre* partenaire, l'homme ou la femme de votre vie, qui vous arrive un jour en vous disant: «J'ai revu mon ex et ça va à merveille!» Est-il besoin de dire que vous aurez une émotion? Ce sera assurément parce que cette annonce est des plus pertinentes pour vous. Et l'émotion que vous aurez sera négative dans la mesure où cette affirmation est incompatible par rapport à votre attente de passer le reste de vos jours avec votre partenaire. Quelles pourraient être vos émotions négatives spécifiques? À partir de cette situation fictive, examinons comment les différentes évaluations que vous pourriez en faire vous conduiraient à plusieurs émotions négatives fort distinctes. Le développement détaillé de cet exemple illustrera la prééminence de l'évaluation (ou de l'interprétation) dans l'apparition et le maintien des émotions. Même si vous avez l'impression que cet exemple ne pourra jamais s'appliquer à vous, je vous invite à le suivre jusqu'à la fin pour vous aider à mieux comprendre vos réactions à d'autres situations qui sont réellement problématiques dans votre vie.

Évidemment, vous pourriez ressentir de la colère envers votre partenaire. Mais de quel type d'évaluation votre colère serait-elle issue ? Selon Lazarus, il faudrait quatre ingrédients à votre évaluation. La colère surgirait en vous dans la mesure où vous percevez : a) une action dommageable (en effet, votre partenaire vous délaisse en se rapprochant de son ex) ; b) une responsabilité (c'est bel et bien lui qui vous délaisse) ; c) la capacité de ne pas faire cette action (votre partenaire aurait pu ne pas se rapprocher de son ex) ; d) une raison de blâmer votre partenaire pour son action (« Tu as tort d'avoir agi ainsi »).

Vous pourriez toutefois ressentir de la tristesse au lieu de la colère. Selon le modèle de Lazarus, dans ce cas, votre évaluation ne comporterait pas de blâme, contrairement aux conditions de la colère. Ce serait cependant un phénomène rare, car il n'est pas facile d'envisager une évaluation qui ne comporterait pas de blâme dans ce genre de contexte. Mais imaginez un instant quelqu'un qui aurait été infidèle à son ou sa partenaire dans le passé. Alors, il serait malaisant pour cette personne de blâmer son ou sa partenaire de faire la même chose aujourd'hui. Ou encore imaginez que vous venez de lire plusieurs livres sur la loi du karma et que vous êtes maintenant convaincu que si vous recevez du négatif, c'est que vous avez fait quelque chose de semblable dans le passé. Vous ne voyez donc pas la pertinence du blâme puisque vous estimez qu'une justice naturelle est à l'œuvre dans ce que votre partenaire vous annonce.

Peu importe si vous vous retrouvez dans ces deux exemples, l'important est de comprendre que lorsque vous évaluez qu'une action dommageable a été faite, mais qu'elle ne mérite pas de blâme, il reste dans votre esprit la perception d'une perte qui n'est pas associée à un blâme. Dans cette condition, l'émotion que vous ressentez est la tristesse. Vous pourriez être déçu et triste que votre partenaire se soit éloigné de vous, mais sans y ajouter le blâme qui susciterait la colère. De façon plus réaliste, vous alterneriez sans doute d'une évaluation à l'autre, et donc d'une émotion à l'autre, en étant parfois en colère, parfois envahi par la tristesse.

Une autre façon d'interpréter les mêmes paroles de votre partenaire pourrait vous conduire à des émotions très différentes comme la culpabilité ou la honte. Vous pourriez conclure que si votre partenaire s'est éloigné de vous, c'est sans doute parce que vous avez trop souvent mal agi envers lui. Vous pourriez vous blâmer vous-même de son éloignement. Vous auriez alors l'émotion de la culpabilité. Ou encore vous pourriez estimer que cette situation illustre amèrement combien vous avez échoué dans l'idéal amoureux que vous aviez à l'esprit au début de votre relation avec ce partenaire. C'est alors de la honte qui monterait dans votre cœur.

Vous pourriez aussi anticiper que l'éloignement de votre partenaire pourrait aboutir à la séparation et que tout cela provoquerait une foule de conséquences négatives et menaçantes pour votre bien-être psychologique et physique, comme le fait de vous retrouver seul, de vivre des difficultés financières, de constater l'impact nocif sur les enfants, et ainsi de suite. C'est alors que vous éprouveriez la peur ou l'anxiété ou même du dégoût envers votre partenaire pour tous les soucis qu'il vous ferait vivre.

À d'autres moments, vous pourriez ruminer sur l'idée que votre partenaire a tort de vous priver de son amour au profit de quelqu'un d'autre et vous pourriez vous inquiéter de la menace potentielle qu'il vous en prive encore plus au fil du temps. C'est ainsi que vous pourriez être envahi par la jalousie.

Finalement, vous pourriez envisager la situation en vous comparant négativement à l'ex de votre partenaire. Vous pourriez penser à tout ce que cette personne doit posséder pour attirer si efficacement votre partenaire et que vous ne semblez pas détenir. C'est alors l'envie envers l'ex de votre partenaire qui vous rongerait de l'intérieur.

L'histoire ne s'arrête pas là. Après vous avoir entendu exprimer toutes ces émotions en rafales les unes après les autres sans pouvoir placer plus qu'un ou deux mots, votre partenaire vous répond: «Pauvre toi, tu as juste oublié un petit détail... Je t'ai dit la semaine passée que mon ex s'est inscrite sur un site de rencontre. Elle fréquente maintenant quelqu'un et ça n'a aucun rapport avec moi!»

À quoi vous pourriez lui répondre: «À l'avenir, pourrais-tu me faire la faveur de terminer tes phrases par "... ça va à merveille avec la nouvelle personne qu'elle a rencontrée sur les médias sociaux..."? Ça m'aurait épargné de vivre en quelques instants toute la théorie des émotions négatives de Lazarus!»

Pour vous guider efficacement dans la compréhension de vos émotions, voici un tableau synthétique des évaluations nécessaires pour chaque émotion négative.

ÉVALUATIONS NÉCESSAIRES POUR CHAQUE ÉMOTION NÉGATIVE	
Émotion	Évaluations
Colère	Action dommageable Responsabilité Capacité de ne pas faire cette action dommageable Blâme
Tristesse	Perte
Culpabilité, honte	Transgression morale ou échec *versus* un idéal Blâme envers soi
Peur (anxiété), dégoût	Menace envers le bien-être physique ou psychologique
Jalousie	Perte ou menace de perte de l'attention Blâme
Envie	Convoitise d'un bien possédé par autrui et dont on se sent dépourvu

La théorie des émotions de Lazarus et les pensées-pièges

La théorie des émotions de Lazarus peut maintenant nous aider à mieux comprendre les liens entre les pensées-pièges et les émotions. La pensée-piège «Je suis mal traité» apparaît tout naturellement associée à la famille de la colère, puisqu'elle identifie une action dommageable envers soi. La famille de la colère inclut la frustration, l'irritabilité, l'impatience, la haine, la rage, le ressentiment, la rancune et, à la rigueur, le dégoût. Notez que l'on peut se sentir mal traité par soi-même et dans cette mesure ressentir de la colère envers soi. Cependant, dans la mesure où une action dommageable est perçue, mais sans qu'un blâme soit porté, «Je suis mal traité» sera accompagné par de la tristesse au lieu de l'une ou l'autre des modalités de la colère, ce qui est moins fréquent.

Quant à la pensée «Je suis malfaisant», elle suggère la transgression morale et le blâme envers soi, qui est caractéristique de la culpabilité. La famille de la culpabilité inclut la honte, le regret, le remords et le dégoût de soi. Toutefois, si l'on perçoit une transgression morale, mais que l'attention est portée sur la perte de la moralité et non sur le blâme, «Je suis malfaisant» est accompagné simplement de tristesse, ce qui est rare.

Selon les variations de l'interprétation, les pensées-pièges «Je suis inadéquat» et «Je suis démuni» peuvent être associées à plusieurs émotions. Nous avons vu que ces deux pensées identitaires appartiennent à l'axe de l'insuffisance soit à l'égard de la performance («inadéquat»), soit à l'égard de la protection («démuni»). Il semble assez naturel que, face à une menace d'insuffisance, l'émotion qui surgisse le plus souvent soit la peur. La famille de la peur inclut l'anxiété, le stress, la crainte, l'inquiétude, la timidité, l'angoisse et la panique. Cependant, en fonction d'autres interprétations possibles de l'insuffisance, ces deux pensées identitaires peuvent faire surgir d'autres émotions comme la culpabilité, la honte, la jalousie, l'envie et finalement la tristesse. Dans le cas de la culpabilité, on interprète l'insuffisance personnelle comme si elle était un écart par rapport à une règle morale. Dans la honte, l'insuffisance est plutôt perçue comme un échec par rapport à un idéal. Pour sa part, la personne qui ressent de la jalousie voit dans son insuffisance le risque de perdre l'attention qu'elle recherche. Quant à celle qui éprouve de l'envie, son insuffisance l'amène à convoiter chez autrui ce qui lui paraît manquer en elle-même. Enfin, en constatant ou en anticipant une insuffisance, il est possible de se focaliser seulement sur l'absence ou la perte de certaines qualités ou de ressources, auquel cas c'est l'émotion de la tristesse qui s'installe dans notre conscience.

Comprendre les mécanismes qui nous amènent à vivre des émotions négatives nous ouvre la possibilité d'intervenir sur ces mécanismes pour changer le cours de nos expériences et de notre vie. Autrement, nos interventions se font au hasard et elles restent peu efficaces puisqu'elles n'atteignent pas de manière spécifique les facteurs de maintien de nos expériences négatives et de nos patterns indésirables.

Les duos pensée-piège/émotion sont évidemment des sources de souffrance. Comme nous cherchons tous à souffrir le moins possible, il est naturel d'intervenir chacun à notre manière pour éviter ou diminuer la souffrance. Mais ces tentatives ne réussissent pas toujours ou produisent d'autres problèmes ou d'autres indésirables.

Pour que vous puissiez vous y retrouver plus facilement dans la vie de tous les jours, je vais maintenant vous présenter un portrait synthétique des comportements qui se veulent des solutions, mais qui se révèlent problématiques.

CHAPITRE 11

LES SOLUTIONS QUI SONT UN PROBLÈME

Pour pouvoir mieux nous orienter dans la complexité de la vie humaine, nous avons tenté jusqu'ici de ramener à leur plus simple expression les multiples façons dont l'être humain peut souffrir à travers ses pensées et ses émotions. Vous êtes-vous déjà demandé à combien de *sortes* de comportements un être humain peut avoir recours pour éviter une souffrance ou pour chercher à la diminuer ? On les compterait sans doute par centaines. Comme nous désirons ici comprendre d'abord les patterns problématiques, je me suis attardé aux comportements qui ont pour but de diminuer la souffrance le plus possible, mais dont certaines conséquences sont indésirables et souffrantes à court ou à long terme. Par ces comportements, que nous en soyons conscients ou non, nous cherchons à éviter ou à diminuer, avec plus ou moins de dommages, la charge déplaisante des pensées identitaires désagréables et des émotions « négatives » qui en découlent. Pour les ramener à leur plus simple expression, j'ai classé ces comportements de gestion problématique de la souffrance en trois grands modes, dont deux se subdivisent en sous-modes. Je les appelle les « trois modes de gestion problématique du désagréable ». J'en donne la définition ci-dessous avec un exemple pour chaque mode ou sous-mode.

Le premier mode est la coercition. Il consiste à reprocher, à exercer une pression, à faire peur ou à faire mal pour mettre fin au désagréable. Il se subdivise en deux sous-modes, l'attaque et le contrôle. L'*attaque* inclut par exemple le fait de blâmer ou de punir ;

le *contrôle* inclut notamment le fait d'exiger de manière excessive ou de surprotéger.

Le deuxième mode est la recherche d'une approbation sociale. Dans ce mode, on essaie d'échapper au désagréable en cherchant à tout prix à mériter l'agréable. Ce mode se subdivise en trois sous-modes, soit le conformisme, l'amadouage et la surcompensation. Le *conformisme* inclut la tendance à dire oui quand c'est non et la tentative de s'assurer à tout prix l'appartenance à un groupe. L'*amadouage* se manifeste notamment par le fait de se diminuer soi-même et de s'excuser à outrance. La *surcompensation* se trouve par exemple dans le fait d'exiger de soi-même la perfection ou la supériorité, ou encore dans la tendance à performer ou à prendre soin des autres au point de se surmener ou de se négliger soi-même.

Le troisième mode est l'évitement. Il consiste à essayer de ne pas être en contact avec le désagréable. Cela inclut, par exemple, l'évitement des lieux, des contacts sociaux ou de l'engagement, ou encore la fuite dans les dépendances.

Le tableau de la page suivante résume les trois modes de gestion problématique du désagréable avec leurs sous-modes et avec quelques exemples de comportement spécifique pour chacun. La liste des comportements est plus détaillée dans les six domaines de la liste des comportements indésirables que vous trouverez au chapitre 13 ainsi que dans le « Questionnaire sur les schémas identitaires désagréables » qui se trouve à l'annexe 4.

GESTION PROBLÉMATIQUE DU DÉSAGRÉABLE – TROIS MODES		
MODES	SOUS-MODES	EXEMPLES
Coercition: reprocher, exercer une pression, faire peur ou faire mal pour mettre fin au désagréable.	Attaque	Critiquer, culpabiliser, s'autocritiquer.
	Contrôle	Exiger de manière excessive, être hypervigilant, résister aux pensées ou aux émotions négatives.
Recherche d'une approbation sociale: essayer d'échapper au désagréable en cherchant à tout prix à mériter l'agréable.	Conformisme	Dire oui quand c'est non, feindre de comprendre ou d'être d'accord, s'assurer à tout prix l'appartenance à un groupe.
	Amadouage	Se diminuer soi-même, flatter artificiellement, s'excuser ou se justifier à outrance.
	Surcompensation	Exiger de soi-même la perfection ou la supériorité, performer au point de se surmener, prendre soin des autres au point de se négliger soi-même.
Évitement: chercher à ne pas être en contact avec le désagréable.		Éviter, fuir dans les dépendances, fuir dans la surpréparation.

Il est temps maintenant de procéder à la synthèse des aspects identitaires, émotionnels et comportementaux que nous avons mis en lumière dans les patterns indésirables.

CHAPITRE 12

LES QUATRE RÉACTIONS IDEMCO DE BASE

Dans le projet de comprendre la logique émotionnelle des patterns que vous trouvez indésirables en vous-même, nous avons identifié jusqu'ici les pensées-pièges, les émotions qui les accompagnent et finalement les types de comportements auxquels vous pouvez avoir recours pour essayer de souffrir le moins possible de ces duos pensée-piège/émotion, mais qui entraînent eux-mêmes des conséquences indésirables et vous laissent insatisfait.

J'appelle «**réaction ID-EM-CO**» la combinaison de la pensée-piège, de l'émotion et du comportement problématique. Cet acronyme est formé des deux premières lettres des mots identitaire (ID), émotionnel (EM) et comportemental (CO). On peut regrouper le nombre incalculable des réactions IDEMCO spécifiques en quatre catégories. Ces quatre réactions IDEMCO de base s'enracinent dans les quatre pensées-pièges, tout en incluant plusieurs émotions possibles et une foule de comportements qui tentent plus ou moins efficacement de diminuer la souffrance. Le tableau de la page suivante montre comment les quatre réactions IDEMCO de base synthétisent l'ensemble des réactions IDEMCO spécifiques possibles.

LES QUATRE RÉACTIONS IDEMCO DE BASE			
Je suis **mal traité**	Je suis **malfaisant**	Je suis **inadéquat**	Je suis **démuni**
+			
L'une ou l'autre des diverses **émotions** possibles			
+			
L'un ou l'autre des divers **comportements** possibles			

Événements observables, interprétation et réactions IDEMCO

Les réactions IDEMCO sont toujours des réponses à ce que j'appelle les « événements observables ». Ceux-ci sont les aspects les plus factuels de notre expérience. Ils viennent essentiellement des sensations perçues par nos cinq sens au sujet des événements à l'intérieur et à l'extérieur de nous. À toutes fins utiles, ce sont le plus souvent les choses que nous entendons et que nous voyons. Ces événements observables se distinguent des interprétations, c'est-à-dire des significations que nous donnons aux événements observables.

Il serait plus exact de dire que nous donnons des significations aux *sensations* plutôt qu'aux événements observables, puisque nous n'avons accès à ces derniers que par nos sens. Dès qu'à travers notre cerveau nous recevons ces données sensorielles à propos des événements, nous les interprétons, que ce soit de manière consciente ou non, verbale ou non, automatique ou délibérée, instantanée ou différée, en fonction de nos présupposés, de nos croyances, de nos attentes et de nos objectifs. Quand cette interprétation comporte quelque chose de déplaisant, à son niveau le plus profond, elle met toujours en jeu une des quatre pensées identitaires désagréables, qu'elle soit consciente ou non, verbalisée ou non. Cette pensée identitaire est alors accompagnée d'une émotion dite « négative ». Il se produit ensuite une autre interprétation, cette fois à propos du duo pensée identitaire désagréable/émotion négative. Cette interprétation de deuxième niveau est orientée par une foule de questions possibles comme « Est-ce normal ou correct de me sentir comme ça ? », « Qu'est-ce que je dois faire ? », « Est-ce que ça vaut la peine de réagir de telle ou telle manière ? ». L'interprétation inclut ici à la fois ce type de questionnement et la réponse qu'on lui donne. Le tout peut venir à la vitesse de l'éclair et est souvent au moins partiellement inconscient.

Dans le but de souffrir le moins possible des duos pensée identitaire désagréable/émotion négative, nous réagissons ensuite de façon concrète par un comportement, parfois sans y avoir réfléchi consciemment. Dans le chapitre précédent, nous avons identifié les types de comportements qui, conçus comme des solutions pour moins souffrir, se révèlent être des problèmes importants parce qu'ils ont des impacts négatifs que nous estimons nous-mêmes indésirables.

Comme le fil des événements observables est susceptible d'être modifié par notre comportement, nous sommes ensuite renvoyés à l'étape 1 : nous observons par nos cinq sens le déroulement des événements à la suite de notre comportement. Ce cycle se répète sans cesse et il inclut une foule de variantes possibles dans les réactions IDEMCO.

Le mécanisme des réactions IDEMCO

Dans la figure 1 présentée au chapitre 1 (voir à la page 28), à travers la métaphore de la balance du plaisir et de la douleur, j'ai résumé les mécanismes généraux qui nous conduisent, dans un cycle sans cesse renouvelé, des événements observables aux interprétations et aux comportements qui en découlent. Sur le même canevas de base, voici maintenant le mécanisme spécifique des réactions IDEMCO :

1. Événements observables tels qu'ils nous sont présentés par nos cinq sens ;
2. Interprétation primaire des sensations tirées des événements observables ;
3. L'une ou l'autre des quatre pensées identitaires désagréables ;
4. Émotion désagréable ;
5. Interprétation secondaire du duo pensée identitaire/émotion ;
6. Comportement visant à éviter ou à diminuer la souffrance associée au duo pensée identitaire/émotion, mais comportant des conséquences que nous trouvons insatisfaisantes ou indésirables (autrement dit, un prix à payer significatif) ;
7. Retour à 1.

Les cas où trois ou quatre pensées-pièges se succèdent en rafales à propos d'un seul événement observable illustrent bien le mécanisme des réactions IDEMCO.

Une cascade de pensées-pièges

Jean-Marie est venu en consultation pour des épisodes d'anxiété qui culminaient parfois en panique. Il abusait aussi de l'alcool les week-ends. Son couple battait de l'aile au point de lui faire considérer la séparation.

Pour comprendre sa logique émotionnelle, nous sommes partis d'une interaction négative typique avec sa conjointe. Quand celle-ci lui faisait part de ses insatisfactions ou lui demandait de changer certains comportements, il se sentait souvent frustré (émotion), il se fâchait et répondait sur un ton agressif par des propos parfois blessants (comportement). Nous avions ici les aspects émotionnel et comportemental de la réaction IDEMCO. Il nous manquait l'interprétation et la pensée identitaire sous-jacente. À mesure qu'il verbalisait sa façon de voir la situation, nous avons mis cet aspect en lumière.

Jean-Marie estimait que sa conjointe n'était pas bien avec elle-même et qu'elle se défoulait sur lui. Il était à bout de l'entendre se plaindre. Elle ne pensait qu'à elle et se montrait ingrate envers lui; une autre femme aurait apprécié ce qu'il faisait pour la famille, estimait-il. Cette façon d'interpréter la situation le conduisait évidemment à se sentir « mal traité », plus précisément, *injustement* traité par sa conjointe. Il se voyait comme une simple victime de ce mauvais traitement. Nous avions donc maintenant les trois composantes d'une réaction IDEMCO, avec leur enchaînement logique: se sentant trop critiqué et pas assez apprécié par sa conjointe, donc traité de façon injuste (pensée-piège), Jean-Marie se sentait frustré (émotion) et réagissait par un ton et des propos agressifs (comportement), pour ensuite bouder (comportement) sa femme.

Cependant, Jean-Marie changeait ensuite rapidement de point de vue. Il estimait après coup qu'il avait réagi impulsivement et que ses paroles agressives dépassaient sa pensée. Il se voyait comme « malfaisant » (pensée-piège) et se mettait à regretter (émotion) son attitude et ses paroles. Il avait alors tendance à s'isoler et à ruminer (comportement) sur l'état de la situation. Il passait ainsi au travers d'un deuxième type de réaction IDEMCO.

Au cours de sa rumination, Jean-Marie concluait aussi qu'il était incapable de dédramatiser une situation, de mettre de l'eau dans son vin et de communiquer correctement ses sentiments. Il ne se trouvait pas à la hauteur de ses propres attentes, il se sentait donc «inadéquat» (pensée-piège) et stressé (émotion) de le constater. Ce constat favorisait son isolement, sa rumination et sa tendance à noyer sa détresse dans l'alcool (comportement). C'était donc là un troisième type de réaction IDEMCO.

Confronté à ce manque personnel et à ces interactions négatives avec sa conjointe, Jean-Marie avait l'impression que sa vie de couple se dirigeait vers le gouffre et il se sentait impuissant à stopper le train. Il entrevoyait que ses enfants seraient dévastés par une séparation et qu'il regretterait toute sa vie de ne pas avoir pu sauver son union. Dans cette perspective, il se sentait profondément «démuni» (pensée-piège) par rapport à la profonde souffrance que la dégradation de son couple pouvait entraîner. L'impression qu'il puisse ne pas pouvoir éviter le pire faisait culminer son anxiété (émotion), son isolement, sa rumination et l'atténuation de sa détresse à travers l'alcool (comportement). Cette façon de voir la situation l'amenait ainsi à vivre un quatrième type de réaction IDEMCO.

En comprenant mieux sa logique émotionnelle, Jean-Marie a été plus à même de remettre en question sa position de victime envers sa conjointe et de répondre autrement. Il s'est ouvert à d'autres façons de voir et d'agir. Désormais, le fait que sa conjointe n'ait pas le même point de vue ne voulait pas forcément dire qu'elle ne le comprenait pas ou qu'elle le jugeait. Il prenait donc davantage le temps de saisir l'intention de sa conjointe lorsqu'elle intervenait. Il pouvait aussi se recentrer sur la valeur de la justice, à laquelle il tenait, évaluer la situation à la lumière de cette valeur, prendre le temps d'échanger sur leurs attentes respectives et chercher à ce que sa conjointe et lui y trouvent tous les deux leur compte.

Le rendez-vous annulé

À l'occasion d'une seule situation conflictuelle avec son copain, Érika a été, pour sa part, emportée par trois types de réaction IDEMCO. Voici ce qu'elle m'a raconté.

Son ami de cœur était censé la rejoindre après une activité. Alors qu'elle l'attendait, elle avait reçu de lui un texto lui annonçant qu'il ne viendrait pas, car il était fatigué. Elle avait piqué une colère sur-le-champ et lui avait martelé en long et en large combien cette manière d'agir n'avait aucun sens.

Dans ce récit initial d'Érika, nous avions déjà deux aspects d'une réaction IDEMCO : l'émotion (la colère) et le comportement (les reproches). Érika a reconnu d'emblée que son émotion et son comportement étaient nourris par la pensée-piège « Je suis mal traitée ». Mais elle comprenait mal pourquoi le texto de son copain avait produit en elle une réaction négative aussi intense. Je lui ai alors souligné que lorsqu'un engagement n'est pas respecté, on pense souvent que c'est notre personne qui n'est pas respectée. Voilà qui sonnait tout à fait vrai pour Érika. Elle pensait même que son copain n'avait simplement pas envie de la voir et qu'il avait en plus le culot de la faire attendre ! Cette façon d'interpréter la situation nourrissait abondamment l'impression d'être « mal traitée » (pensée-piège) ainsi que la colère et la pluie de reproches qui avaient suivi et qui visaient à faire bien comprendre à son copain combien il était irrespectueux envers elle. Sous cet éclairage, nous comprenions bien la logique émotionnelle de sa première réaction IDEMCO.

Après avoir évalué ainsi le comportement de son copain, Érika a aussi interprété son propre comportement. Surtout en constatant que son copain se sentait coupable de lui faire de la peine, elle a commencé à se voir elle-même comme la méchante, la « malfaisante » (pensée-piège), et elle s'est mise à ressentir de la culpabilité (émotion), car elle avait l'impression d'avoir réagi de manière excessive et elle estimait qu'il ne méritait pas ça. Nous avions donc ici l'amorce d'une deuxième réaction IDEMCO qui se prolongeait dans l'autocritique (comportement).

Érika a ensuite envisagé la situation sous un troisième angle. Elle a eu tout à coup l'impression d'être « inadéquate » (pensée-piège) en tant que copine, craignant que son petit ami la trouve folle de réagir aussi intensément et qu'il s'éloigne d'elle. Érika était entrée dans le registre de l'anxiété (émotion) contre laquelle elle se débattait, avec des inquiétudes (comportement) à propos de son avenir avec son amoureux.

Le fait de revoir avec moi ses réactions émotionnelles au ralenti, pour ainsi dire, et de mieux les comprendre, a permis à Érika de prendre du recul. Elle s'est rappelé que son copain avait l'habitude de bien respecter ses engagements, qu'il était sans doute bel et bien fatigué et que cette situation n'avait aucun rapport avec elle ou avec leur couple. Peut-être même préférait-il simplement être seul, sans pour autant se foutre de sa gueule… Elle a reconnu qu'elle avait tendance à exiger que ses plans soient toujours respectés par les personnes qui en faisaient partie. Elle pouvait maintenant envisager que quelqu'un puisse changer le plan sans que cela soit une action contre elle. Avec cette nouvelle façon de voir les choses, elle s'estimait maintenant capable de rebondir et de réorganiser sa soirée lors de tels imprévus.

À l'occasion des consultations avec Jean-Marie, Érika et bien d'autres personnes, dès que j'ai commencé à utiliser ce modèle identitaire-émotionnel-comportemental, j'ai constaté qu'il permettait très rapidement de clarifier pour mes clients les composantes et l'articulation de leur logique émotionnelle. À partir de là, il devenait beaucoup plus facile d'opérer les transformations nécessaires, au niveau fondamental de leurs problèmes, et de désamorcer les patterns qui embourbaient leur vie.

Il est relativement facile d'assimiler le modèle des pensées-pièges en vous référant à la figure 2 (voir à la page 74) et en prenant soin de vous observer au quotidien en fonction de ses composantes. Il est souvent plus simple d'identifier d'abord l'émotion négative que vous éprouvez. De là, remontez à la pensée-piège typiquement associée à cette émotion selon le modèle des pensées-pièges. Imaginez, par exemple, qu'un jour vous vous sentez irritable (émotion) et que vous avez la critique facile à propos de tout et de rien (comportement d'attaque), sans toutefois comprendre pourquoi. Comme l'indique la figure 2, l'irritabilité fait partie de la famille de la colère et celle-ci est l'émotion la plus caractéristique de la pensée-piège «Je suis mal traité». Quelle que soit la situation, le recours à ce modèle vous permet de conclure sans tarder que votre irritabilité est due fort probablement à l'évaluation «Je ne suis pas bien traité». Vous êtes aussitôt en mesure de vous poser la bonne question: «Qu'est-ce qui m'amène à ne pas me sentir bien traité?» Vous pouvez alors plus sûrement découvrir les interprétations qui font en sorte que vous ne vous sentez pas traité adéquatement. De là, vous pouvez réévaluer le bien-fondé de ces interprétations ou encore l'efficacité de votre tendance à critiquer lorsque vous avez l'impression de ne pas être traité comme il se doit.

Vous pouvez aussi être attentif à n'importe quel aspect des réactions IDEMCO chez les gens qui vous entourent, non pas pour les prendre en défaut, mais pour mieux les comprendre tout en assimilant ce modèle. Ce faisant, vous ressentirez plus d'empathie lorsque vous observerez chez eux comme en vous-même des façons parfois problématiques, mais bien humaines, de chercher à souffrir le moins possible. Il va sans dire qu'il peut être fascinant et instructif de regarder un film ou une télésérie à travers le prisme des réactions IDEMCO. Vous constaterez rapidement que ces œuvres de fiction regorgent de mille et une réactions IDEMCO. Amusez-vous bien!

Pour donner les bases les plus solides à votre compréhension des réactions IDEMCO et à la manière de les désamorcer, nous commencerons par l'identification des comportements que vous trouvez indésirables en vous. Ce sera le point de départ de l'analyse et du désamorçage d'une de vos réactions IDEMCO que vous aurez l'occasion de faire dans la deuxième partie. Dans le chapitre qui suit, je vous invite donc à faire le point sur vos comportements indésirables.

CHAPITRE 13

FAITES LE POINT SUR VOS COMPORTEMENTS INDÉSIRABLES

À la lumière de la logique émotionnelle, nous avons vu que nous cherchons tous à tirer le plus de plaisir de la vie et à souffrir le moins possible, mais nos stratégies ne fonctionnent pas toujours à notre propre satisfaction. Certaines de ces façons de faire ont tendance à produire des conséquences négatives dans notre vie. Nous estimons que ces stratégies et ces conséquences sont négatives parce qu'elles nous font souffrir et font souvent souffrir les personnes qui nous entourent. J'appelle ces stratégies ainsi que leurs conséquences négatives les «indésirables».

La première étape vers une vie qui soit plus à la hauteur de nos aspirations est donc d'identifier ces indésirables, particulièrement les comportements persistants dont nous sommes insatisfaits. Je vous invite donc, ne serait-ce que par curiosité, à faire le point à propos des comportements ou des réactions que vous ne souhaitez pas en vous-même, mais que vous avez de la difficulté à ne pas reproduire. Les comportements listés sur les deux pages suivantes sont divisés en six domaines. Ceux-ci correspondent à ce que j'ai défini comme les trois modes (et leurs sous-modes) de comportements qui veulent éviter ou amoindrir la souffrance des duos pensée-piège/émotion. Dans un cahier ou sur tout autre support que vous pourrez utiliser aussi pour les autres exercices à venir dans ce livre, vous pouvez noter, parmi la liste qui suit, les comportements que vous n'aimez pas adopter, mais que vous avez peine à ne pas reproduire, à l'occasion ou souvent, avec une ou plusieurs personnes, ou dans une ou plusieurs situations. La quasi-totalité des énoncés de ce questionnaire associent le mot « trop » au comportement décrit. Ce mot met en évidence l'aspect indésirable du comportement *à vos yeux*. Le fait de noter tel ou tel comportement indiquera que la fréquence ou l'intensité à laquelle il apparaît dans votre vie est indésirable selon vos propres critères.

LES COMPORTEMENTS INDÉSIRABLES

COMPORTEMENTS INDÉSIRABLES À VOS YEUX, MAIS QU'IL VOUS EST DIFFICILE DE NE PAS REPRODUIRE
DOMAINE 1 – ATTAQUE
Je critique ou je blâme trop les autres (en pensées ou en paroles).
Je déprécie trop les opinions, les émotions ou la personnalité des autres (en pensées ou en paroles).
Je me critique trop moi-même (en pensées ou en paroles).
Je me culpabilise trop.
Je suis trop impatient ou irritable.
Je suis trop colérique ou agressif.
Je suis trop intolérant.
Je suis trop susceptible.
Je boude trop.
DOMAINE 2 – CONTRÔLE
Je suis trop exigeant envers les autres.
Je cherche trop à imposer mes préférences aux autres.
Je manipule trop.
Je surprotège trop.
Je suis trop méfiant ou hypervigilant.
J'essaie trop de lutter contre mes pensées ou mes émotions négatives.
DOMAINE 3 – CONFORMISME
Je cherche trop à faire plaisir en oubliant qui je suis.
Je dis trop souvent oui aux demandes alors que je devrais dire non.
Je suis trop préoccupé par ce que les autres pensent de moi.
Je suis trop influençable.
DOMAINE 4 – AMADOUAGE
Je m'excuse trop.
Je me justifie trop.

J'insiste trop sur mes propres défauts.
Je me contente de trop peu.
J'idéalise trop les autres.
DOMAINE 5 – SURCOMPENSATION
Je travaille trop.
Je cherche trop à performer.
Je suis trop souvent à la course.
Je suis trop exigeant ou perfectionniste envers moi-même.
Je prends trop soin des autres, au point de me négliger moi-même.
Je cherche trop à séduire ou à conquérir.
Je recherche trop l'attention.
Je me vante trop.
DOMAINE 6 – ÉVITEMENT
J'évite trop (personnes, sujets de conversation, situations, lieux, actions, intimité, engagement).
Je tente trop de cacher des choses (nier, déformer, mentir, faire comme si de rien n'était, rester muet).
Je ne dis pas assez ce que je pense.
Je n'ai pas assez d'écoute.
Je m'isole trop des gens.
Je consomme trop ou trop souvent (alcool, cigarette, drogues, café, nourriture, télévision, jeux vidéo, Internet, pornographie, «one night stand»).
Je m'inquiète trop à propos de l'avenir.
Je rumine trop à propos du passé et du présent.
Je remets trop à plus tard (je procrastine).
J'abandonne trop vite les tâches ou les projets.
Je manque trop souvent à ma parole.
Je refuse trop souvent l'aide des autres.
Je suis trop hyperactif.
Je passe trop de temps à fantasmer ou à dormir.
Je répète, vérifie ou nettoie à l'excès; j'ordonne ou j'accumule à l'excès.
Je pousse les mesures de sécurité à l'extrême.
Je cherche trop à me faire rassurer.

Si vous êtes surpris du nombre d'éléments qui vous décrivent, ne vous en faites pas! Souvent, plusieurs comportements indésirables trouvent leur source dans une seule blessure profonde que les outils de ce livre vous aideront à identifier et à désamorcer.

Si, au contraire, vous n'avez rien coché ou presque, il se pourrait que vous soyez un saint… ou que vous sous-estimiez vos comportements problématiques.

Tous les comportements que vous avez identifiés comme indésirables, mais qui restent difficiles à stopper, ont leur logique émotionnelle. Plus une partie de vous tend à les voir comme nuisibles, immatures, stupides, insensés ou condamnables, plus on doit conclure qu'une autre partie de vous, du point de vue qui est le sien, a besoin de ce comportement pour souffrir le moins possible. Si les motivations de cette autre partie de vous-même sont pour vous un mystère, on ne saurait dire pour autant qu'elles n'existent pas. Il semble plus probable que les motivations de cet autre aspect de vous existent, mais selon une logique qui, pour l'instant, vous échappe.

Des milliers de livres de croissance personnelle garnissent aujourd'hui les rayons des librairies et des bibliothèques. On y trouve souvent de bons principes, comme le lâcher-prise, l'écoute active, la communication non violente, la résolution efficace des problèmes, l'importance d'incarner ses valeurs profondes ou sa mission. Cependant, on y rencontre peu d'explications et d'outils à propos des mécanismes précis qui font en sorte que, trop souvent, c'est notre vieux pattern indésirable qui refait surface, qui nous envahit et rend difficile l'application des beaux principes que nous avons appris…

La logique émotionnelle qui vous empêche d'appliquer les bons principes s'articule presque toujours autour d'un ensemble d'interprétations et d'émotions qui vous sont spécifiques et que vous ne trouverez pas comme telles dans un livre. Il vous faut donc être équipé d'outils très spécifiques pour pouvoir manœuvrer avec succès au travers de votre propre logique émotionnelle et arriver à la transformation souhaitée.

En écrivant ce livre, j'ai voulu pallier ce manque dans la compréhension des logiques émotionnelles personnelles qui entraînent des conséquences souffrantes et dans la capacité de les désamorcer sur mesure. J'ai voulu combler ce manque de manière efficace en même temps que simple, facile à comprendre et conviviale quant à son application à votre vie. C'est ce que nous verrons dans la deuxième partie.

DEUXIÈME PARTIE

COMMENT VOUS LIBÉRER DES PENSÉES-PIÈGES

CHAPITRE 14

DÉPARTAGEZ VOS PENSÉES DES ÉVÉNEMENTS OBSERVABLES

Les gens qui me consultent ont habituellement essayé de se libérer de leurs patterns indésirables par eux-mêmes, mais sans succès ou encore avec des résultats partiels ou temporaires. Le mécanisme de leur réaction IDEMCO leur échappe au moins en partie et ils ne savent pas comment intervenir sur eux-mêmes d'une façon qui fera la différence. Tant que nous ne connaissons pas l'engrenage qui nous pousse à agir de telle ou telle manière, nous ne savons pas non plus comment le désamorcer.

Comprendre la logique émotionnelle de vos réactions IDEMCO ouvre donc la possibilité d'exercer une action efficace sur vos patterns indésirables et de les désamorcer. Dans cette deuxième partie, vous pourrez approfondir votre compréhension des rouages qui forment la logique émotionnelle de vos réactions IDEMCO et appliquer concrètement des techniques pour les neutraliser.

La plupart du temps, quand nous sommes absorbés dans une réaction IDEMCO, nous avons l'impression que nos pensées correspondent exactement à la situation ou qu'ils en résument très fidèlement l'essence ou la cause. Une toute première étape pour mieux comprendre votre ou vos réactions IDEMCO indésirables et pour les désamorcer est de faire la distinction entre les événements observables et vos pensées.

Elle ne m'a pas salué

L'exemple suivant est souvent utilisé dans les ateliers de méditation pleine conscience pour illustrer l'impression de vérité associée à nos pensées ou à nos façons de voir. Imaginez les événements observables suivants : vous marchez sur le trottoir et vous apercevez une de vos connaissances de l'autre côté de la rue ; vous la saluez, mais elle continue son chemin sans vous saluer.

Il est presque impossible pour l'esprit humain de s'en tenir à ces éléments factuels. Ces faits doivent avoir une explication, une signification, un sens… Dès que notre esprit leur donne une signification, il la fusionne presque immanquablement avec ces événements observables, comme s'ils « voulaient » dire la signification qui vient de leur être attribuée. Quand on demande aux participants à l'atelier de méditation ce que « veut » dire le fait que la personne poursuive son chemin sans saluer, ils constatent rapidement, à partir des réponses diverses des participants, qu'une foule d'interprétations sont possibles, dont celles-ci : « Elle ne m'a pas vu », « Elle est absorbée dans ses pensées », « Elle m'ignore », « Elle est vraiment snob », « Qu'est-ce que j'ai fait encore ? » ou bien « Personne ne m'aimera jamais ! ».

Il est rare qu'en dehors de ce genre d'atelier, une même personne garde plusieurs options d'interprétation ouvertes. L'esprit humain a beaucoup de difficulté à « garder l'incertitude incertaine », comme je le dis parfois à mes clients. Le plus souvent de manière inconsciente, nous ressentons un malaise à tolérer notre incertitude ou notre ignorance à propos d'une chose qui nous touche, à ne pas en avoir le cœur net, à garder en suspens une question importante, à accepter que, pour le moment ou pour toujours, elle soit sans réponse. Nous penchons plutôt vers l'une ou l'autre des interprétations possibles pour mieux apaiser notre esprit dans une impression de « certitude ».

Notre façon de trouver une explication ou un sens est orientée par l'ensemble de nos apprentissages de vie. Elle est donc « biaisée » par eux. Cela est particulièrement vrai devant les événements qui comportent des enjeux importants pour nous, qui sont liés à nos attentes et qui sont donc plus susceptibles de provoquer nos émotions en fonction de nos évaluations sur la balance du plaisir et de la douleur (voir la figure 1 à la page 28).

Une fois adoptée telle ou telle interprétation des événements observables, nous avons immédiatement tendance à penser que notre interprétation est conforme à l'essence ou à la cause de ces événements, autrement dit, que notre interprétation est « vraie » et que les autres interprétations sont moins vraies ou carrément fausses.

Dans la thérapie de l'acceptation et de l'engagement, on appelle ce phénomène la « fusion cognitive ». Cette fusion est une illusion de vérité selon laquelle nos pensées (ou cognitions) nous donnent accès aux choses telles qu'elles sont. Principal inconvénient de cette illusion de vérité, nous devenons moins réceptifs à d'autres informations qui pourraient contrer notre « vérité » : à quoi sert d'écouter les autres points de vue quand nous savons que nous avons raison ? Nous manquons alors l'occasion d'ouvrir nos horizons et d'enrichir notre point de vue, voire de le contredire et de le rectifier au besoin. Ainsi, à cause de nos illusions de vérité, nous reproduisons les mêmes patterns basés sur les mêmes interprétations, même si cela comporte des conséquences négatives et indésirables qui pèsent lourd à la longue. Ce cycle de l'interprétation fusionnelle est illustré dans la figure 3 de la page suivante.

FIGURE 3

LE CYCLE DE L'INTERPRÉTATION FUSIONNELLE

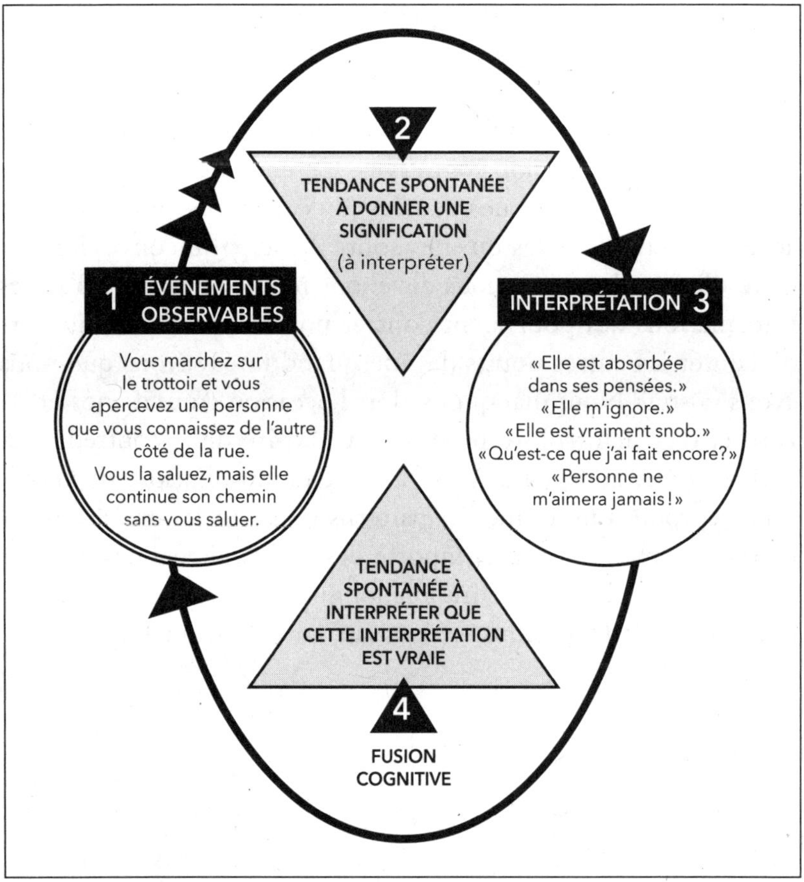

Peu importe la signification que vous auriez donnée si une de vos connaissances passant sur la rue n'avait pas répondu à votre salut, imaginez qu'un ami vous apprenne plus tard que cette personne était récemment devenue aveugle. Cette nouvelle information contredirait sans doute votre interprétation initiale et la transformerait complètement. Vous vous diriez quelque chose comme : « Ce n'était rien de ce que je pensais. Elle ne m'a pas salué parce qu'elle ne m'a pas vu et elle ne m'a pas vu parce qu'elle est aveugle. Je comprends maintenant pourquoi elle était accompagnée d'un chien en laisse… »

Ce genre de discordance et de contradiction produit ce que l'on appelle la « défusion cognitive », c'est-à-dire le bris de l'illusion de vérité qui conduit à la transformation de l'interprétation (voir la figure 4 à la page suivante). *Cette défusion cognitive, ce bris de l'illusion de vérité causé par la contradiction de l'interprétation initiale et menant à la transformation de cette interprétation est au cœur de la reconsolidation thérapeutique de la mémoire et du désamorçage des patterns indésirables* que nous aborderons en détail plus loin.

FIGURE 4

CONTRADICTION ET TRANSFORMATION DE L'INTERPRÉTATION

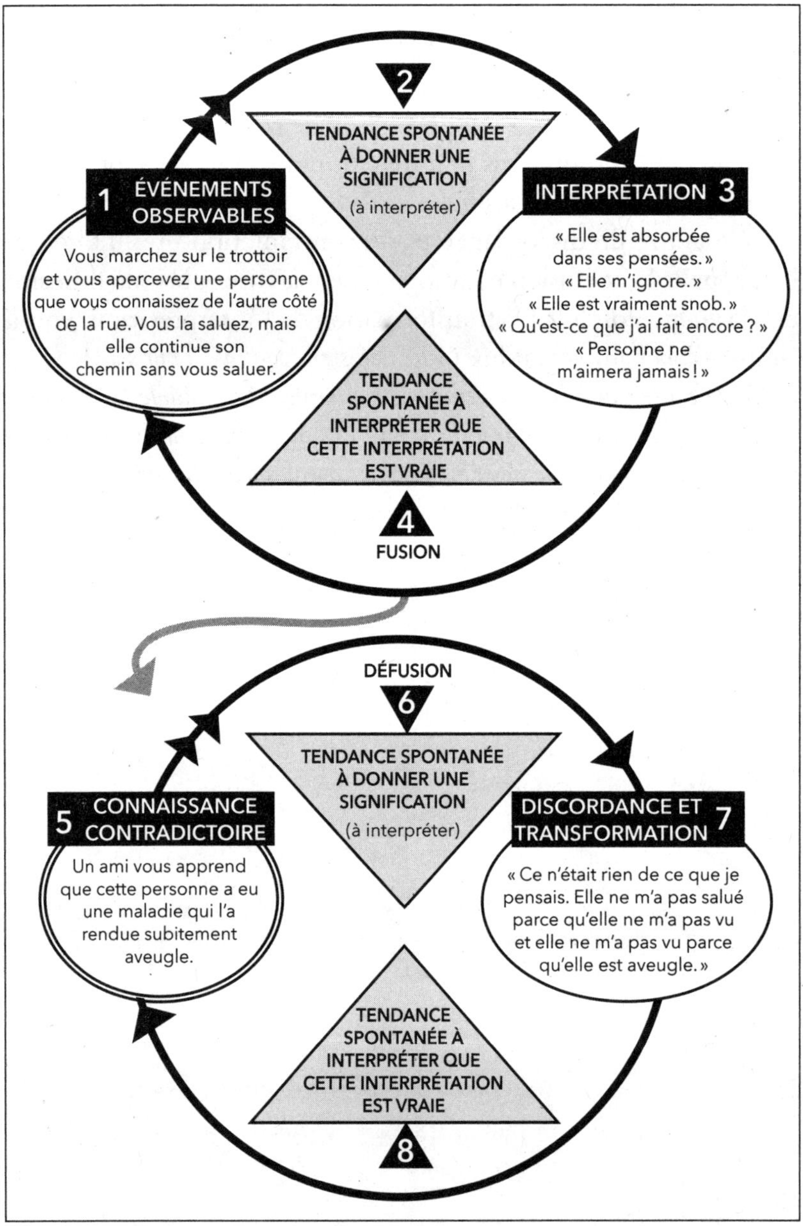

Est-ce bon ou mauvais ?

L'histoire du maître qui répondait « Est-ce bon ou mauvais ? » illustre très bien à la fois l'interprétation fusionnelle et la façon dont elle peut être défusionnée.

Un homme vivait très modestement avec son fils sur une petite ferme. Il était encore en deuil de sa femme morte quelques mois auparavant. Une nuit, les vents violents d'un orage ouvrirent les portes de l'enclos et le fermier constata le lendemain à son grand désarroi que son unique cheval avait disparu dans la nature. Le surlendemain, le cheval n'était toujours pas de retour. Très éprouvé par ce nouveau malheur, le fermier se rendit chez son maître spirituel pour lui faire part de la calamité qui venait de s'abattre sur lui et obtenir son éclairage. Le maître l'écouta attentivement et, quand le fermier eut terminé, il lui répondit simplement :

— Est-ce bon ou mauvais ?

Le fermier en resta quelques instants bouche bée.

— Mais, maître, comment pouvez-vous penser que ça puisse être bon ?

Le maître de répondre :

— Est-ce bon ou mauvais ?

Tout à fait perplexe, le fermier avait néanmoins beaucoup de respect pour ce maître. Il se dit qu'il devait peut-être laisser mijoter le tout dans son esprit. Quelques jours plus tard, quelle ne fut pas sa surprise de voir arriver son cheval avec un superbe étalon blanc ! Un magnifique animal sauvage d'une grande beauté et d'une allure parfaitement racée... Très heureux de ce dénouement, il se rendit chez son maître pour lui dire que, finalement, il avait raison, l'escapade de son cheval était loin d'être quelque chose de mauvais et que c'était finalement quelque chose de très bon. Si son cheval n'avait pas fait cette escapade, il ne serait jamais revenu avec cette perle rare. À son grand étonnement, le maître répondit de nouveau :

— Est-ce bon ou mauvais ?

— Mais, maître, cette fois-ci, c'est certainement un événement heureux. Les faits parlent d'eux-mêmes !

— Est-ce bon ou mauvais ? répéta le maître.

Le fermier ne voulait pas s'obstiner. Il le salua en silence et prit congé. Sur le chemin du retour, un doute pointa dans son esprit : « Il a l'air complètement obsédé par la même phrase. A-t-il perdu la tête ? »

Comme l'étalon blanc était une bête sauvage, le fermier demanda à son fils de le dresser. Mais le cheval était très rétif et, malgré toutes ses précautions, le fils fut éjecté de sa monture et se cassa une jambe. « Mais pourquoi le malheur s'acharne-t-il sur nous ? » pensa le fermier désespéré. Cela n'avait aucun sens de voir son fils souffrir de la sorte et de se retrouver seul pour les récoltes et tous les travaux de la ferme. Espérant finalement un certain réconfort de son maître, il se rendit chez lui pour lui raconter sa nouvelle infortune. Le maître de répondre encore une fois :

— Est-ce bon ou mauvais ?

— Mais, maître, il n'est pas possible qu'une telle chose soit bonne ! C'est impossible ! Mon fils souffre, il souffre !

— Est-ce bon ou mauvais ?

Le fermier avait maintenant l'impression qu'il ne pouvait plus rien obtenir de cet homme. Que son maître soit devenu fou ou qu'il soit le plus grand des sages, le disciple n'y comprenait plus rien et il était temps qu'il en prenne congé une fois pour toutes. Contenant toutefois sa frustration, le fermier salua le maître de façon respectueuse avant de retourner chez lui.

Deux semaines plus tard, le pays déclara la guerre à l'État voisin et les recruteurs de l'armée passèrent dans les rangs pour enrôler les jeunes hommes. Cependant, comme le fils avait la jambe cassée, il n'était évidemment pas question qu'il aille au front. C'était une bénédiction ! Le fermier pensa aussitôt faire part à son maître de la chance extraordinaire que son fils avait eue de se casser la jambe deux semaines avant la déclaration de la guerre. Mais il entendit dans sa tête : « Est-ce bon ou mauvais ? » Et cette phrase, qui avait été tantôt énigmatique, tantôt insensée, apparut tout à coup comme la lumière du soleil qui illumine le monde à l'aube.

La signification des événements n'existe pas dans les événements

Le paysan saisissait enfin que la signification des événements du monde n'existait pas dans les événements eux-mêmes. Il comprenait qu'il était naturel que l'esprit attribue spontanément aux choses des significations comme «bon» ou «mauvais», mais que ces significations étaient justement *attribuées* après coup par l'esprit et *non données* par les événements eux-mêmes.

Contrairement à ce qu'il avait dit à son maître, les faits ne parlaient pas d'eux-mêmes. Dans l'enchaînement des circonstances des dernières semaines, la signification des événements avait changé en fonction du contexte. Et le contexte avait été défini par l'interaction entre les événements et son besoin personnel, plutôt que par les événements en eux-mêmes. Dans la mesure où, en tant que père, il avait besoin que son fils souffre le moins possible et qu'il lui apporte de l'aide dans les travaux de la ferme, il était mauvais que son fils se soit cassé la jambe. Mais dans la mesure où, en tant que père, il avait évidemment encore plus besoin que son fils reste en vie, il était bon qu'il se soit cassé la jambe puisque cela lui épargnait le danger de mourir à la guerre.

Le fermier faisait maintenant clairement la différence entre ses pensées et les événements observables. Cela ne signifiait pas, toutefois, que toutes ses interprétations s'équivalaient, qu'elles avaient toutes le même degré de conformité avec les choses et qu'elles étaient interchangeables. Cela signifiait plutôt que toutes ses représentations des choses étaient intimement orchestrées par sa subjectivité. Elles étaient toujours relatives à son point de vue personnel. Elles ne pouvaient prétendre décrire les choses exactement ou même en décrire l'essentiel puisqu'un autre point de vue pouvait éventuellement mettre en évidence un autre aspect essentiel de ces mêmes choses.

La marge de manœuvre

Le fermier constatait qu'il ne pouvait posséder la «vérité» à propos de quoi que ce soit. En même temps, comme jamais dans sa vie, il ressentait une liberté formidable parce qu'il ne se sentait plus à la merci des circonstances. Les événements ne transportaient pas en eux-mêmes leur charge de malheur, aussi malheureux eussent-ils paru au premier coup d'œil. Le fermier voyait la marge de manœuvre que lui donnait son pouvoir d'interpréter les choses, sa capacité de leur attribuer lui-même des significations et d'orienter sa vie dans le sens qu'il désirait malgré la douleur de certains événements. Maintenant, il n'avait plus le besoin compulsif d'aller exprimer son nouveau bonheur à son maître. Il décida quand même de lui rendre visite. Il lui raconta que son fils était épargné de la guerre et il ajouta lui-même : « Est-ce bon ou mauvais ? » Les deux hommes se regardèrent longtemps en souriant, comme s'ils vivaient maintenant dans le même univers. Ils n'avaient nul autre besoin que de ressentir cette complicité en silence. Le disciple reprit le chemin de la ferme et de la vie, conscient comme jamais auparavant de la frontière entre les événements et ses interprétations.

Quel enseignement pratique tirer de cette histoire en ce qui concerne nos patterns indésirables ? Premièrement, il s'agit de comprendre que chacun de ces patterns est basé sur au moins une interprétation. Deuxièmement, il est possible de défaire cette interprétation en prenant conscience qu'elle contient au moins une illusion de vérité centrale. Cette interprétation ne tenant plus la route, elle ne peut plus nourrir l'émotion et le comportement négatif du pattern indésirable. La première étape dans cette prise de conscience est de départager clairement ce qui appartient aux circonstances (surtout à l'environnement et aux autres personnes) et ce qui appartient à notre interprétation et à la réaction IDEMCO qui s'y rattache. Je vous propose d'entamer ce recul par rapport à l'interprétation en prenant soin de faire la distinction entre un événement observable de votre vie et l'interprétation que vous en avez faite.

Le regard d'une caméra

J'entends habituellement par événements observables tout ce qui peut être perçu par les sens, surtout par la vue et l'ouïe. Identifier les événements observables est comme décrire de façon littérale ce qu'une caméra pourrait enregistrer d'une situation. Vous verriez les objets en place ou en mouvement, les comportements, les gestes et les mimiques, vous entendriez les bruits et les paroles, c'est tout. Vous ne verriez ni les pensées ni les émotions. Vous verriez un visage en pleurs ou des yeux froncés, mais vous ne verriez pas littéralement l'émotion ou la pensée sous-jacente, puisque ce ne sont pas des choses visibles.

Identifier les événements observables d'une situation particulière signifie *décrire seulement ces événements spécifiques* et non ceux qui ont pu précéder dans un autre événement passé. On ne peut donc décrire un événement observable avec des mots comme «toujours» et «jamais». On ne peut dire que quelqu'un fait *toujours* quelque chose comme étant un fait quand, pour les besoins de l'exercice, on ne se fie qu'aux événements observables d'une situation circonscrite dans le temps. Cela ne veut pas dire qu'il est nécessairement faux qu'une personne ait «toujours» fait telle ou telle chose. Cela veut dire que, dans la situation X, le mot «toujours» ne décrit pas la situation observable particulière, mais une interprétation basée sur une expérience passée, que cette interprétation soit conforme ou non aux événements passés.

L'objectif de l'exercice qui va suivre est de développer le discernement entre les événements observables d'une situation particulière et vos interprétations. Ce faisant, vous éviterez une confusion qui pourrait biaiser dès le départ votre tentative de comprendre votre logique émotionnelle en vue d'une résolution efficace de vos indésirables. Cet exercice est donc une porte d'entrée fiable pour accéder à votre logique émotionnelle.

Confondre les événements observables et l'interprétation

Il n'est pas toujours facile d'échapper à la confusion entre les événements observables et leur interprétation. Voici deux exemples de confusion ainsi que les raisons pour lesquelles elle se produit.

CONFONDRE LES ÉVÉNEMENTS OBSERVABLES ET L'INTERPRÉTATION	
DESCRIPTION D'UN ÉVÉNEMENT OBSERVABLE	POURQUOI CETTE DESCRIPTION CONFOND L'ÉVÉNEMENT OBSERVABLE ET L'INTERPRÉTATION
Je fais de l'appréhension face à ma vie en général.	L'appréhension (l'inquiétude) n'est pas un événement perceptible par les sens. C'est une expérience interne, accessible seulement à la personne qui vit cette appréhension. De plus, celle-ci comporte déjà des interprétations comme l'évaluation du danger et des ressources pour y faire face, etc. Un événement observable associé à une appréhension pourrait être simplement, par exemple: «Les enfants viennent de partir pour une randonnée à vélo.» Ce pourrait être la seule chose observable. Le reste du problème pourrait être l'appréhension d'un accident lors de cette randonnée, anticipation négative qui est interne et non observable par les sens. Le terme «en général» comporte aussi déjà une interprétation, c'est-à-dire une évaluation de la fréquence de l'appréhension à l'occasion d'une série d'événements observables, et non d'un seul événement observable.
Je me pèse. Je n'aime pas le poids sur la balance. Je me regarde dans le miroir et je n'aime pas mon corps (mes bras, mon ventre, mes fesses, mes hanches, mes jambes). Je me trouve vraiment trop grosse.	Cette description mélange les événements observables et les interprétations. Ici, les événements observables sont: «Je me pèse.» et «Je me regarde dans le miroir...». Les interprétations sont: «Je n'aime pas le poids sur la balance.» «Je n'aime pas mon corps (mes bras, mon ventre, mes fesses, mes hanches, mes jambes).» «Je me trouve vraiment trop grosse.» **Note:** Il peut paraître trop rationnel et froid de procéder à ce genre de distinction lorsque tellement de gens sont aux prises avec cet immense malaise et cette souffrance profonde et persistante à propos de leur apparence. Toutefois, la libération par rapport à la pression sociale et personnelle concernant le poids et l'apparence passe inévitablement par le fait de reconnaître que cette pression est une interprétation (individuelle et sociale), plutôt qu'une exigence allant de soi. La distinction entre les événements observables et l'interprétation est la base du recul nécessaire pour que cette pression soit remise en question et relativisée, et que la question du poids et de l'apparence soit abordée d'une façon moins obsessive et plus saine.

Séparer les événements observables et l'interprétation

Voici maintenant quelques exemples d'une description adéquate des événements observables. Afin de produire un contraste clair entre ces événements et l'interprétation, j'ai ajouté à la droite du tableau un aperçu des trois composantes de la réaction IDEMCO déclenchée. L'interprétation y est résumée notamment par la pensée-piège et elle est suivie par l'émotion et le comportement de la réaction IDEMCO. Pour simplifier, l'aspect comportemental de la réaction IDEMCO n'a pas été inclus dans les événements observables même si, en principe, il en fait partie intégrante.

SÉPARER LES ÉVÉNEMENTS OBSERVABLES ET L'INTERPRÉTATION	
ÉVÉNEMENTS OBSERVABLES	RÉACTION IDEMCO
Un collègue m'informe que je dois faire l'analyse d'un problème dans un réseau informatique d'ici deux semaines. Je lui dis que c'est trop court. Il me répond que c'est ce que son supérieur lui a demandé.	Je me sens «mal traité» (pensée-piège) parce que l'échéance est trop serrée. Je suis en colère (émotion). Ensuite, tout le long de la tâche, je me nourris de cette colère pour me pousser à performer de la manière la plus irréprochable possible (comportement = surcompensation).
J'ai fait une demande de travail à temps partiel et je suis en attente de la réponse.	Mes supérieurs ne reconnaissent pas mon besoin d'avoir plus de temps pour prendre soin de moi et de ma famille, alors que, dans mon travail, je reconnais leurs besoins et j'y réponds rapidement et efficacement. Je me sens «mal traitée» (pensée-piège) parce que c'est injuste que moi, je doive attendre. Ça me frustre profondément (émotion). Alors je révise mon travail pour m'assurer que j'ai bel et bien fait tout ce que je pouvais et pour me justifier de continuer à les blâmer (comportement = attaque).
Mon conjoint est en voyage au Népal. Ce matin, je regarde où il doit être rendu dans son itinéraire. Je regarde aussi les photos de paysages qu'il m'a envoyées.	Je me sens «mal traitée» (pensée-piège) parce que ce n'est pas juste qu'il bénéficie de toutes ces splendeurs alors que je reste seule à la maison. Quand il reviendra, ce ne sera pas juste non plus qu'il me raconte son voyage et que je n'aie rien à raconter, seulement des banalités. Parfois, j'ai du ressentiment (émotion). D'autres fois, je suis triste (émotion) parce que je me sens comme celle qui n'est pas intéressante (pensée-piège = «Je suis inadéquate») et je me déprécie (comportement = attaque envers soi).

SÉPARER LES ÉVÉNEMENTS OBSERVABLES ET L'INTERPRÉTATION (suite)	
ÉVÉNEMENTS OBSERVABLES	RÉACTION IDEMCO
Je suis dans la salle de conférence avec ma patronne et des ingénieurs.	J'anticipe que je vais être «mal traité» (pensée-piège) par ma patronne parce qu'elle va me rentrer dedans. Elle va affirmer que ce que je dis n'est pas bon ou qu'elle a parlé à quelqu'un qui contredit mes propos. Je suis en colère (émotion) parce qu'elle ne me fait pas confiance. Mais je me contiens et j'acquiesce à ce qu'elle dit (comportement = conformisme) pour éviter de me faire critiquer.
Un matin, je prépare le café, le déjeuner de mon fils et mon lunch du midi. Je vide le lave-vaisselle. Ma femme fait son déjeuner et prépare son lunch.	Je me sens «mal traité» (pensée-piège) parce qu'on ne me permet pas de faire les choses à mon rythme. Alors, je suis frustré (émotion) et j'adopte un ton plus sec (comportement = attaque).
Un ami m'invite au spectacle d'un groupe de musique dans un bar. J'accepte et je m'y rends avec lui. Mon ex-copine n'est pas là et elle n'y sera pas de la soirée.	Je ne me sens pas respecté (pensée-piège = «mal traité») parce qu'elle a l'habitude de sortir dans ce bar, mais elle n'est pas venue ce soir. Ça me met en colère (émotion). Ensuite, j'ai honte (émotion) de la façon que moi, je l'ai mal traitée (pensée-piège = «malfaisant»). Aussi, je me sens «démuni» (pensée-piège), je ne me sens pas assez fort pour affronter le fait qu'on est séparés. Alors, je me soulage de cette détresse en consommant de l'alcool (comportement = évitement).
J'assiste à un cinquantième anniversaire de naissance où un chansonnier imite Elvis. Le fêté insiste pour que tout le monde chante les paroles à partir d'une feuille distribuée à chacun. Je fige et je ne chante pas. Par la suite, dans les discussions de groupe avec d'autres personnes que ma famille, je reste sans rien dire.	J'ai peur (émotion) d'être «inadéquat» (pensée-piège) en donnant mon opinion et en n'ayant pas les bonnes réactions devant les autres. Je me sens coupable (émotion) de ne pas pouvoir sortir de ma coquille et placer les mots pour m'intégrer. Je me sens «démuni» (pensée-piège) parce que je ne sais pas quoi faire et quoi dire pour me montrer intéressant et intéressé. Ça me stresse (émotion). Alors, je ne fais rien et je ne dis rien (comportement = évitement), sauf approuver les idées et les comportements des autres (comportement = conformisme).

Identifiez les événements observables d'une situation problématique particulière

Dans votre cahier consacré à votre développement personnel, prenez le temps de faire l'exercice que nous déploierons étape par étape dans cette partie du livre et qui a le pouvoir de vous libérer de vos patterns indésirables.

En vous référant à l'un de vos comportements identifiés dans la liste des comportements indésirables du chapitre 13 (à la page 102), choisissez une situation particulière et récente ou une situation dont vous vous souvenez bien et où vous avez eu cette réaction. La situation choisie doit bien représenter votre pattern indésirable.

Étape 1 – Identifiez les événements observables

À elle seule, la première étape de l'exercice que vous ferez sur cette situation particulière illustrant bien votre pattern indésirable pourrait vous mener à une prise de conscience importante. Cette première étape consiste simplement à noter les événements observables de la situation particulière que vous avez choisie. Les événements observables correspondent le plus souvent à ce qui a été dit et fait dans cette situation particulière. Ils peuvent inclure les actions observables de votre part qui s'inscrivent dans votre réaction IDEMCO. Mais attention: ils ne comportent presque jamais les pensées, les sensations et les émotions.

Il arrive toutefois que des événements internes non observables par l'extérieur, et donc identifiables seulement mentalement, soient le point de départ d'une réaction IDEMCO. Indépendamment des circonstances extérieures, vous pourriez, par exemple, percevoir en vous des sensations corporelles qui pourraient vous inquiéter et déclencher une réaction IDEMCO basée sur la pensée-piège «Je suis démuni». Cependant, il est rare que le point de départ d'une réaction IDEMCO soit un tel événement non observable de l'extérieur.

Donnez-vous donc quelques instants pour résumer les événements observables de la situation problématique de votre choix, ces événements observables se limitant presque toujours à ce qui peut être perçu par les sens, et surtout, à ce qui est entendu et vu.

CHAPITRE 15

IDENTIFIEZ VOTRE RÉACTION IDEMCO

La prochaine étape de l'exercice consiste à identifier votre réaction IDEMCO dans le contexte des événements observables que vous venez de décrire. Comme nous l'avons illustré par plusieurs exemples dans les chapitres précédents, la réaction IDEMCO est composée des éléments suivants :

- Une ou plusieurs des quatre pensées-pièges qui résument la façon dont vous avez interprété les événements observables ;
- Une ou plusieurs émotions en lien avec la ou les pensées-pièges ;
- Un ou plusieurs comportements qui relèvent d'au moins un des modes/sous-modes de gestion de la souffrance suivants : attaque, contrôle, conformisme, amadouage, surcompensation, évitement.

Étape 2 – Identifiez les duos pensée-piège/émotion et les comportements associés

En vous référant au tableau des quatre duos pensée-piège/émotion de la page suivante, notez dans votre cahier le ou les duos pensée-piège/émotion liés aux événements observables que vous avez décrits. Précisez le mieux possible vos pensées et vos émotions. Au besoin, modifiez l'émotion liée à la pensée-piège ou ajoutez les autres émotions ressenties.

Duo pensée-piège	Émotion
Je suis mal traité	Colère
Je suis malfaisant	Culpabilité
Je suis inadéquat	Peur/anxiété
Je suis démuni	Peur/anxiété

Ensuite, en vous fiant au tableau ci-dessous qui décrit les principaux types de comportements associés aux duos pensée-piège/émotion, identifiez et notez dans votre cahier les comportements avec lesquels vous avez réagi en lien avec les événements observables. Ces comportements peuvent inclure certains de ceux qui ont été décrits en tant qu'événements observables.

Mode de réaction comportementale	Sous-mode de réaction comportementale
Mode 1 Attaque/contrôle: reprocher, exercer une pression, faire peur ou faire mal pour mettre fin au désagréable	1.1- Attaque:
	1.2- Contrôle:
Mode 2 Recherche d'une approbation sociale (conformisme/amadouage/surcompensation): essayer d'échapper au désagréable en cherchant à tout prix à mériter l'agréable	2.1- Conformisme:
	2.2- Amadouage:
	2.3- Surcompensation:
Mode 3 Évitement: chercher à ne pas être en contact avec le désagréable	

En notant le ou les duos pensée-piège/émotion ainsi que les comportements que vous avez utilisés pour tenter d'en souffrir le moins possible, vous avez donc identifié jusqu'ici votre réaction IDEMCO aux événements observables.

CHAPITRE 16

IDENTIFIEZ LE PRIX À PAYER DE VOTRE RÉACTION IDEMCO

Après l'identification des événements observables et de votre réaction IDEMCO, la troisième étape que je vous propose pour comprendre votre logique émotionnelle est de faire le point sur les conséquences négatives associées à votre réaction IDEMCO, dans le contexte des événements observables décrits. Ces conséquences négatives peuvent venir soit du comportement inclus dans votre réaction IDEMCO, soit de votre façon de percevoir le problème dès le départ. Quelles sont les raisons pour lesquelles vous n'aimez pas votre réaction IDEMCO ? Qu'est-ce que la tendance à reproduire cette réaction IDEMCO entraîne de négatif dans votre vie ?

Étape 3 – Identifiez le prix à payer

Pour bien prendre conscience du prix à payer de votre réaction IDEMCO, veuillez répondre à la question suivante dans votre cahier:

Supposez que, pour le reste de votre vie, vous réagissiez de la même façon à ce genre d'événements observables (avec les mêmes pensées, les mêmes émotions et les mêmes comportements). Quelles en seront les conséquences négatives (le prix à payer) quant à votre qualité de vie?

CHAPITRE 17

PLONGEZ AU CŒUR DE VOTRE LOGIQUE ÉMOTIONNELLE

Arrêtez-vous maintenant au fait que, malgré tout le prix à payer de votre réaction IDEMCO, malgré toutes ses conséquences indésirables, vous avez quand même tendance à reproduire cette réaction. Rappelez-vous la loi du plus grand bien et du moindre mal : nous recherchons toujours ce qui est à nos yeux un plus grand plaisir ou une moindre douleur. Comment se fait-il alors que vous reproduisiez la réaction IDEMCO identifiée précédemment, même si elle comporte une dose importante de souffrance ? Autrement dit, d'une manière qui soit cohérente du point de vue de la loi du plus grand bien et du moindre mal, comment pouvez-vous comprendre votre tendance à persister dans votre réaction IDEMCO malgré son prix à payer ?

La seule explication globale me semble la suivante. Votre façon d'interpréter les événements observables en question produit en vous une perception déplaisante de vous-même, c'est-à-dire une pensée identitaire désagréable, et une émotion négative associée. Ensuite, vous adoptez un comportement pour tenter de ne pas vivre cette souffrance ou d'en diminuer l'intensité. Mais ce comportement entraîne des conséquences négatives qui incluent aussi une certaine souffrance. Si vous persistez dans le comportement qui a pour but de diminuer la souffrance initiale, malgré le fait qu'il en crée une lui-même par la suite, c'est parce que, de manière consciente ou non, la souffrance entraînée par ce comportement vous paraît moindre par rapport à la souffrance produite par l'interprétation initiale des événements observables. C'est comme si vous vous disiez :

1. « Il faut que je souffre le moins possible de mon expérience négative des événements observables. »
2. « Le comportement X m'aide à éviter ou à diminuer cette souffrance. »
3. « Alors, ça vaut la peine d'endurer le prix à payer de ce comportement parce qu'il est moins pénible que mon expérience négative des événements observables. »

Par exemple, quand une personne continue la consommation excessive ou dépendante de substances toxiques malgré ses conséquences indésirables (parfois majeures, voire mortelles), c'est que l'option d'arrêter cette consommation lui paraît encore plus douloureuse. Dans son esprit, la consommation des substances toxiques reste une moindre douleur, elle est donc « préférable ».

La souffrance que nous évitons parce qu'elle nous semble plus pénible que le prix à payer de notre comportement est loin d'être toujours évidente. Une excellente façon de comprendre pourquoi nous continuons un comportement même s'il est pour nous indésirable, c'est d'essayer de nous abstenir de le faire, ne serait-ce que dans notre imagination, et d'observer la réaction qui s'ensuit en nous, incluant les pensées, les émotions et les sensations physiques. J'appellerai cette méthode *l'imagination d'un scénario sans la réaction IDEMCO*. Cette technique provient de la thérapie de la cohérence où elle a pour nom la « privation du symptôme ».

Imaginez une personne qui fait de l'agoraphobie. Dans le but de souffrir le moins possible de la peur de se sentir coincée et de la panique qui l'envahit alors, elle évite systématiquement les transports en commun. Cet évitement a notamment pour prix à payer de manquer de belles sorties avec ses amies. Imaginez que vous proposez à cette personne de s'abstenir de cette stratégie d'évitement des transports en commun, autrement dit, de recommencer à fréquenter normalement ces lieux publics. Vous lui demandez donc de s'abstenir de ce qu'elle considère comme la meilleure façon d'amoindrir sa souffrance. La logique émotionnelle et l'expérience clinique montrent que le fait de s'abstenir de ce qui constitue notre meilleure stratégie anti-souffrance, ne serait-ce qu'en imagination, fait émerger les raisons émotionnelles pour *maintenir* cette stratégie, les raisons pour lesquelles on a besoin de cette stratégie dans notre tentative de souffrir le moins possible, même si elle comporte un prix à payer important. L'abstention simplement imaginaire de la stratégie anti-souffrance est donc un moyen efficace et souvent rapide de comprendre la logique émotionnelle de ce moyen d'évitement.

Je vous invite à faire l'expérience du scénario sans la réaction IDEMCO en l'appliquant à la réaction IDEMCO que vous avez identifiée au chapitre 15, dans le contexte des événements observables de la situation que vous avez choisie. Notez que si vous anticipez d'être trop envahi par des expériences pénibles ou si, au cours de l'exercice, vous vous sentez trop submergé par des émotions négatives ou que vous devenez perdu dans le processus, mieux vaut alors cesser de faire l'exercice par vous-même et avoir plutôt recours à un intervenant qualifié (de préférence en thérapie de la cohérence) afin de poursuivre votre démarche de libération.

Étape 4 – Imaginez un scénario sans votre réaction IDEMCO

Assoyez-vous confortablement et revisualisez les événements observables de la situation choisie, événements que vous avez notés à l'étape 1 du chapitre 14 («Départagez vos pensées des événements observables»). Ces événements observables sont ceux que vous pouvez voir ou entendre, ou sentir à travers votre corps. Prenez le temps de vous rappeler ces événements et de vous y replonger.

Essayez maintenant d'imaginer, ne serait-ce que pour un moment, que les événements observables devant vous restent les mêmes, mais que vous ne répondez par aucun des éléments de votre réaction IDEMCO. Vous réagissez autrement que par cette réaction. Par exemple, vous restez zen ou neutre, vous agissez positivement ou vous vous affirmez différemment. Votre réponse est vraiment d'un autre genre que votre réaction IDEMCO.

Qu'est-ce qui vous vient alors? Sans essayer de réfléchir ou d'analyser, quelles sont les sensations, les émotions et les pensées qui surgissent en vous? Il est possible que vous ressentiez une libération ou un soulagement. C'est normal. Toutefois, veuillez porter une attention particulière à tout malaise ou à toute expérience négative qui pourrait surgir, et notez-les. Même si vous ne comprenez pas pourquoi telle ou telle chose vous vient, écrivez-la quand même.

Après avoir écrit, refermez les yeux en imaginant de nouveau que, devant les événements observables, vous ne répondez par aucun des éléments de votre réaction IDEMCO. Continuez ainsi jusqu'à ce que vous constatiez qu'il ne vous vient plus de nouveau matériel.

Dans votre cahier, complétez la rédaction de ce qui vous est venu au cours de cette visualisation.

CHAPITRE 18

COMPRENEZ VOTRE LOGIQUE ÉMOTIONNELLE

Une fois que vous avez imaginé vous abstenir de votre réaction IDEMCO devant les événements observables et que vous avez noté votre façon de réagir à cette privation, il s'agit d'y repérer les éléments cruciaux de votre logique émotionnelle et de les rassembler dans la formulation la plus simple et la plus claire pour vous. Il est possible de résumer en une seule phrase les composantes de la logique émotionnelle d'un pattern indésirable. Voici les quatre composantes de cette phrase-résumé.

COMPOSANTES DE LA LOGIQUE ÉMOTIONNELLE D'UN PATTERN INDÉSIRABLE (ARTICULÉES EN UNE PHRASE)	
STRUCTURE DE LA PHRASE	À NOMMER SPÉCIFIQUEMENT
1. Quand les événements observables X se produisent...	= Événements observables
2. ... compte tenu de *mes interprétations et représentations de moi-même, des autres et du monde (attentes et règles personnelles, pensées-pièges, etc.) et de la douleur ou de la souffrance qu'elles m'occasionnent (émotions négatives, malaises physiques)...*	= Problème perçu
3. ... ça vaut la peine de *diminuer ou d'éviter cette souffrance en faisant (comportement de ma réaction IDEMCO)...*	= Solution apportée = Stratégie pour souffrir le moins possible
4. ... même si je paie le prix suivant: *(conséquences indésirables de ma réaction IDEMCO).*	= Prix à payer de ma réaction IDEMCO

Ce qui est écrit dans la colonne de gauche montre la structure de la phrase. La colonne de droite « À nommer spécifiquement » correspond aux contenus spécifiques de votre logique émotionnelle devant composer la phrase. Ce sont :

- ***Les événements observables*[3].** Dans l'ensemble, ce sont ceux que vous avez déjà définis au chapitre 14 ;
- ***Le problème perçu.*** Il s'agit du problème que vous percevez à propos de ces événements observables ;
- ***La solution apportée.*** On a ici la solution que vous apportez à ce problème perçu, au moyen du comportement qui fait partie de votre réaction IDEMCO. *Autrement dit, c'est la stratégie que vous avez choisie, consciemment ou non, dans le but de souffrir le moins possible* ;
- ***Le prix à payer.*** La solution apportée par l'aspect comportemental de votre réaction IDEMCO et parfois aussi votre façon d'interpréter les événements observables dès le départ ont des conséquences indésirables à vos propres yeux. Elles comportent donc pour vous un prix à payer.

Cette formulation de la logique émotionnelle en une phrase est ici sciemment impersonnalisée, généralisée et présentée sur un ton rationnel. Elle a pour but de bien vous faire comprendre la structure fondamentale de la logique émotionnelle de tout pattern indésirable à vos propres yeux. En pratique, toutefois, il importe de formuler le résumé de votre logique émotionnelle de la façon la plus émotionnelle possible. Ce résumé doit sonner vrai pour vous, à la fois du point de vue émotionnel et du point de vue rationnel. En fait, il n'y a pas lieu de forcer la note pour formuler littéralement le tout en une seule phrase. Vous pouvez très bien résumer le tout en plus d'une phrase. L'important est que la logique

---

3. À des fins de clarté, cette phrase-résumé contient ici quatre composantes qui commencent par les événements observables. Comme il est fréquent dans la thérapie de la cohérence, il est aussi possible d'articuler cette phrase-résumé en intégrant les événements observables dans la deuxième composante (le problème perçu).

émotionnelle apparaisse clairement : *ça vaut la peine de diminuer ou d'éviter telle souffrance de telle manière même si cette manière produit, à son tour, une souffrance indésirable.*

Pour personnaliser le plus possible votre logique émotionnelle, il est important de l'adresser à la personne présente lors des événements observables (bien qu'il ne soit pas nécessaire de communiquer le contenu de ce résumé à cette personne) ; ou encore de l'adresser à la personne la plus importante pour vous en lien avec votre pattern indésirable (votre partenaire de vie, un parent, un frère, une sœur, un ami, etc.).

Voici à titre d'exemple des résumés de logique émotionnelle de quelques-uns de mes clients confrontés à des événements difficiles. Ces résumés sont ici relativement développés et comportent de longs enchaînements (surtout dans la section « Compte tenu que… »), le tout afin de bien étoffer les quatre composantes de la logique émotionnelle que je viens de présenter. Une fois que vous aurez saisi cette structure en quatre composantes, il est préférable de résumer la logique émotionnelle de façon relativement brève et avec des phrases courtes qui traduisent bien l'émotion en jeu.

Il est possible que vous ne vous identifiiez pas au type de vulnérabilité qui ressort dans les expériences de détresse que je donne en exemple dans les pages suivantes. L'important est de bien comprendre le fonctionnement de la logique émotionnelle en général pour pouvoir l'appliquer à votre logique émotionnelle particulière et aux vulnérabilités qui sont les vôtres dans les moments difficiles.

SOLUTION APPORTÉE: ÊTRE IRRÉPROCHABLE	
Événements observables	**Quand** je suis au travail,
Représentations (incluant les pensées-pièges et les émotions de la réaction IDEMCO) (= **Problème perçu**)	**compte tenu que** j'ai toujours peur (émotion) de ne pas être à la hauteur (pensée-piège: «inadéquat»), de ne pas être apprécié et qu'on ne veuille plus de moi,
Comportement de la réaction IDEMCO (= **Solution apportée au problème perçu** = Stratégie pour éviter/diminuer la souffrance perçue)	la seule façon d'éviter que cela se produise, c'est d'être irréprochable. Alors, **ça vaut la peine de** performer au-delà des attentes sans jamais les ajuster, de relever tous les défis quels qu'ils soient, de faire tout ce que je suis censé faire dans le temps prévu, et de me critiquer et de me culpabiliser quand je n'y arrive pas.
Prix à payer de la réaction IDEMCO	Tout ça, **même si** ça me stresse, ça m'épuise, je vois tout comme une montagne, je n'ai plus de patience pour rien et je suis bête avec tout le monde, et ce, même si je souhaite profiter pleinement de la vie avec vous, ma femme et mes enfants.

IMPASSE: NE PLUS CROIRE À L'AMOUR TOUT EN L'ESPÉRANT PROFONDÉMENT	
Événements observables	**Quand** je pense à mon besoin d'une relation amoureuse,
Représentations (incluant les pensées-pièges et les émotions de la réaction IDEMCO) (= **Problème perçu**)	**compte tenu que** j'anticipe que je vais devoir évaluer l'autre et que je pourrais aussi être évaluée négativement par lui (pensée-piège: «inadéquate»), j'anticipe les déceptions et les peines d'amour, je crains (émotion) de ne pas savoir aimer et de ne pas avoir le temps d'aimer puisque je cours déjà après mon temps (pensée-piège: «démunie»), j'estime que mes chances de réussite sont très faibles et je me sens impuissante (pensée-piège: «démunie»).
Comportement de la réaction IDEMCO (= **Solution apportée au problème perçu** = Stratégie pour éviter/diminuer la souffrance perçue)	Pour éviter toute cette détresse, **ça vaut la peine de** ne pas rechercher activement un amoureux et d'endurer le fait d'être seule,
Prix à payer de la réaction IDEMCO	**même si** je me sens prisonnière du paradoxe de ne plus croire à l'amour et de l'espérer profondément.

UNE QUESTION DE SURVIE	
Événements observables	**Quand** tu répètes tes reproches à propos de ce que j'ai fait ou dit,
Représentations (incluant les pensées-pièges et les émotions de la réaction IDEMCO) (= **Problème perçu**)	**compte tenu que,** dans un premier temps, je me sens comme la fille à problèmes (pensée-piège: «malfaisante») toute seule au monde (pensée-piège: «démunie») et j'ai peur (émotion) de ta réaction, peur d'être rejetée et mise de côté si je fais quoi que ce soit pour m'exprimer, compte tenu que, dans un deuxième temps, je me sens écrasée par toi (pensée-piège: «mal traitée»), j'en ai assez et je veux que tu comprennes enfin et que tu lâches prise,
Comportement de la réaction IDEMCO (= **Solution apportée au problème perçu** = Stratégie pour éviter/diminuer la souffrance perçue)	dans un premier temps, je pense que tu as peut-être raison, je n'ose pas faire quoi que ce soit, je fige, je me résigne à ton idée et, dans un deuxième temps, j'explose en colère, je t'écrase pour que tu arrêtes de m'écraser, et **ça vaut la peine de** réagir de cette manière, parce que c'est devenu une question de survie.
Prix à payer de la réaction IDEMCO	Tout ça, **même si** je ne réussis pas à m'exprimer et à mettre mes limites de façon claire, je continue à me sentir injustement blâmée et cette dynamique nourrit nos conflits.

ABANDONNÉE APRÈS AVOIR ÉTÉ LA PERLE RARE	
Événements observables	**Depuis** que tu m'as quittée,
Représentations (incluant les pensées-pièges et les émotions de la réaction IDEMCO) (= **Problème perçu**)	**compte tenu que** le désir intense que tu avais pour moi durant nos six premiers mois et qui me faisait sentir unique au monde me manque terriblement, je me sens vide, seule, abandonnée, je ne crois pas pouvoir trouver la même intensité avec un autre homme (pensée-piège: «démunie»), je suis triste (émotion) et angoissée (émotion), je me sens profondément trahie par toi (pensée-piège: «mal traitée») et frustrée (émotion) que tu sois parti avec une autre femme, que ta vie soit belle avec elle, alors que moi, je suis poignée seule; compte tenu que je suis enragée (émotion) contre toi parce qu'en plus, tu m'accuses (pensée-piège: «mal traitée») d'avoir été le problème et que ce blâme m'amène parfois à douter de moi (pensée-piège: «malfaisante» et comportement de doute de soi qui s'ensuit),
Comportement de la réaction IDEMCO (= **Solution apportée au problème perçu** = Stratégie pour éviter/ diminuer la souffrance perçue)	tout ce qui me reste pour essayer d'annuler ce que tu as fait, c'est de m'opposer en pensées à ta trahison et à tes accusations, c'est de me rappeler nos six premiers mois avec l'espoir de les revivre, c'est de ne rien faire pour rencontrer d'autres hommes. Autrement, ce serait accepter que c'est vraiment fini, que je t'ai vraiment perdu, et c'est insupportable. **Ça vaut donc la peine de** réagir de cette façon,
Prix à payer de la réaction IDEMCO	**même si** je continue de pleurer et d'être anxieuse et je sais que je perds du temps précieux dans ma vie.

Les pensées-pièges superposées

Avant de passer à l'étape où vous pourrez formuler votre propre logique émotionnelle en vous référant à cette phrase ou structure de base, il est important de savoir que les pensées-pièges fonctionnent souvent en couches superposées pour ainsi dire, où l'une est plus apparente que l'autre au départ. Dans une situation problématique, la pensée-piège «Je suis mal traité», par exemple, transparaît souvent d'emblée à travers des réactions de colère, d'impatience ou d'irritabilité. Toutefois, en explorant la logique émotionnelle de cette réaction IDEMCO, on découvre parfois qu'elle est nourrie à la base par un sentiment de vulnérabilité qui met en jeu les pensées-pièges «Je suis inadéquat» ou «Je suis démuni». Ainsi, la découverte de la logique émotionnelle fait souvent passer l'attention de l'axe de la malfaisance accompagnée par de l'agressivité à l'axe de l'insuffisance accompagnée par de la vulnérabilité. En voici deux exemples où l'exploration de la logique émotionnelle d'une réaction agressive a permis d'identifier des perceptions de soi sous-jacentes empreintes de vulnérabilité.

DE «MAL TRAITÉE» À «INADÉQUATE»	
Événements observables	**Quand** j'apprends que, l'an prochain, je vais enseigner dans une autre école parce que je n'ai pas encore de permanence et quand, à ceux qui me demandent où je vais enseigner, je réponds que je ne le sais pas,
Représentations (incluant les pensées-pièges et les émotions de la réaction IDEMCO) (= **Problème perçu)**	Pensée-piège plus apparente: je suis **frustrée** (émotion) **qu'on ne m'offre pas un poste au mérite dans la même école** (pensée-piège: «mal traitée»), car j'ai vraiment très bien fait au cours de ma première année d'enseignement; je suis aussi frustrée (émotion) d'être obligée (pensée-piège: «mal traitée») de dire que je ne sais pas où je vais enseigner; Pensée-piège sous-jacente: je n'ai **pas confiance de réussir** de nouveau l'an prochain (pensée-piège: «inadéquate») dans un autre environnement et ça me rend anxieuse (émotion).
Comportement de la réaction IDEMCO (= **Solution apportée au problème perçu** = Stratégie pour éviter/diminuer la souffrance perçue)	En lien avec la pensée-piège plus apparente («mal traitée»): pour garder l'injustice bien en évidence, **je nourris du ressentiment** envers la direction de l'école; En lien avec la pensée-piège sous-jacente («inadéquate»): pour apaiser mon inquiétude à propos de ma compétence, **j'exige,** ne serait-ce qu'en pensées, **que la direction me garde à cette école.**
Prix à payer de la réaction IDEMCO	Je ne vois pas d'autre façon de réagir, **même si** je suis devenue démotivée parce que la direction ne satisfait pas mon attente.

DE «MAL TRAITÉ» À «DÉMUNI»	
Événements observables	**Quand** vous faites les choses à votre manière de telle sorte que…
Représentations (incluant les pensées-pièges et les émotions de la réaction IDEMCO) (= **Problème perçu**)	Pensée-piège sous-jacente: **j'anticipe qu'il va me manquer** du temps, du plaisir ou du sexe (pensée-piège: «démuni»), **je deviens anxieux** (émotion) et… Pensée-piège plus apparente: … **je trouve frustrant** (émotion) **que vous n'ayez pas plus d'attentions pour moi** (pensée-piège: «mal traité»).
Comportement de la réaction IDEMCO (= **Solution apportée au problème perçu** = Stratégie pour éviter/diminuer la souffrance perçue)	En lien avec la pensée-piège sous-jacente: Pour diminuer mon insécurité, **j'exige** que vous agissiez comme je vous le demande; En lien avec la pensée-piège plus apparente: **mais quand vous ne le faites pas, je me mets en colère,** je suis hypervigilant par rapport à tout ce qui déroge, je vous fais des reproches, je vous culpabilise et je boude. Pour que vous compreniez enfin que vous devez suivre mes exigences, **ça vaut la peine de** réagir ainsi,
Prix à payer de la réaction IDEMCO	**même si** ça crée une atmosphère négative et ça vous éloigne de moi.

En résumé, la logique émotionnelle de toute réaction que l'on juge soi-même indésirable face aux événements observables se formule ainsi:

Quand telle chose se produit…

compte tenu que…

ça vaut la peine de…

même si…

Étape 5 – Formulez la logique émotionnelle de votre réaction IDEMCO

En gardant à l'esprit cette structure en quatre segments, tentez de formuler la logique émotionnelle de votre réaction IDEMCO à partir des notes que vous avez prises à l'étape 4, lors de l'imagination du scénario sans votre réaction IDEMCO (chapitre 17).

Si vous ressentez trop de confusion ou d'anxiété, il serait préférable d'avoir recours à de l'aide professionnelle pour vous soutenir dans cette démarche. Si vous arrivez à un résultat qui ne vous paraît pas tout à fait clair ou complet, ne vous en faites pas. Ce peut être le point de départ à partir duquel les chapitres suivants vous permettront de clarifier ou d'approfondir votre logique émotionnelle.

Après avoir écrit votre logique émotionnelle en vous basant sur sa formulation en quatre segments, lisez-la attentivement, puis fermez les yeux et observez ce qui vous vient. Notez dans votre cahier, le cas échéant, tout nouveau malaise qui se manifeste, ainsi que les liens supplémentaires ou les éclairs de compréhension qui surgissent. Au besoin, modifiez la formulation de votre logique émotionnelle en fonction de ces nouveaux contenus. Alternez ainsi quelques fois l'écriture et l'intégration en silence, jusqu'à ce qu'il n'émerge plus de nouveau matériel.

Une fois comprise votre logique émotionnelle, l'étape suivante est l'intégration de cette prise de conscience dans votre vie de tous les jours.

Étape 6 – Prenez conscience de votre logique émotionnelle au quotidien

Dans l'optique de la reconsolidation thérapeutique de la mémoire et de la thérapie de la cohérence, après avoir clarifié la logique émotionnelle, il est important de vous la remémorer au moins deux fois par jour (en la lisant grosso modo toutes les huit heures). Cette remémoration régulière permet de garder la logique émotionnelle ouverte à tout nouveau point de vue qui puisse la contredire et la désamorcer. Il est aussi conseillé de la relire ou de se la rappeler autant que possible chaque fois que la réaction IDEMCO ressurgit au fil des événements de la vie soit lorsque vous la sentez sur le point de se manifester, soit, en rétrospective, après un épisode où elle vous a envahi de nouveau.

Il ne s'agit pas, pour le moment, d'essayer de trouver une solution à cette logique émotionnelle, de la changer ou de faire quoi que ce soit avec elle, mais d'entrer consciemment en contact avec elle, d'en faire le constat avec l'attitude suivante: «Oui, je vois, c'est comme ça que je fonctionne.» En d'autres termes, la lecture quotidienne de la logique émotionnelle est une façon d'apporter une présence attentive simple et sans jugement (une pleine conscience) à la logique de votre réaction IDEMCO. En faisant ainsi concrètement le constat de votre fonctionnement, votre cerveau et votre esprit auront tendance à y déceler ce qui cloche et ce qui peut finalement s'avérer une illusion de vérité dans votre logique émotionnelle. C'est ainsi que le lâcher-prise sur votre vieux pattern peut être le plus complet et le plus durable.

Il se peut qu'une solution apparaisse spontanément, qu'elle fasse votre affaire et que cela règle votre problème sur-le-champ. Toutefois, il est important de ne pas essayer de chercher une solution à tout prix pour vous soulager du malaise lié au fait de constater que vous avez trop longtemps fonctionné de cette manière. Tenter de trouver une solution tout de suite pour diminuer le malaise que produit la conscience de votre logique émotionnelle reconduirait la stratégie de l'évitement, ce qui ne peut mener à une solution durable. *Cela vous éloignerait de la compréhension de l'engrenage spécifique de votre logique émotionnelle.* Sans cette compréhension exacte, il sera difficile de trouver une solution qui puisse cibler et défaire sur mesure les maillons les plus importants de cet engrenage et désamorcer votre pattern indésirable de façon durable.

Cette simple lecture peut parfois réactiver des émotions intenses. Il est important de savoir que c'est normal. Au besoin, vous pouvez réduire la durée de l'exposition consciente à la logique émotionnelle en la lisant moins souvent, afin de toujours garder l'impression que vous contrôlez votre zone de tolérance. Vous pouvez poursuivre cette démarche par vous-même tant que vous sentez que vous gardez le contrôle sur votre zone de tolérance. Sinon, il est préférable de consulter pour être accompagné par un professionnel.

Même après avoir bien formulé et assimilé consciemment votre logique émotionnelle, il se peut que votre réaction IDEMCO vous emporte encore, qu'elle semble plus forte que vous ou que vous ne voyiez pas d'autres façons d'agir. C'est dire qu'une partie de vous pense toujours qu'il vaut la peine de répondre par votre réaction IDEMCO, même si cela vous confronte à une impasse par rapport à la situation ou à la personne concernée. Cette impasse pourra être résolue éventuellement à la suite de l'exercice que nous poursuivrons dans les prochains chapitres, puisqu'il reste une étape cruciale dans notre démarche pour désamorcer la réaction IDEMCO. Encore une fois, pour le moment, l'important n'est pas de trouver une solution au plus vite, mais de simplement constater la logique émotionnelle de votre réaction IDEMCO comme un état de fait, sans la juger et sans fournir d'efforts particuliers pour la changer.

L'assimilation de la logique émotionnelle est avancée lorsque, au fil des lectures quotidiennes, vous pouvez la verbaliser sans regarder votre texte ou vous pouvez la synthétiser encore plus succinctement et plus clairement. Cette intégration est complète lorsque, dans votre quotidien, vous pouvez identifier le mécanisme de votre logique émotionnelle au moment où votre pattern indésirable ressurgit. Vous comprenez alors clairement que votre comportement indésirable est la solution que vous apportez pour souffrir le moins possible d'un problème que vous percevez. Plus votre logique émotionnelle sera claire pour vous dans un premier temps, plus il vous sera possible, dans un deuxième temps, d'y repérer des illusions de vérité, de lâcher prise sur ces illusions et de ne plus reproduire les comportements indésirables qu'elles ont nourris jusque-là.

CHAPITRE 19

QUAND NOURRIR UNE PENSÉE-PIÈGE SEMBLE DÉNUÉ DE LOGIQUE

Si la logique émotionnelle de la réaction IDEMCO que vous venez d'explorer n'est pas encore tout à fait claire (comme s'il manquait une pièce au casse-tête), il se peut que ce soit parce que votre situation correspond à un des mécanismes de la logique émotionnelle moins facile à identifier en général.

L'aspect qui échappe parfois à notre compréhension est l'utilité soit de la pensée-piège, soit de la solution retenue pour tenter de l'éliminer. Typiquement, nous avons l'impression que la pensée-piège, la solution pour la surmonter, ou les deux, n'ont aucune utilité et seulement un prix à payer. Pourtant, nous avons tendance à les reproduire. Le tout nous paraît donc insensé.

Pour chacune des quatre pensées-pièges, examinons ici au moins un cas où l'utilité de la réaction IDEMCO est moins facilement repérable.

Se voir « mal traité » pour éviter une intolérable soumission

Dans le cas de la pensée-piège « Je suis mal traité », je donnerai l'exemple de Monique dont le mari était décédé trois mois avant notre première rencontre. À la fin de sa vie, il était atteint d'une pneumonie et d'un cancer des poumons. Le manque d'oxygène au cerveau provoquait des hallucinations, ce qui le rendait parfois très agressif. Il ne pesait plus que 23 kg quand il est mort.

Au cours des trois années précédentes, il avait dit à Monique que tout allait bien. Cependant, à l'insu de sa femme, il n'allait plus voir son médecin. Il ne prenait pas ses médicaments et il continuait de fumer, ce qu'elle lui reprochait. Il lui répondait qu'elle ne se mêlait pas de ses affaires, lui répétait sèchement de le laisser tranquille et passait son temps à faire des mots mystères. Il était devenu agressif alors que ce n'était pas ce qu'elle avait connu de lui au cours de plusieurs décennies de mariage. Lors des visites de Monique à l'hôpital, il lui criait de sortir de la chambre.

Après sa mort, quand elle a découvert qu'il n'avait rien fait pour sa santé, elle ne comprenait pas pourquoi. Elle était enragée qu'il ne l'ait pas écoutée, qu'il n'ait pas pris sa santé en main et qu'il lui ait menti. Elle avait perdu appétit, motivation et entrain, si bien que son médecin ne la reconnaissait plus. Au cours de notre première rencontre, je lui ai posé la question suivante: «Qu'est-ce que ça voudrait dire pour vous de lâcher prise sur votre colère et votre ressentiment envers votre mari?» Voilà qui nous a très vite amenés à préciser sa logique émotionnelle. Nous l'avons formulée ainsi sur une carte-rappel:

Problème perçu

Je suis tellement déçue que tu ne m'aies pas écoutée, que tu n'aies pas pris soin de ta santé et qu'en plus, tu m'aies menti. Je trouve ça tellement inacceptable que tu nous aies privés, toi et moi, de beaucoup de bon temps ensemble et que je me retrouve limitée dans mes activités et mon plaisir.

Solution apportée

La seule façon de réagir qui me reste, c'est de me révolter contre toi à travers mes pensées en continuant de t'exprimer ma colère: «Regarde dans quel pétrin tu m'as mise!»

Dans ce contexte de deuil, la détresse de Monique mérite toute notre empathie. Toutefois, le fait de nourrir les pensées qui répètent combien son mari ne l'a pas bien traitée paraît complètement inutile, puisque le défunt mari n'est plus là pour les entendre. Ressasser ce genre de pensée et de ressentiment en l'absence, temporaire ou définitive, des personnes concernées a pourtant une utilité.

Comme l'indique la logique émotionnelle que nous avons découverte et formulée ensemble, nourrir le ressentiment par ses pensées apparaissait à Monique comme le seul véhicule pour s'opposer au comportement de son mari et se révolter contre lui. À l'inverse, dans ce genre de logique émotionnelle, ne pas garder de ressentiment équivaudrait à ne plus exprimer son indignation, à ne plus dénoncer l'injustice, à faire comme s'il n'y en avait jamais eu. Ne plus être en colère voudrait dire : « Je me suis laissé faire sans rien dire. » Il serait intolérable d'être non seulement la personne qui a subi un mauvais traitement, mais aussi celle qui s'y soumet sans réagir. Ce serait être doublement diminué, à la fois par l'affront de l'autre et par sa propre passivité.

L'utilité cachée de la solution retenue par Monique apparaît ainsi clairement : nourrir le ressentiment constituait la seule façon pour elle de ne pas être écrasée et annihilée par la volonté de son mari, la seule façon de se respecter elle-même après que son mari eut manqué au respect qu'il lui devait. On comprend alors que, dans cette logique émotionnelle, consciemment ou non, la rumination empreinte de colère et de ressentiment a pour utilité fondamentale d'éviter la pire souffrance, soit une intolérable soumission complète au bourreau, et peut paraître ainsi comme une moindre souffrance par rapport à l'état d'esprit négatif que perpétue le ressentiment.

J'ai revu Monique la semaine suivante. À ma suggestion, elle avait lu la carte-rappel deux fois par jour pour rester en contact avec sa logique émotionnelle et observer ce qui lui venait à ce propos. Depuis deux ou trois jours, elle voyait les choses d'une autre manière et son attitude avait changé. Elle tenait à ne pas se rendre malade à force de ressentiment. Elle avait retrouvé sa motivation et prévoyait reprendre les voyages dans quelques mois, activités qu'elle faisait avec son mari avant qu'il tombe malade. Nous avons résumé ce changement ainsi :

> J'arrête de t'en vouloir, parce que c'est toi qui as choisi de gérer ta vie ainsi et je ne pouvais rien y faire. Je prends ma vie en main et j'avance. J'ai des choses à accomplir. Même si tu m'as empêchée d'ouvrir des portes avec toi, j'en ai d'autres à ouvrir par moi-même.

Comme il est fréquent dans une démarche axée d'abord sur la simple reconnaissance de la logique émotionnelle, le fait d'être en présence consciente de cette logique a favorisé chez Monique un recul spontané qui lui a permis d'envisager la situation selon une autre perspective où il n'était plus nécessaire de garder du ressentiment envers son mari.

Se voir « malfaisant » pour sécuriser le lien avec l'autre

Vous avez sans doute déjà rencontré des personnes qui s'excusent à outrance, comme si elles étaient coupables des moindres gestes anodins. Ou encore, lors d'un différend, elles prennent rapidement le blâme sans qu'une analyse complète de la situation ait eu lieu. Ces gens semblent donc, plus souvent qu'à leur tour, se définir par la pensée-piège « Je suis malfaisant ». Quelle peut être l'utilité d'un tel comportement ? Quelle souffrance tente-t-il d'éviter ? Il y a toujours lieu de vérifier spécifiquement ce qu'il en est auprès de la personne en question, mais une première hypothèse est qu'il est moins douloureux de s'accuser soi-même que de se faire accuser par quelqu'un d'autre. Le poids de vérité de l'accusation par autrui paraît plus lourd, sans doute parce que ses conséquences, telles que l'exclusion et la solitude, peuvent être très pénibles. S'accuser avant que les autres le fassent peut donc sembler le meilleur moyen pour éviter, justement, qu'ils le fassent et qu'ils éloignent le fautif de leur cercle social.

Il est bien connu que, lors du divorce de leurs parents, les jeunes enfants ont tendance à s'en attribuer la responsabilité, donc à se voir comme « malfaisants » et à se sentir coupables. L'éclairage des mécanismes généraux de la logique des émotions peut aider à comprendre une telle tendance à attribuer à soi-même une malfaisance injustifiée.

La science a montré amplement combien il est fondamental pour l'enfant de ressentir un attachement sécurisant envers ses parents. Quand l'enfant sent que la sécurité de cet attachement est menacée, il cherche, consciemment ou non, une solution pour en souffrir le moins possible. Le divorce est évidemment une menace à l'attachement sécurisant puisqu'il implique une rupture dans la proximité et peut facilement donner à l'enfant le sentiment d'être abandonné. Si ce dernier a l'impression que cet abandon vient du choix des parents, indépendamment de ce qu'il a pu faire, cette cause lui paraît plus insécurisante parce qu'il n'a pas de contrôle sur elle. Si cet abandon lui paraît dû à ses propres comportements, cette cause est plus sécurisante parce qu'elle lui permet de croire qu'il peut faire quelque chose pour y remédier et qu'il a donc un certain contrôle sur elle. Il est alors plus sécurisant et moins douloureux pour l'enfant de penser que la distanciation causée par la séparation de ses parents vient du mal qu'il a pu faire que de penser que cette histoire concerne seulement ses parents. Se voir comme «malfaisant» sert donc ici à moins souffrir, même si cette pensée-piège comporte évidemment un lourd prix à payer.

Ce mécanisme peut aussi être à l'œuvre chez les adultes, toujours en fonction de l'interprétation qu'ils font des événements observables. On le trouve, par exemple, dans certaines situations de violence conjugale. En se voyant elle aussi comme «malfaisante», la partenaire tolère une violence de plus en plus intense de la part de son conjoint, ce qui lui évite une souffrance encore plus grande à ses yeux, soit celle d'être abandonnée par lui ou celle de constater que son union est bel et bien un échec.

Il est toujours important de comprendre la forme spécifique que prend cette sorte de logique émotionnelle dans chaque cas particulier, afin d'en désamorcer sur mesure le pattern indésirable.

Se voir «inadéquat» pour sécuriser le lien avec l'autre

Le même besoin de prioriser la sécurité de l'attachement peut aussi être à la source de la pensée-piège «Je suis inadéquat». L'histoire de Sylvain en est une très bonne illustration. Au début de la cinquantaine, il est venu me voir pour un problème de procrastination et de manque de confiance en lui. Il se sentait anxieux lorsqu'il répondait au téléphone ou lorsqu'il devait faire un appel et surtout demander quelque chose. Il avait de la difficulté à prendre des décisions, même pour faire son choix au restaurant. Il était perfectionniste, il se comparait aux meilleurs et se trouvait dépourvu de talent. Pourtant, plus tard au cours de nos rencontres, il me fera part que, lors de ses évaluations annuelles, son patron lui disait qu'il performait au-delà des attentes sur tous les points. Sylvain reportait aussi les choses à faire même s'il constatait que cela lui faisait manquer des occasions importantes. Par exemple, il n'aimait pas vraiment son emploi, il passait des entrevues dans d'autres compagnies, mais il n'en faisait pas le suivi, et donc sa démarche initiale n'aboutissait à rien. Il se sentait coupable par la suite. Il en résultait aussi des disputes avec sa conjointe. Globalement, il avait l'impression de rater sa vie.

Sylvain sentait qu'aux yeux de son père il n'avait jamais été à la hauteur. Celui-ci semblait s'attendre à ce que son fils soit toujours bon sur-le-champ. Après quelques séances, nous sommes arrivés à formuler la logique émotionnelle en jeu de la manière suivante, adressée à son père :

> **Problème perçu**
> Tu me reprenais avec tellement d'impatience que tu me donnais l'impression que je devais tout savoir.
> **Solution apportée**
> Pour éviter de me sentir médiocre (pensée-piège : « inadéquat »), je me suis imposé (comportement) de tout faire parfaitement du premier coup…
> **Prix à payer**
> … même si je garde toujours la crainte (émotion) de ne pas réussir et d'avoir l'air ridicule et incompétent (pensée-piège : « inadéquat »).

Aux yeux d'un enfant, les parents sont *la* référence pour déterminer ce qui est vrai et ce qui est faux, ce qui est bien ou mal. Croire qu'ils ont raison est pour lui plus sécurisant que de croire qu'ils ont tort. Autrement, l'enfant n'aurait plus de références fiables et rassurantes pour s'orienter dans la vie. Toutefois, il peut arriver que l'enfant ait des raisons de penser que son parent a tort lorsque, par exemple, il blâme l'enfant de façon injuste ou exagérée. Mais, même dans ce cas, l'enfant conclut souvent qu'il serait encore plus souffrant de s'opposer à ce blâme, parce que le parent pourrait devenir encore plus agressif.

Pour Sylvain l'enfant, il était plus sécurisant de croire que son père avait raison à propos de sa médiocrité que de croire qu'il avait tort, car il aurait eu à contredire et à confronter son père. S'opposer au jugement négatif de son père lui paraissait plus insécurisant, car il se serait exposé à des reproches encore plus sévères et blessants. C'est ainsi que Sylvain avait formé et nourri sa pensée-piège «Je suis inadéquat». Entretenir cette pensée à propos de lui-même avait l'avantage caché d'éviter des critiques encore plus agressives et dévastatrices. Comme l'indique le résumé de sa logique émotionnelle, il avait tenté de solutionner ce problème en exigeant de lui-même la perfection du premier coup, ce qui avait comporté un énorme prix à payer.

À la séance suivante, Sylvain m'a raconté qu'il avait évité l'appel téléphonique qu'il devait faire pour se procurer les portes d'armoire usagées dont il avait besoin pour la rénovation dans sa maison. Cela nous a donné l'occasion de comprendre sa logique émotionnelle en lien précis avec cette situation particulière. Nous l'avons adressée de nouveau à son père:

Problème perçu
Avec toi, j'avais si souvent tort de ne pas être toujours parfait (pensée-piège: «inadéquat»), de ne pas posséder la connaissance en moi que...
Solution apportée
... pour éviter cette souffrance, encore aujourd'hui, je ne dois pas risquer de montrer une imperfection ou une lacune et d'avoir l'air ridicule, il faut donc que j'évite (comportement) de faire cet appel téléphonique...
Prix à payer
... même si je rate des occasions et que je regrette (comportements) de ne pas être passé à l'action.

Au cours des séances suivantes, nous avons exploré les options qui s'offraient à lui, mis à part d'exiger de lui-même la perfection. Ses symptômes ont diminué graduellement et il s'est trouvé un nouvel emploi. Après 13 séances, il s'est dit agréablement surpris de sa progression – constat qui n'était habituellement pas facile pour lui, puisque seule la perfection pouvait être satisfaisante... Nous avons alors pris le temps de résumer le contraste entre son ancienne façon de se voir et le nouveau regard développé sur lui-même, où l'exigence de son père se voyait contredite et désamorcée par d'autres références tirées de ses expériences de vie:

- Quand je n'atteins pas la perfection du premier coup, je me sens incompétent (pensée-piège: «inadéquat»). Pour éviter cette douleur, il faut que j'atteigne la perfection du premier coup ou que je me reproche d'avoir commis une erreur.
- Du point de vue social, c'est normal d'être imparfait; il s'agit simplement d'en être conscient. À chaque étape de mon travail, je m'améliore, je gagne en expérience; il s'agit d'en être conscient.

Se voir «malfaisant» et «mal traité» pour sécuriser le lien avec l'autre

À la lecture du cas précédent, vous pourriez objecter que, souvent, les enfants s'opposent de mille et une façons au jugement négatif de leurs parents, ce qui semble contredire leur tendance à adhérer au blâme du parent pour sécuriser le lien avec lui. Il n'est pas rare, en effet, que les enfants s'opposent à leurs parents. Mais cela n'élimine pas forcément le poids de vérité que l'enfant accorde à l'opinion négative de ses parents à propos de lui. L'enfant devient souvent déchiré entre son besoin de réagir agressivement dans le but d'être apprécié à sa juste valeur et sa peur d'être critiqué encore plus et délaissé complètement.

La logique émotionnelle de Maxime représente bien cette impasse très souffrante. Dans la jeune trentaine, il est venu me voir pour des difficultés de couple. Après quelques séances, nous avons identifié et formulé sa logique émotionnelle dans les mots qui suivent, adressés à tous ses proches:

Problème perçu

Je me suis toujours senti responsable de la cassure de notre symbiose, maman, de ton divorce avec papa, des ballottements de la garde partagée et de vos souffrances. J'avais l'impression que vous ne vouliez pas de moi, que mes amis aussi me rejetaient, et j'étais convaincu que c'était ma faute (pensée-piège: «malfaisant»).

Solution apportée

Pour éviter cette culpabilité (émotion) et cet abandon, il fallait absolument et il faut encore aujourd'hui que je sois toujours beau, bon, fort et présent pour soulager (comportements) vos souffrances, il faut toujours que je dise oui (comportement) et que je vous priorise (comportement) même à mes dépens, pour ne pas vous décevoir et risquer que vous m'abandonniez. Malgré tous mes efforts, trop souvent, au lieu de m'apprécier quand j'en ai le plus besoin, vous me critiquez, et c'est profondément injuste (pensée-piège : « mal traité ») et frustrant (émotion). Alors, il faut que je me défende (comportement). Je deviens agressif, je n'ai plus d'écoute et je suis froid (comportements). Mais je réprime ensuite (comportement) la colère et la culpabilité pour pouvoir continuer d'être toujours beau, bon, fort et présent pour vous (comportements).

Le premier aspect de la logique émotionnelle qui n'avait pas été clair pour Maxime jusque-là était de se voir « malfaisant » en s'attribuant la responsabilité de ce qui n'était pas de son ressort : les conflits et le divorce de ses parents ainsi que l'éloignement de sa mère en contexte de garde partagée. Nous avons vu plus tôt dans ce chapitre que, pour se sécuriser, les enfants du divorce ont souvent tendance à se culpabiliser concernant la séparation de leurs parents. Ils s'agrippent à une cause qu'ils ont l'impression de mieux contrôler et qui paraît donc plus sécurisante, soit les comportements qu'ils pourraient améliorer. Notre exploration de la logique émotionnelle de Maxime a aussi mis en lumière que, même s'il alternait entre deux identités opposées, soit l'aimable sauveur et l'accusateur indigné, dans les deux cas, il cherchait à sécuriser son lien d'attachement avec ses proches.

Au cours des séances suivantes, j'ai accompagné Maxime dans une démarche qui lui a permis de prendre de plus en plus de recul par rapport à cette alternance continuelle entre l'aimable sauveur et l'accusateur indigné. Ce recul lui a procuré la marge de manœuvre nécessaire pour changer ses interprétations et ses réactions. Auparavant, se voyant foncièrement coupable, condamnable et toujours susceptible d'être abandonné, il ne se permettait pas le moindre échec quant à sa valeur et à son « amabilité » aux yeux de ses proches. Désormais, il s'accordait une marge d'erreur plutôt que de dramatiser les conséquences de ses manques et de se voir comme une « personne horrible ». Lorsque faire de son mieux ne parvenait pas à satisfaire complètement les autres, cette marge d'erreur lui permettait dès lors de rester plus à l'écoute et en dialogue ouvert à propos des besoins de part et d'autre.

Se voir « démuni » pour justifier l'évitement

Nous avons vu que les pensées-pièges «Je suis inadéquat» et «Je suis démuni» forment l'axe de l'insuffisance. La personne timide se sent habituellement inadéquate. Elle tend aussi à se définir comme démunie, notamment lorsqu'elle affirme qu'elle ne sait pas quoi dire ou faire dans telle ou telle situation sociale. Focaliser son attention sur l'impression d'être démunie peut paraître injustifié et inefficace, mais, en fait, cela peut conforter la personne dans l'évitement de l'action qui pourrait l'exposer encore plus au jugement des autres ou à l'échec. Le cas de Samuel correspond exactement à ce pattern.

Âgé dans la vingtaine, il m'a consulté parce qu'il manquait de motivation et espérait la retrouver pour pouvoir dénicher du travail en informatique. Il ne savait pas pourquoi il n'avait pas le goût de travailler. Il vivait chez ses parents. Il consommait de la marijuana plusieurs fois par jour. Il passait la majeure partie de son temps à des jeux vidéo, se couchait aux petites heures du matin et se réveillait au milieu de l'après-midi. Plutôt solitaire, il fréquentait peu de gens.

Quelques séances ont d'abord été consacrées à la discussion de ses options concernant les emplois possibles, compte tenu de sa formation et de la possibilité de retourner aux études. Nous avons aussi mis en évidence certains aspects de sa logique émotionnelle mais, d'une rencontre à l'autre, il n'apportait aucun changement à sa vie.

Puis, au cours d'une séance, il a répété qu'il manquait de motivation. Je lui ai répondu qu'au contraire, il était *très* motivé par le statu quo. Il a été frappé par ce renversement complet de son point de vue. J'ai alors fait la synthèse des facteurs de maintien du statu quo identifiés jusque-là: il craignait de sortir de la maison et de faire face aux jugements des gens, d'être emprisonné dans un emploi qu'il n'aimerait pas ou dans une atmosphère de travail négative, d'être critiqué au lieu d'être reconnu par ses supérieurs, d'être pressé comme un citron au nom de la performance, de commettre des erreurs ou de provoquer des accidents de voiture.

J'ai alors mis en évidence comment toutes ces peurs sous-entendaient en lui une image de « démuni » qui ne voyait en lui-même aucune ressource pour faire face à toutes ses anticipations négatives. Qui plus est, il complétait ce portrait en se définissant comme « démuni » de motivation… Le fait de reconduire dans son esprit l'identité « démuni » sans chercher à se donner plus de ressources avait pour lui l'avantage de confirmer qu'il n'était pas prêt à s'exposer à tous les dangers qu'il entrevoyait. Plus il se voyait « démuni », plus il devenait évident pour lui qu'il valait mieux ne pas passer à l'action puisqu'il ne semblait pas équipé pour le faire. Le fait de nourrir la pensée-piège « Je suis démuni » servait donc à justifier l'évitement de tout ce qu'il redoutait, ce qui mettait en lumière l'utilité de cette étrange tendance à se percevoir négativement.

C'est à la suite de cette conversation que Samuel a mis fin au statu quo et a commencé à réaliser les étapes d'un des plans d'action que nous avions envisagés. Par l'introduction d'une information qui était pour lui à la fois expérientielle et contraire à sa croyance, j'avais renversé son point de vue sur son manque de motivation et créé les conditions pour désamorcer son pattern.

Se voir « démuni » pour ne pas être pris au dépourvu

Les gens qui souffrent d'anxiété généralisée ont tendance à s'inquiéter pour tout et pour rien, comme le dit l'expression commune. Ils se définissent souvent par la pensée-piège « Je suis démuni ». Même s'ils consacrent une partie de leur temps à une résolution efficace des problèmes, ils entretiennent la croyance que, plus ils s'inquiètent à propos de l'avenir, plus ils anticipent *toutes* les façons dont les choses peuvent mal tourner, mieux ils pourront s'y préparer et s'épargner des problèmes. En se voyant continuellement démunis par rapport à mille et un scénarios catastrophes, ils cherchent à s'assurer d'être toujours prêts pour affronter n'importe quel danger. C'est là, pour eux, l'utilité de la pensée-piège « Je suis démuni ».

Pour ces personnes, la souffrance de se sentir « démunies » et d'être continuellement préoccupées par l'avenir est moindre que la souffrance associée à la confiance en l'avenir et au lâcher-prise, puisque ces attitudes positives comportent, à leurs yeux, le risque intolérable d'être complètement prises au dépourvu et vouées à un destin à la fois catastrophique et incontrôlable.

Si les clarifications du présent chapitre vous ont aidé à mieux comprendre la logique émotionnelle de la réaction IDEMCO que vous avez découverte dans l'exercice proposé au chapitre précédent, vous pouvez en profiter pour modifier la formulation de votre logique en conséquence, si besoin est. Au chapitre suivant, nous allons clarifier le processus qui permet de désamorcer la logique émotionnelle des réactions IDEMCO.

CHAPITRE 20

DÉSAMORCER LES RÉACTIONS IDEMCO, UNE REMISE EN QUESTION DU POIDS DE VÉRITÉ

Je me trouvais dans un pays étranger pour une conférence. Après l'événement, j'avais repris la direction de mon hôtel pour me rendre compte que je ne me souvenais ni du nom de l'établissement ni de son emplacement exact.

Je me suis arrêté à une petite boutique pour me procurer une carte du centre-ville. Le commerçant s'est mis à regarder une carte et à nommer des noms d'hôtels à sa collègue, mais sans me regarder. Je lui ai dit: «Pouvez-vous me montrer la carte du quartier? Je devrais pouvoir identifier l'hôtel.» Il a continué son monologue avec sa collègue comme s'il ne m'avait pas entendu. Après deux tentatives, j'ai répété ma demande en haussant le ton, et l'homme m'a regardé d'un air perplexe. Je me suis dit que je ne pourrais rien obtenir de plus et je me suis tourné vers la boutique adjacente, mais les employés semblaient ricaner à propos de la situation. J'en ai conclu qu'il serait préférable de retrouver ma voie par moi-même en cherchant à voir si les noms des rues me diraient quelque chose. J'essayais d'identifier les allées que j'avais déjà traversées. À un moment, je me suis retrouvé dans un long couloir intérieur que je n'avais pourtant pas emprunté pour venir à la conférence. Je commençais à désespérer d'être à l'heure pour mon avion, et je ressentais de plus en plus le stress des conséquences. Plus loin, j'ai dû percer mon chemin à travers une foule très dense où tout le monde dansait et où le quartier entier semblait faire la fête. J'ai débouché dans un parc dont je croyais avoir traversé une autre section plus tôt dans la journée. Le chemin était très à pic, boueux et glissant, et l'eau y ruisselait étrangement dans un angle transversal à la pente que je montais. Poursuivant ma route tout en doutant que je puisse arriver à l'heure, j'étais essoufflé et stressé de louper mon avion malgré tous mes efforts.

Soudain, j'ai pris conscience de l'environnement de ma chambre à coucher où j'étais en train de... dormir... pour constater que l'expérience de ce labyrinthe n'était qu'un rêve... Quel soulagement! J'ai senti toute la crispation du stress s'estomper rapidement dans mon corps.

Que s'est-il passé exactement entre mon rêve et mon réveil? Le mécanisme du passage du rêve à l'état de veille est riche d'enseignements pour notre projet de désamorçage des patterns indésirables. Tout le long de mon songe, mon expérience de cette histoire incluait une impression de réalité. Pourtant, une fois hors de l'état de rêve, mon expérience de la même histoire incluait l'impression, exactement contraire, qu'elle était imaginaire.

Le récit du rêve était resté le même, mais quelque chose de fondamental avait changé. Ce qui avait changé, c'était le poids de vérité que j'attribuais à ce récit. Lorsque j'attribuais à cette histoire cauchemardesque le poids de la vérité, je ressentais un stress énorme. Quand j'ai cessé de lui accoler un quelconque poids de vérité, j'ai ressenti un soulagement énorme. *Mon degré de détresse dépendait donc du degré de vérité que j'accordais à cette histoire*... L'attribution de vérité avait été stoppée par l'arrivée d'une information expérientielle discordante et contradictoire qui disait: «Je suis dans ma chambre en train de dormir et de rêver, je ne suis donc pas dans le rêve en train de chercher un hôtel introuvable. Ce n'est pas moi qui suis dans le rêve, c'est le rêve qui est en moi.»

Le principal mécanisme du passage entre l'expérience du rêve et celle de l'état de veille était donc le suivant: l'impression de vérité du rêve avait paru illusoire et avait disparu après avoir été contredite par une autre expérience dont le poids de vérité l'avait emporté sur celui du rêve.

Les recherches des deux dernières décennies en neuropsychologie indiquent que le même mécanisme peut être mis en œuvre pour interrompre les interprétations que nous faisons à propos des événements observables et qui nous causent une détresse indésirable. Dans le langage technique, on appelle ce mécanisme la *reconsolidation thérapeutique de la mémoire*. J'aime aussi l'appeler la reconsolidation transformatrice de la mémoire. Autrement dit, il s'agit des processus par lesquels nous pouvons désamorcer les apprentissages problématiques à propos du monde et de nous-mêmes que nous avons faits au fil de nos expériences de vie, ces apprentissages étant problématiques parce qu'ils nous amènent à des réactions IDEMCO aux conséquences indésirables.

En ce sens, on peut dire que la source d'une réaction IDEMCO est une histoire que nous nous racontons, consciemment ou non, et à laquelle nous attribuons un poids de vérité. Il est toujours possible de désamorcer l'illusion de vérité de cette histoire de façon telle que la réaction IDEMCO n'est plus pertinente ou n'en vaut plus la peine.

L'ampleur et les possibilités thérapeutiques du mécanisme de reconsolidation de la mémoire méritent d'être illustrées par plus d'un exemple. Dans les pages qui suivent, je commencerai par des situations de la vie quotidienne, je soulignerai la présence de ce mécanisme dans le développement de la connaissance scientifique et je terminerai par les cas cliniques de quelques-uns de mes clients.

Quand l'arrogant devient sympathique

Il vous est peut-être arrivé d'entendre parler en mal d'une personne, de vous en faire à l'avance une opinion négative, pour ensuite faire connaissance directement avec cette personne et en avoir finalement une opinion positive. Vous avez donc d'abord formé un « souvenir », autrement dit une « mémoire », à propos de cette personne, par exemple qu'elle est snob, en vous basant sur des informations données par quelqu'un d'autre. Ce souvenir (cette mémoire) a ensuite été modifié (reconsolidé) par votre propre expérience positive au contact de cette personne. Vos émotions et votre comportement ont alors été changés spontanément, vous rendant peut-être curieux de connaître davantage cette personne.

Imaginez que lors d'une visite chez un ami, vous entendez parler pour la première fois de l'arrogance d'un certain Gilles. Un jour, vous êtes invité à une soirée et vous apprenez que ce même Gilles sera des convives. Au cours de la réception, vous constatez son admiration pour Martin Matte, l'humoriste bien connu notamment pour son spectacle « Condamné à l'excellence ». Vous observez aussi que Gilles essaie tant bien que mal d'imiter son idole et son humour narcissique, mais qu'il n'a aucun sens du punch… Si bien qu'il paraît narcissique et arrogant alors qu'en réalité il est nul en punchs… C'est ici que votre souvenir à propos de Gilles subit une transformation (une reconsolidation). Vous avez perçu une discordance entre l'arrogance apprise au sujet de Gilles et son incompétence à imiter son idole malgré sa bonne volonté. Ces deux informations contradictoires vous ouvrent les yeux et, désormais, pour vous, la seconde l'emporte sur la première. L'arrogance volontaire est éclipsée par la maladresse involontaire. Vous transformez (ou reconsolidez) donc votre « mémoire » à propos de Gilles. Sur l'élan de votre nouvelle façon de le voir, vous lui lancez : « Toi, t'es condamné à l'excellence, sauf dans tes blagues sur ton excellence. » Et Gilles de la trouver fort drôle ! Il est donc aussi capable de rire de lui-même, ce qui s'oppose également au souvenir d'un Gilles arrogant. Tout à coup, Gilles devient sympathique à vos yeux. Votre mémoire a donc été reconsolidée de « arrogant » à « maladroit sympathique ». Cette transformation de votre apprentissage à propos de Gilles produit alors spontanément un changement dans votre attitude, vous faisant passer de méfiant à cordial.

Comment avez-vous cessé de croire au père Noël ?

En fonction du même mécanisme de reconsolidation de la mémoire, notre vie est ponctuée de moments plus ou moins dramatiques où sont démolies certaines illusions de vérité accumulées au cours de nos apprentissages de vie. Vous souvenez-vous, par exemple, de la façon dont vous avez cessé de croire au père Noël ? Ce fut sans doute aussi en identifiant une discordance entre ce que doit être un père Noël et quelque chose qui ne cadrait pas, comme la présence chez le père Noël de la même cicatrice à la main que portait votre grand-père, un morceau de barbe qui décolle ou encore des bottes identiques à celles de votre oncle plutôt que propres à un quelconque père Noël… Cette nouvelle information expérientielle discordante est venue annuler tout à coup votre illusion de vérité à propos du père Noël. Il en a résulté un changement spontané de votre attitude par rapport au père Noël : vous êtes passé de diverses attitudes possibles de l'enfant à celles des adultes.

La science, un processus de reconsolidation transformatrice de la mémoire

On peut même avancer que toute l'entreprise scientifique est basée sur la reconsolidation de la mémoire. On sait qu'au fur et à mesure des progrès de la science, même ce qui fait largement consensus scientifique à une époque peut être contredit, avec preuve à l'appui, à une époque ultérieure. Par exemple, jusqu'au milieu des années 1950, le savoir scientifique considérait les structures du cerveau comme essentiellement stables à partir de l'âge adulte. Pour le reste de la vie, pensait-on, le cerveau ne se modifiait plus substantiellement en fonction de ses expériences ; autrement dit, le cerveau n'était pas plastique. Depuis ce temps, de nombreuses études scientifiques ont contredit cette compréhension, si bien que le consensus actuel est exactement l'inverse, soit que le cerveau reste plastique et peut par conséquent se modifier à l'occasion de ses expériences jusqu'à la fin de la vie.

Constatant ce mécanisme de développement des connaissances scientifiques, l'historien des sciences Karl Popper a montré que le discours scientifique n'est pas basé sur la connaissance véridique, mais sur la connaissance falsifiable. Pour être considérés comme scientifiques, les contenus des hypothèses et des modèles n'ont pas besoin d'être vrais dans l'absolu. Plutôt, ils doivent être tels que l'on puisse démontrer qu'ils sont faux. À l'inverse, les énoncés religieux comme « Dieu existe » ne sont ni démontrables ni falsifiables.

Lorsque les scientifiques avançaient leur modèle du cerveau adulte dénué de plasticité, ils le faisaient en se référant aux données dont ils disposaient. Leur modèle étant basé sur les données observables, il restait toujours possible de démontrer éventuellement qu'il ne concorde pas avec de nouvelles données observables.

Ces nouvelles données contradictoires par rapport au modèle du cerveau dénué de plasticité sont apparues au cours des années 1950 et ont poussé les scientifiques à modifier leur modèle dans le sens de la plasticité.

Donc, lorsqu'ils proposent des modèles et des hypothèses sur la façon dont la nature et les êtres humains se comportent, les scientifiques doivent les formuler de telle sorte que l'on puisse faire la preuve qu'ils sont faux, s'il y a lieu. Quand les résultats de l'expérimentation ne correspondent pas à ceux qui sont prévus par le modèle ou l'hypothèse, il y a une discordance entre les deux et le modèle ou l'hypothèse sont alors considérés comme faux. Constatant cette discordance, le scientifique doit modifier le modèle en conséquence, formant ainsi une nouvelle connaissance. Le progrès de la science apparaît ainsi comme une série indéfinie de reconsolidations transformatrices de la mémoire basées sur la capacité de repérer des discordances ou des illusions de vérité dans les représentations que les scientifiques se font des choses. Selon la perspective de la reconsolidation thérapeutique de la mémoire et de la thérapie de la cohérence, la capacité de l'être humain de se libérer de ses patterns indésirables est basée sur un processus semblable de découverte des discordances et des illusions de vérité dans sa logique émotionnelle.

Au chapitre suivant, vous aurez l'occasion d'utiliser les outils de la reconsolidation transformatrice de la mémoire en l'appliquant à la réaction IDEMCO que vous avez identifiée précédemment. En guise de prélude à cette démarche, dans les prochaines pages, je vais suivre à la trace, chez quelques-uns de mes clients, les mécanismes de cette reconsolidation transformatrice qui leur a permis de se libérer de l'illusion de vérité liée à leur réaction IDEMCO, de transformer leur façon de voir les choses ainsi que de désamorcer les comportements et les symptômes qu'ils trouvaient indésirables.

Quand la prévention de toutes les catastrophes n'est plus nécessaire

Lorsqu'elle est venue me consulter, Élizabeth était en arrêt de travail en raison de difficultés psychologiques. Elle cherchait des outils pour diminuer son anxiété et, par ricochet, son insomnie. Durant son enfance, m'a-t-elle raconté, sa mère allait se coucher dans le lit de ses enfants pour diminuer son anxiété. Élizabeth se souvenait aussi que, lorsqu'elle avait 16 ans, elle avait amené sa mère à l'hôpital parce que celle-ci croyait faire une crise cardiaque ; finalement, le médecin lui avait appris qu'il s'agissait en réalité d'une crise de panique.

Depuis la naissance de son premier enfant, sept ans plus tôt, Élizabeth craignait que ses enfants tombent subitement malades et de les trouver morts à son réveil. Son garçon de cinq ans souffrait d'ailleurs d'allergies alimentaires graves qui avaient provoqué quatre réactions intenses depuis sa naissance. Ma cliente avait elle-même fait une réaction allergique aux sushis quatre ans plus tôt. Elle avait suivi une thérapie cognitive-comportementale pour diminuer son anxiété, mais les résultats étaient limités. Depuis un récent voyage dans le sud avec sa famille, où elle avait été très préoccupée par les allergies alimentaires de son fils, elle était restée inquiète, anxieuse et insomniaque.

Lors des quatre rencontres suivantes, nous avons d'abord pris le temps de consolider sa pratique de la méditation pour ensuite chercher à clarifier la logique émotionnelle de son anxiété à partir de divers événements observables de sa vie quotidienne. Nous avons établi ensemble le résumé qui suit, adressé à son mari et à ses enfants :

Problème perçu

Du mieux que je peux me souvenir, quand j'étais jeune, j'ai été confrontée à des événements marquants où mes proches auraient pu mourir subitement. Ma sœur est même décédée dans son sommeil à 46 ans. Aujourd'hui, j'ai très peur (émotion) que quelque chose de semblable arrive à l'un de nous, un accident, un empoisonnement, une réaction allergique, j'ai peur que vous vous retrouviez seuls au monde et pas aimés comme vous le méritez, j'ai peur de perdre tous les plaisirs de la vie (pensée-piège : « démunie »).

Solution apportée

Alors, ça vaut la peine de redoubler de vigilance, d'essayer de tout contrôler et de tout vérifier (comportement) pour vous protéger…

Prix à payer

… même si je ne n'aime pas être si contrôlante, même si ça crée des tensions entre nous, et même si ça me maintient dans le stress et le cercle vicieux de l'anxiété.

Nous avions suivi la démarche de la thérapie de la cohérence et franchi l'étape de la découverte de la logique émotionnelle (ou de la position pro-symptôme, pour employer le terme technique précis). Le simple fait d'écrire le tout sur une carte-rappel amorçait l'étape suivante, soit l'intégration consciente de la logique émotionnelle. Afin de poursuivre cette intégration, je l'ai invitée à lire la carte-rappel au moins deux fois par jour.

À la séance suivante, quand j'ai demandé à Élizabeth comment s'était passé son contact conscient avec sa logique émotionnelle, elle m'a fait part de la découverte d'un nouveau point de vue. Elle constatait maintenant très clairement ceci :

Peu importe l'hypervigilance et l'hypercontrôle que je peux y mettre, je n'arriverai jamais à tout contrôler et à prévenir toutes les choses négatives qui pourraient arriver.

C'était là une connaissance expérientielle contradictoire susceptible de désamorcer la logique émotionnelle de sa réaction IDEMCO. En effet, Élizabeth s'était dit qu'elle devait tout contrôler afin de protéger ses proches de la maladie et de la mort subite. Maintenant, elle se disait qu'elle ne pouvait pas tout contrôler. Ces deux affirmations ne pouvaient pas coexister logiquement dans sa pensée. Il n'est pas logique d'exiger de soi-même de tout contrôler quand on croit en même temps que c'est impossible. Ce point de vue venait contredire non pas la possibilité que quelque chose de grave et de subit puisse advenir à ses proches, mais bien la solution de contrôle complet qu'Élizabeth avait trouvée à l'encontre de ce danger.

Il est possible de désamorcer la logique émotionnelle et la réaction IDEMCO soit en contredisant les représentations que l'on se fait des événements observables (le problème perçu), soit en contredisant la pertinence du comportement utilisé (la solution apportée) pour résoudre le problème de ces représentations souffrantes. Dans le cas d'Élizabeth, il était difficile de contredire la représentation centrale définissant le problème. En effet, on ne peut écarter la possibilité que quelqu'un tombe malade ou meure subitement. Élizabeth pouvait plus facilement contredire la pertinence du contrôle complet comme solution à cette possibilité, en reconnaissant, par une nouvelle conviction expérientielle, que cette solution était irréalisable.

Dans les termes de la thérapie de la cohérence, nous entrions ici dans l'étape de la transformation, au cours de laquelle la juxtaposition de la logique émotionnelle du pattern indésirable avec un point de vue contradictoire permet de produire le désamorçage de la logique émotionnelle et, par la suite, de le renforcer. Pour faciliter cette juxtaposition, Élizabeth a formulé d'abord, avec mon aide, une version plus brève de sa logique émotionnelle :

> Je crains tellement qu'il vous arrive quelque chose de grave et que vous mouriez ! Alors, il faut que je contrôle tout pour que ça n'arrive pas.

Nous avons ensuite procédé à l'exercice de la juxtaposition. Je l'ai invitée à placer d'un côté de son champ de conscience le bref résumé de sa logique émotionnelle que nous venions de faire. Je l'ai relu à voix haute. Ensuite, je lui ai demandé de placer de l'autre côté de son champ de conscience le nouveau point de vue dont elle m'avait fait part, c'est-à-dire :

> Peu importe l'hypervigilance et l'hypercontrôle que je peux y mettre, je n'arriverai jamais à tout contrôler et à prévenir toutes les choses négatives qui pourraient arriver.

Je lui ai redit à voix haute ce nouveau point de vue et lui ai demandé d'observer simplement ce qui se passait et de m'en faire part. Elle a remarqué que les deux points de vue apparaissaient dans sa conscience comme deux images et que l'image du nouveau point de vue était très petite par rapport à celle de la logique émotionnelle. Nous avons répété la juxtaposition cinq ou six fois. Nous avons constaté que la grosseur des deux images variait d'une fois à l'autre et que celle du nouveau point de vue contradictoire avait tendance à grossir. À la fin, l'image du point de vue contradictoire lui paraissait la plus grosse.

Je lui ai mentionné en terminant que chacun réagissait différemment à la juxtaposition. Certains peuvent visualiser des choses, comme elle venait de le faire ; d'autres, non. Les expériences peuvent changer aussi d'une fois à l'autre pour une même personne. Tout cela est normal. L'idée est simplement de faire l'exercice et de constater ce qui nous vient durant et après l'exercice. Je lui ai proposé comme exercice à la maison de procéder à la même juxtaposition deux fois par jour.

Six semaines plus tard, Élizabeth rapportait une diminution importante et spontanée de ses symptômes. Elle n'avait plus de comportement compulsif de contrôle et de protection motivé par son anxiété, et ses moments d'hypervigilance étaient maintenant rares. Elle se sentait plus calme, moins anxieuse et moins impulsive.

Lorsque le désamorçage de la logique émotionnelle de la réaction IDEMCO a lieu, autrement dit, lorsque la reconsolidation thérapeutique (transformatrice) de la mémoire est effectuée, on s'attend à ce que le comportement indésirable qui fait partie de la réaction IDEMCO disparaisse spontanément, puisqu'il n'a plus l'utilité et l'urgence d'auparavant. C'est ce que j'ai constaté chez Élizabeth, puisqu'elle n'avait plus de compulsion de contrôle et de protection. Un bilan positif de nos séances ayant été fait, je l'ai invitée à poursuivre la juxtaposition quelques jours pour en compléter l'impact et nous avons convenu qu'elle me rappellerait au besoin.

Quand la colère n'est plus nécessaire

Johanne éprouvait des difficultés relationnelles avec son père et sa belle-mère. Depuis que son père avait eu un AVC cinq ans auparavant, il était devenu plus critique et anticipait très négativement les événements à venir. Johanne se sentait dénigrée par lui dans son rôle de mère. Elle essayait toutefois de le tolérer, en espérant qu'il changerait ou que le temps arrangerait les choses, et, au pire, elle le boudait. Elle prenait même sa défense devant son conjoint, qui se disputait parfois avec son beau-père. Johanne et son conjoint s'étaient retrouvés dans une thérapie de couple (avec un autre thérapeute) et ils poursuivaient cette démarche depuis plusieurs mois. Au moins deux engueulades avaient eu lieu entre son père et son conjoint, et l'une d'elles avait aussi impliqué la belle-mère de Johanne, la nouvelle conjointe de son père, qui critiquait encore plus intensément que ce dernier les façons de faire de Johanne et de son mari avec leurs enfants. Depuis ces engueulades, Johanne tombait souvent dans des ruminations où elle alternait entre la tristesse et la colère envers son père. Ce dernier l'avait contactée quelques fois, mais indirectement, par l'intermédiaire d'une de ses sœurs, ce qui amenait Johanne à se sentir « flushée » par son père. Une semaine avant notre première séance, dans une lettre écrite à son père, Johanne avait accepté qu'il voie ses enfants, mais sans sa conjointe, parce que celle-ci la critiquait trop dans son rôle de mère. Son père ne lui avait pas donné de réponse à ce sujet. Quelques jours plus tard, lors de l'anniversaire du garçon de Johanne, il avait écrit à celle-ci qu'il aimerait voir son petit-fils pour lui remettre un cadeau. Dans un deuxième message, il lui avait déclaré : « Si je n'ai pas de nouvelles, on se revoit en Cour. » Johanne avait été vivement indignée par cette phrase au point qu'elle avait éprouvé des sensations pénibles de nausée. Elle lui avait répondu qu'elle ne l'avait jamais empêché de voir ses enfants.

Johanne et moi avons tôt fait d'identifier la logique émotionnelle qui était en jeu. Elle était adressée à son père :

Problème perçu
Tes accusations et tes reproches injustes d'aujourd'hui me font sentir profondément incomprise (pensée-piège : « mal traitée ») comme durant mon enfance où tu m'enfermais dans la garde-robe. C'est totalement inacceptable et ça me met en colère (émotion).
Solution apportée
Il faut que je me révolte (comportement) aujourd'hui comme durant mon enfance…
Prix à payer
… même si je n'aime pas prendre ce sentiment sur mes épaules et même le reconnaître.

Quand son père l'avait menacée de porter l'affaire en Cour, Johanne s'était sentie traitée « comme un déchet ». Cependant, le simple fait d'avoir mis des mots sur le mécanisme de la colère en elle l'avait aidée à s'apaiser. Elle m'a dit lors des séances suivantes qu'elle ne se réveillait plus la nuit en colère et que les rêves pénibles à propos de ce conflit avaient cessé. En même temps, elle se donnait le droit de ressentir cette colère. Le fait de la considérer comme légitime l'aidait à l'accepter davantage. La situation lui paraissait moins lourde et obsédait moins son esprit.

Au cours de notre cinquième rencontre, nous avons pris le temps d'explorer exactement à quoi lui servait cette colère, et Johanne est parvenue à une nouvelle façon de la comprendre qui venait contredire sa nécessité. La colère lui apparaissait maintenant compréhensible, mais pas indispensable :

> Ma rébellion par la colère était justifiée. À travers elle, je voulais me faire respecter. Mais il n'est pas nécessaire de passer par la colère pour me faire respecter. Je peux le faire simplement en mettant mes limites.

Johanne a donc déclenché le processus de reconsolidation transformatrice de la mémoire à l'aide d'une connaissance qui contredisait la nécessité de la colère comme moyen pour amener son père à la respecter. À la séance suivante, toutefois, elle m'a appris que son père était sorti avec les enfants en compagnie de sa conjointe, donc sans respecter la condition que Johanne avait posée pour permettre au grand-père de faire des activités avec ses petits-enfants. Johanne a écrit un courriel à son père lui faisant part de sa déception. « Je pensais que tu avais dépassé ça », lui a-t-il répondu. C'en était trop. Johanne a explosé en lui lançant tous les reproches qu'elle avait sur le cœur depuis fort longtemps.

Après coup, toutefois, elle a poursuivi son objectif de se faire respecter sans passer par la colère. Elle a donc pris rendez-vous avec son père pour lui communiquer de nouveau ses conditions, cette fois en personne. La rencontre a eu lieu dans un parc. Johanne le sentait agressif au départ. Elle lui a rappelé malgré tout que la condition pour qu'il voie les enfants demeurait qu'il soit seul, sans sa conjointe. « Jusqu'à quand l'exigeras-tu ? » lui a-t-il demandé.

Elle a répondu qu'elle ne pouvait lui donner de date à ce moment. Il s'est fâché et s'est positionné en victime. Contrairement à ce qu'elle aurait fait auparavant, Johanne est restée sur sa position. Son père lui a fait remarquer un peu plus tard qu'elle avait changé. Il lui a envoyé par la suite un courriel l'assurant qu'il l'aimait.

Quand la jalousie n'est plus nécessaire

À l'orée de la trentaine au moment de me consulter, Vanessa traversait des difficultés de couple dans une relation qui durait depuis un an et demi. Elle avait toujours craint d'être trompée dans ses relations antérieures. Avec Frédérick, son conjoint actuel, elle était plus heureuse qu'elle ne l'avait jamais été en amour. Mais les élans affectueux et sexuels de son amoureux variaient en intensité et, trop souvent pour elle, il se disait trop fatigué pour une relation sexuelle ou encore il donnait priorité à autre chose. Elle lui reprochait d'être souvent retenu par son cellulaire au moment du coucher. Il lui répondait qu'elle «capotait» pour rien ou que c'était son moment à lui parce qu'il ne contrôlait pas la fin de ses journées de travail et revenait parfois tard à la maison. Quand il finissait tôt l'après-midi, Vanessa et lui faisaient diverses activités en couple. Ils partageaient plusieurs loisirs ensemble, surtout les week-ends. Elle disait avoir besoin de se «sentir sur un nuage», solidaire et connectée avec lui, et elle craignait souvent de ne pas être avec la bonne personne. Par exemple, à son retour à la maison après le travail, elle appréhendait que Frédérick ne soit pas particulièrement content de la voir. Elle était frustrée qu'il ne soit pas plus affectueux.

Ma cliente était née prématurément. Sa mère était dépressive, si bien que Vanessa ne sentait pas qu'elle pouvait se fier complètement à sa protection. Ses parents s'étaient séparés quand elle avait huit ans. Deux ans plus tard, un nouveau conjoint avait emménagé, mais il était violent et il entretenait un climat de peur. La nuit, Vanessa écoutait les disputes entre sa mère et lui parce qu'elle craignait qu'il s'attaque physiquement à elle.

Lors de notre deuxième rencontre, Vanessa a constaté qu'elle pouvait être elle-même la source de ses humeurs négatives. Elle m'a raconté qu'une amie de Frédérick était venue chez eux pour que Frédérick répare sa moto. Vanessa avait eu l'impression que sa bulle d'intimité venait d'éclater. Elle avait été très déçue de ne pas pouvoir être seule avec son amoureux. Comme elle était au bord des larmes, elle avait quitté en vitesse Frédérick et son amie, pour une randonnée à vélo. À son retour, Frédérick était fâché de son comportement et Vanessa s'était sentie coupable.

Au fil de quelques séances, nous avons clarifié les diverses facettes de la logique émotionnelle de Vanessa. Nous les avons rassemblées ainsi, adressées à son conjoint :

Problème perçu

Quand ma mère a décidé de vivre avec Pierre, elle a fait ses quatre volontés et elle m'a délaissée. Je me suis sentie abandonnée comme si plus personne ne s'occupait de moi, comme si je n'en valais pas la peine (pensée-piège : « inadéquate »). Encore aujourd'hui, quand ton attention n'est pas sur moi ou quand tu ne me valorises pas, je me sens comme la petite fille qui n'est pas importante pour toi (pensée-piège : « inadéquate »), qui n'en vaut pas la peine, et j'ai peur (émotion) que tu me délaisses (pensée-piège : « démunie »). C'est difficile de croire que tu m'aimes vraiment et que tu es honnête. Je crains souvent que tu t'éloignes.

Solution apportée

Il faut que je fasse tout ce que je peux (comportements) pour éviter de souffrir de ton éloignement. Je te reproche d'être distant. Je doute de toi, j'enquête sur tes faits et gestes. J'essaie d'être dans ta tête pour comprendre et prévenir ton éloignement. Je fais des liens, je vérifie. Je remets notre relation en question et je me détache.

Prix à payer

Je réagis ainsi même si ces réactions te frustrent et t'éloignent, même si je ne suis plus une personne entière et autonome, je ne suis plus disponible pour l'amour et pour de beaux moments ensemble et, après les disputes, je crains que j'en vaille encore moins la peine et je deviens complètement découragée.

Suivant les principes de la reconsolidation transformatrice de la mémoire, j'ai invité Vanessa à rester d'abord en contact au quotidien avec cette logique en la lisant au moins deux fois par jour.

Au moment de notre septième rencontre, elle m'a dit avoir réussi à lâcher prise quelques fois, d'autres, non. Mais ces autres fois, la réactivation du pattern avait été moins intense et moins longue. Son conjoint avait aussi constaté la différence. À la rencontre suivante, elle m'a relaté d'autres expériences confirmant que la tendance se maintenait. Elle se sentait moins dans le besoin et courait moins après l'attention de son conjoint. Par ailleurs, elle ressentait moins la nécessité de donner pour recevoir. Cette expérience était si nouvelle qu'elle la trouvait bizarre. Elle était aussi plus délicate envers lui lorsqu'elle intervenait à l'occasion d'une inquiétude. Elle constatait qu'il répondait alors en étant plus gentil, plus présent et plus attentif.

Pour raffermir sa transformation et compléter le désamorçage de son pattern, je lui ai proposé de procéder à une juxtaposition formelle entre l'essentiel de la logique émotionnelle de sa jalousie et les pensées contraires qui lui étaient venues à ce jour. Les formulations relativement longues que nous avions faites jusqu'ici, semblables à celle citée précédemment, nous les avons ramenées à la simple phrase suivante :

> Je suis une petite fille délaissée parce que je ne vaux rien.

Nous avons formulé ensuite la connaissance contradictoire :

> Ce n'est pas vrai que je ne vaux rien. Peu importe les réactions de mon copain, j'ai toute ma valeur. J'ai mis les efforts et j'ai réussi. Je suis une bonne personne, je prends soin des autres. J'ai des amis, gars et filles, qui s'intéressent à moi. Je sens que mon copain m'aime. Il est content quand j'arrive. Mes parents se soucient de moi et veulent mon bien-être.

À la fin de notre douzième et dernière rencontre, Vanessa se sentait beaucoup mieux. Je l'ai invitée à poursuivre cette juxtaposition quelque temps par elle-même pour consolider son changement ou dans le cas où sa jalousie serait réactivée de façon significative.

Quand courir après les amies et ruminer sur ses propres manques ne sont plus nécessaires

Dans la quarantaine, Florence venait me voir pour obtenir un avis neutre à propos des relations amicales qui la frustraient. Elle prenait presque toujours l'initiative de contacter ses amies, mais sans véritable retour d'ascenseur. Elle m'a résumé le problème qu'elle vivait dans ces termes: «Je déteste être toujours obligée de courir après mes amies, d'être toujours disponible pour elles et que, de leur côté, elles me donnent à moi seulement quand bon leur semble.»

«Je suis mal traitée» apparaissait comme la pensée-piège dominante, accompagnée par l'émotion de la frustration et un comportement de critique (bien que non verbalisé aux amies). Dès notre première séance, nous avons procédé à l'exercice d'exploration de la logique émotionnelle en partant de l'abstention de la réaction IDEMCO. Je lui ai demandé d'imaginer qu'elle restait zen malgré l'écart important entre ses initiatives de contact et celles de ses amies. À la fin de cette séance, nous avions identifié la logique émotionnelle suivante destinée à sa famille et à ses amies:

> **Problème perçu**
> Ce qui me fait le plus peur (émotion), c'est de n'avoir jamais compté pour personne. Je ne sens pas que vous m'appréciez et que je suis importante pour vous (pensée-piège: «mal traitée»), et j'en suis profondément déçue (émotion). Vous me donnez l'impression que, si je n'étais pas là, ça ne changerait rien dans votre vie. Je ne vaux rien pour vous.
> **Solution apportée**
> Alors, il faut toujours que j'aille vers vous (comportement) ou encore je me demande (comportement) ce qui cloche en moi et ce qui me manque pour que je sois importante pour vous.
> **Prix à payer**
> Mais c'est injuste et infernal, parce que ça retombe mort quand je ne fais rien et j'ai l'impression de vous déranger quand je fais quelque chose.

Lui expliquant brièvement les étapes nécessaires au désamorçage des patterns indésirables, je l'ai invitée à lire cette logique au moins deux fois par jour.

Une semaine plus tard, elle m'a annoncé que la frustration et les inquiétudes avaient cessé après deux jours de lecture. Une nouvelle façon de voir la dynamique avec ses amies lui était apparue spontanément :

> La clé, ce n'est pas une lacune en moi, c'est de trouver des gens sur la même planète des besoins.

Deux semaines après notre rencontre initiale, elle rapportait qu'elle désamorçait dès leur émergence ses pensées de frustration et ses remises en question d'elle-même. Deux ans plus tard, j'ai eu l'occasion de vérifier son progrès. Elle se disait libérée de son pattern. Elle a ajouté qu'avant, elle recherchait l'amitié de façon tellement inconditionnelle qu'elle s'attardait peu aux affinités réelles. Maintenant, de façon sereine, elle prenait le temps d'utiliser le principe de « la même planète des besoins » pour mieux sélectionner ses amies. Lorsque les occasions d'amitié se présentaient, elle restait consciente que les besoins ne correspondraient pas forcément mur à mur et elle s'attendait à ce que l'amitié puisse être parfois seulement « par endroits ».

L'expérience toute subjective d'une percée personnelle à chacun

En prenant connaissance des prises de conscience transformatrices données en exemple dans ce chapitre, vous vous dites peut-être qu'elles n'étaient pas si difficiles à obtenir, qu'elles décrivaient des réalités assez évidentes dès le départ et qu'elles ne demandaient pas forcément une thérapie. Peut-être avez-vous l'impression que la prise de conscience dont vous avez besoin pour vous libérer de votre ou vos patterns indésirables est moins évidente et sera plus laborieuse. Cela est possible. En même temps, l'expérience clinique montre que les percées associées au désamorçage des patterns indésirables se font souvent à partir de points de vue qui étaient déjà connus par la personne ou qui étaient déjà perceptibles dans son environnement. Mais il a fallu préparer la personne au préalable en lui faisant comprendre sa logique émotionnelle. C'est seulement à partir de là qu'elle a pu détecter dans cette logique une contradiction ou une illusion de vérité telle que la pensée-piège et la réaction IDEMCO n'apparaissaient plus pertinentes.

De façon semblable, Newton a découvert *soudainement* que si, au lieu de monter vers le ciel, la pomme tombait de l'arbre vers le sol, c'était à cause de la force de la gravité exercée par la Terre. Grâce à la préparation scientifique qu'il s'était donnée, il s'agissait désormais d'une évidence pour lui, mais ce ne l'était pas du tout au départ et ce ne l'était pas encore pour la quasi-totalité des êtres humains de son époque, même si c'était là un phénomène aussi vieux que la Terre. Voilà pourquoi l'important dans le désamorçage des illusions de vérité alimentant les réactions IDEMCO est d'atteindre *l'expérience toute subjective* d'une percée qui mène à ce déblocage. Cette expérience subjective requiert un processus expérientiel qui sera toujours personnel à chacun et qui prendra le temps requis pour chacun. Ce qui est évident pour vous à propos du fonctionnement psychologique d'une autre personne ne l'est pas forcément pour cette autre personne et, à l'inverse, ce qui est évident pour une autre personne à propos de votre fonctionnement psychologique ne l'est pas forcément pour vous. Chacun doit franchir ses propres étapes expérientielles personnelles pour arriver à la percée qu'il espère.

Le processus qui permet de découvrir les illusions de vérité dans la logique émotionnelle d'un comportement indésirable est donc semblable au phénomène de la percée soudaine que l'on connaît bien dans les découvertes scientifiques. Il est difficile de savoir à l'avance quand aura lieu la percée qui viendra transformer le mystère en évidence ou l'impression de vérité en illusion de vérité, puisqu'une percée relève justement de l'inattendu, mais elle reste toujours dans le champ du possible.

CHAPITRE 21

DÉCOUVREZ UNE CONNAISSANCE EXPÉRIENTIELLE CONTRADICTOIRE

Comme je l'ai montré dans le chapitre précédent, le désamorçage durable d'une réaction IDEMCO nécessite 1) la prise de conscience de la logique émotionnelle qui sous-tend cette réaction, 2) la juxtaposition, dans le même champ de conscience, de cette logique émotionnelle et d'un nouveau point de vue capable d'en contredire au moins un élément indispensable. On appelle ce nouveau point de vue « connaissance expérientielle contradictoire ».

Lors d'une rencontre personnelle en thérapie de la cohérence, la personne doit parfois être guidée par le thérapeute vers la découverte de la connaissance contradictoire la plus susceptible de désamorcer « sur mesure » la logique émotionnelle en cause dans sa réaction IDEMCO. Toutefois, il se peut que la compréhension des mécanismes de transformation décrits dans les témoignages présentés jusqu'ici ait suffi pour faire surgir en vous une connaissance expérientielle contradictoire par rapport à un ou plusieurs éléments cruciaux de la logique émotionnelle de la réaction IDEMCO que vous avez identifiée précédemment. Si tel est le cas, il est tout à fait pertinent de formuler maintenant par écrit, de la façon la plus claire et brève possible, cette connaissance contradictoire. Vous pourrez ensuite procéder à la juxtaposition comme décrite dans le prochain chapitre.

Si vous avez identifié votre logique émotionnelle relative à une réaction IDEMCO et que vous n'avez pas trouvé de connaissance contradictoire ou encore si vous voulez consolider ou étoffer une connaissance contradictoire que vous avez déjà découverte, il est crucial de poursuivre avec l'étape ci-dessous.

Étape 7 – Découvrez une connaissance contradictoire

1. Relisez attentivement les sections «Problème perçu» et «Solution apportée» de votre logique émotionnelle et soulignez tout point de vue qui cloche, qui n'est plus à jour, qui ne vous semble pas tout à fait vrai ou qui vous apparaît tout à coup comme une illusion de vérité.
2. Dans votre cahier, formez deux colonnes, une à gauche et une à droite.
3. Dans la colonne de gauche, formulez brièvement le ou les points de vue initiaux de votre logique émotionnelle qui sont remis en question.
4. Dans la colonne de droite, pour chacun de ces points de vue initiaux, formulez en une phrase brève un autre point de vue (souvent une autre expérience) qui contredit et défait le point de vue initial. (Ce qui semblait vrai au départ dans la logique émotionnelle ne peut plus l'être à la lumière de cet autre point de vue ou de cette autre expérience.)

Voici un exemple de contraste basé sur le dernier cas du chapitre précédent (voir aux pages 167-168):

POINT DE VUE INITIAL DE LA LOGIQUE ÉMOTIONNELLE QUI EST REMIS EN QUESTION	NOUVELLE PERSPECTIVE QUI CONTREDIT LE POINT DE VUE INITIAL REMIS EN QUESTION
Si mes amies ne viennent pas autant vers moi, je crains que ce soit parce qu'il me manque quelque chose et que finalement je n'aie jamais compté pour personne.	La clé, ce n'est pas une lacune en moi, mais c'est de trouver des gens sur la même planète des besoins.

CHAPITRE 22

DÉSAMORCEZ VOTRE RÉACTION IDEMCO EN JUXTAPOSANT DES POINTS DE VUE CONTRADICTOIRES

Nous en sommes maintenant à l'étape de la juxtaposition entre, d'une part, un point de vue central de la logique émotionnelle de la réaction IDEMCO et, d'autre part, un autre point de vue qui le contredit de façon claire, de telle sorte que les deux énoncés ne peuvent pas être vrais en même temps.

Étape 8a – Juxtaposez mentalement les deux points de vue contradictoires

Après avoir mis en contraste dans votre cahier au moins un point de vue initial de la logique émotionnelle de votre réaction IDEMCO et une nouvelle perspective qui le contredit, vous pouvez procéder de la manière suivante:

1. Lisez lentement ces deux points de vue l'un après l'autre: d'abord le point de vue initial, puis le point de vue qui le contredit.
2. De préférence en fermant les yeux, essayez de voir si vous pouvez garder ces deux points de vue en même temps dans votre conscience, comme s'ils étaient placés sur deux écrans contigus.
3. Prenez le temps de les garder ensemble dans votre conscience; laissez-vous les ressentir.

4. Notez toute chose significative qui vous vient à l'esprit à propos de l'un ou l'autre de ces deux points de vue.
5. Répétez trois ou quatre fois cet exercice de juxtaposition des deux points de vue dans votre conscience.
6. Faites cette juxtaposition au moins deux fois par jour jusqu'à ce que le pattern indésirable associé à votre logique émotionnelle disparaisse.
7. Intégrez dans la juxtaposition, en gardant la formule brève, tout autre point de vue contradictoire qui vous semble pertinent.

Si ce procédé ne fait pas disparaître votre réaction IDEMCO avec le temps, ou au moins ne la réduit pas de façon substantielle, c'est :

- soit que, dans votre esprit, ces deux points de vue peuvent coexister sans se contredire ;
- soit que d'autres facteurs de maintien de votre réaction IDEMCO dont vous avez conscience n'ont pas été affectés par la juxtaposition parce qu'ils n'ont pas été contredits ;
- soit que vous n'avez pas encore conscience d'autres facteurs de maintien de votre réaction IDEMCO et qu'il faut d'abord les découvrir et les nommer afin de les contredire par la suite.

Au besoin, il sera toujours pertinent de consulter un intervenant formé dans la thérapie de la cohérence ou de suivre mon atelier sur les pensées-pièges pour explorer ce qu'il vous reste à découvrir afin de désamorcer complètement votre réaction IDEMCO.

CHAPITRE 23

DÉSAMORCEZ VOTRE RÉACTION IDEMCO EN JUXTAPOSANT LES RÉACTIONS LES PLUS IMPORTANTES

La juxtaposition présentée dans le chapitre précédent est celle qui est utilisée en thérapie de la cohérence. J'ai moi-même conçu une autre façon de procéder à la juxtaposition. Je la présente comme une seconde option parce qu'elle est plus globale et cible donc en général de façon moins précise les rouages spécifiques de la logique émotionnelle d'un pattern indésirable. Cependant, chaque individu étant unique, cette seconde forme de juxtaposition pourrait aussi produire une percée chez certaines personnes et elle pourrait de plus renforcer le travail opéré par la juxtaposition utilisée dans la thérapie de la cohérence. Elle a eu d'ailleurs un effet significatif chez plusieurs de mes clients. Je vous présente la marche à suivre dans l'étape 8b de la page suivante.

Nous avons vu que les pensées-pièges sont des pensées identitaires. Ce sont des façons de nous définir nous-mêmes dans le contexte des événements de notre vie. Dans un chapitre précédent, vous avez identifié au moins une pensée-piège suscitée par des événements observables. Partez de l'hypothèse que cette pensée-piège déjà identifiée comporte une certaine illusion de vérité. Autrement dit, votre pensée-piège ne dit pas nécessairement la vérité ou toute la vérité à propos de vous dans le contexte de la situation problématique que vous avez décrite. Il est en votre pouvoir de vous définir de plusieurs autres façons devant cette même situation. Vous avez maintenant ci-dessous l'occasion d'explorer ce pouvoir qui est le vôtre.

Étape 8b – Juxtaposez mentalement les deux réactions les plus importantes

1. Dans votre cahier, formulez brièvement *ce qui est pour vous le plus important d'incarner* dans votre vie, surtout en lien avec les événements observables que vous avez déjà décrits.
2. Prenez ensuite le temps de ressentir combien, par rapport à ces événements observables, *le plus important pour vous, c'est d'incarner ce qui vous tient le plus à cœur.* Du mieux que vous pouvez, mais sans forcer, visualisez un écran devant vous, un écran où vous vous voyez incarner ce qui est pour vous le plus important de vivre et d'irradier. Prenez le temps de ressentir les sensations dans votre corps, les pensées qui vous viennent et les émotions qui apparaissent quand vous rayonnez de cette manière. En vous voyant sur l'écran, sentez combien, pour vous, c'est cette réponse qui est la plus importante par rapport à ces événements observables.
3. Tout en gardant conscience que le plus important pour vous c'est de rayonner de la manière imaginée sur cet écran, visualisez un second écran à côté du premier. Sur cet écran, placez votre réaction IDEMCO et sentez combien *le plus important pour vous, c'est de répondre à ces événements observables avec votre réaction IDEMCO.* Imaginez sur ce second écran que vous répondez à ces événements observables par votre réaction IDEMCO parce que c'est cette réponse qui est la plus importante pour vous.

   Prenez le temps de garder dans votre champ de conscience ces deux écrans avec ces deux réponses. Si vous perdez le fil de cette juxtaposition, reprenez-le simplement. Observez ce qui se passe quand vous avez, dans le même champ de conscience, ces deux réponses qui chacune vous apparaît comme la plus importante.

4. Dans votre cahier, écrivez tout changement inattendu de perspective ou de compréhension à propos de votre réaction IDEMCO.
5. Refaites la même juxtaposition et observez de nouveau ce qui vous vient à propos de votre réaction IDEMCO.

Il y a de bonnes chances que cet exercice ait un impact concret dans votre quotidien. Il a le potentiel de désamorcer votre réaction IDEMCO et de faire disparaître ou d'amoindrir significativement vos symptômes.

Si, avec le temps, aucun type de juxtaposition (celle du chapitre précédent et celle-ci) ne réussit à mettre un terme à votre réaction IDEMCO, il est important de consulter un thérapeute qualifié en thérapie de la cohérence pour parvenir à cibler de façon spécifique les rouages de la réaction IDEMCO qui n'ont pas encore été désamorcés.

Il y a lieu maintenant de faire la synthèse des outils de la reconsolidation transformatrice de la mémoire et du désamorçage des réactions IDEMCO.

CHAPITRE 24

LE DÉSAMORÇAGE DES RÉACTIONS IDEMCO À VOL D'OISEAU

Voici une synthèse de la démarche de transformation présentée jusqu'ici. Elle vous aidera à l'intégrer et à l'utiliser de façon pratique au quotidien. Les huit étapes pour désamorcer vos patterns indésirables que je vous ai présentées du chapitre 14 au chapitre 23 peuvent être ramenées à cinq. Vous trouverez à la page suivante un tableau qui, dans la colonne de gauche, liste ces étapes, puis, dans la colonne de droite, décrit la façon de procéder à chacune d'entre elles.

Étape	Comment procéder
1. Identifiez en vous-même un comportement ou une réaction qui tend à se reproduire (pattern) et que vous trouvez indésirable.	Identifiez en vous-même un pattern que vous trouvez indésirable. Dans une situation représentative de ce pattern qui est récente ou encore fraîche à votre esprit, identifiez les événements observables par vos cinq sens, surtout la vue et l'ouïe. Identifiez le ou les duos pensée-piège/émotion dont vous avez fait l'expérience dans cette situation. Identifiez le ou les comportements que vous avez utilisés pour tenter de souffrir le moins possible de ce ou ces duos pensée-piège/émotion. Ceci complète la description de la réaction IDEMCO (pensée-piège + émotion + comportement). Identifiez le prix à payer (les conséquences négatives) de cette réaction IDEMCO.
2. Afin de comprendre la logique émotionnelle de ce pattern indésirable, découvrez la souffrance immédiate ou potentielle que vous cherchez à éviter par ce pattern.	Prenez le temps de revisualiser les événements observables de la situation représentative, mais *sans* votre réaction IDEMCO, c'est-à-dire en essayant d'imaginer que vous réagissez d'une façon tout autre que votre réaction IDEMCO (par exemple en restant zen, en vous affirmant de manière différente, etc.). Notez tout malaise ou toute difficulté qui vous vient à ce moment et leurs raisons. Rassemblez et formulez assez brièvement ce que vous aurez noté en fonction de la structure suivante, qui constitue la logique émotionnelle: **Problème perçu.** *Compte tenu de*: représentations (pensées, émotions, sensations physiques) associées pour vous à une souffrance et qui constituent donc pour vous un problème perçu. **Solution apportée.** *Ça vaut la peine de*: comportement de votre réaction IDEMCO qui tente d'apporter une solution à ce problème perçu (une stratégie pour en souffrir le moins possible). **Prix à payer.** *Même si*: conséquences négatives ou indésirables de cette solution ou de cette façon d'interpréter les événements observables dès le départ.
3. Intégrez au quotidien la conscience de la logique émotionnelle du pattern indésirable.	Lisez cette logique émotionnelle au moins deux fois par jour, de même que lorsque votre réaction IDEMCO ressurgit au fil du quotidien. (*N. B.: Si vous ressentez une émotion trop intense lorsque vous lisez votre carte-rappel, vous pouvez la lire moins souvent et plus lentement ou vous pouvez consulter un intervenant qui vous accompagnera dans cette démarche.*)

4. Trouvez un point de vue convaincant pour vous qui puisse contredire au moins un point de vue crucial de cette logique émotionnelle (soit au niveau du problème perçu, soit au niveau de la solution apportée) et juxtaposez les deux points de vue en même temps dans votre conscience.	En relisant attentivement les sections «Problème perçu» et «Solution apportée» de votre logique émotionnelle, identifiez et formulez brièvement par écrit tout point de vue qui cloche, qui ne vous paraît pas tout à fait vrai ou qui vous semble finalement une illusion de vérité. Formulez brièvement le nouveau point de vue qui contredit et défait le point de vue initial de la logique émotionnelle qui vous semble clocher. Grosso modo, ces deux points de vue affirment le contraire l'un de l'autre: «X est vrai» *versus* «Non, X est faux ou X n'est pas certain»; ou encore, «Y est la seule ou la meilleure façon de faire» *versus* «Non, Y n'est pas la seule ou la meilleure façon de faire». Veillez à ne pas forcer la note et à ne pas vous stresser dans la recherche de ce point de vue contradictoire. Il apparaît souvent de façon spontanée et inattendue. Juxtaposez cinq ou six fois ces deux points de vue dans votre esprit en les visualisant sur deux écrans, par exemple. Refaites la juxtaposition deux fois par jour jusqu'à ce que votre réponse IDEMCO ne ressurgisse plus ou qu'il n'en reste que des traces.
5. Vérifiez si votre pattern indésirable a cessé d'apparaître lors des situations qui le réactivent habituellement.	

Ces étapes pourront vous guider pour tous les patterns dont vous aimeriez identifier la réaction IDEMCO, la logique émotionnelle et la connaissance contradictoire qui permettra de les désamorcer. Il faudra un certain temps pour vous familiariser avec ces étapes, mais elles en vaudront vraiment l'effort pour le reste de votre vie.

Chacun réagit de façon unique à cette démarche et chacun évolue à sa manière, surtout dans le contexte où l'on s'approprie cette méthode à partir d'un livre et non pas en personne. Certains réussiront à désamorcer complètement leurs patterns indésirables dans un bref délai, comme en témoigne l'expérience de plusieurs personnes dont j'ai résumé la transformation.

Chez d'autres gens, la réaction IDEMCO continuera d'être réactivée par certains déclencheurs. À cette étape, ces personnes seront quand même capables de «s'attraper» plus vite au lieu d'être simplement emportées par cette réaction comme auparavant. Il se peut qu'une réaction IDEMCO soit nourrie par plusieurs interprétations cruciales (par plusieurs apprentissages de vie plus ou moins traumatisants), si bien que ses racines en ratissent large pour ainsi dire. Surtout dans le cas de traumatismes interpersonnels répétés durant l'enfance, il est possible qu'une réaction IDEMCO ne disparaisse pas complètement même si vous avez l'impression d'en avoir désamorcé un rouage important (d'en avoir déraciné une racine imposante…). Vous pourriez avoir l'impression que les résultats plafonnent et que vous êtes bloqué. Que faire dans ce cas?

Dans un premier temps, tant que les réactions que vous trouvez indésirables persistent, je recommande de recommencer les étapes de la démarche pour arriver à nommer clairement les malaises qui subsistent encore quand vous vous imaginez dans la situation des événements observables sans votre réaction IDEMCO. Cela peut permettre d'identifier les autres racines de cette réaction IDEMCO et vous donner ainsi l'occasion, par la suite, de les déraciner de façon spécifique par des connaissances contradictoires.

Dans un deuxième temps, l'option est évidemment de consulter un intervenant ou de suivre mon atelier sur les pensées-pièges pour vous aider à débloquer.

Certaines personnes auront de la difficulté à suivre le fil de la démarche, deviendront peut-être découragées ou craindront de passer à l'étape suivante. Quelle que soit votre expérience, je tiens à vous dire qu'il vaut la peine d'être patient avec vous-même, de persévérer et de ne pas hésiter à consulter, surtout un intervenant formé en thérapie de la cohérence.

De plus, il me reste d'autres outils à vous présenter… Le premier concernera les grands facteurs de maintien des réactions IDEMCO qui prévalent en général chez les êtres humains. Je suis persuadé que le fait de prendre conscience de ces facteurs de maintien universels et de leurs illusions de vérité vous permettra d'éliminer plus vite les obstacles dans votre projet de libération et d'épanouissement. C'est à ce thème que le prochain et dernier chapitre de cette partie sera consacré.

CHAPITRE 25

LES PRINCIPAUX FACTEURS DE MAINTIEN DES RÉACTIONS IDEMCO ET LEURS ILLUSIONS DE VÉRITÉ

Les exercices que vous avez faits dans les derniers chapitres vous ont peut-être amené à une prise de conscience concernant une pensée-piège ou une réaction IDEMCO ainsi qu'à une nouvelle façon de les voir qui vous a permis de les désamorcer. À l'inverse, il se peut que la compréhension de votre logique émotionnelle vous échappe toujours. Ou peut-être est-ce la connaissance contradictoire qui vous manque en ce moment. Tout cela est possible et normal. Pour consolider vos acquis ou pour vous aider à débloquer tout obstacle potentiel, je présenterai maintenant les quatre facteurs qui, en général, nourrissent les pensées-pièges et les réactions IDEMCO chez les êtres humains. Ces facteurs sont :

- l'incapacité de défaire l'illusion de vérité ;
- l'incapacité de se voir responsable de ses expériences ;
- l'incapacité de changer une attente ou une règle ;
- l'incapacité de renverser la répartition des poids sur la balance du plaisir et de la douleur.

Ces facteurs sont autant de tendances lourdes dans l'esprit humain aux prises avec des réactions IDEMCO. La compréhension de ces facteurs de maintien généraux vous aidera certainement à mieux repérer ceux qui vous sont spécifiques, à les comprendre et à les désamorcer dans vos patterns indésirables. J'ai pu confirmer cet impact maintes et maintes fois avec mes clients. Équipé de la compréhension des facteurs tant généraux que spécifiques de vos patterns indésirables, vous augmenterez vos chances de succès dans votre aspiration à les désamorcer pour mieux vivre à la hauteur de vos aspirations.

L'incapacité de défaire l'illusion de vérité

L'illusion de vérité est à la base de la fusion de nos interprétations avec les événements observables. Cette fusion favorise le déclenchement et le maintien des pensées-pièges et des réactions IDEMCO. Lorsque nous ne parvenons pas à prendre conscience de l'illusion de vérité à l'œuvre dans notre réaction IDEMCO, celle-ci garde toute sa force parce que, malgré son prix à payer, sa logique émotionnelle apparaît, consciemment ou non, comme la seule ou la meilleure façon de voir la situation et d'y répondre. Il vaut donc la peine de renforcer votre compréhension des mécanismes généraux de l'illusion de vérité afin de mieux les discerner dans vos réactions IDEMCO et de vous en libérer.

Le dessin de la jeune et vieille femme (voir la figure 5 page suivante) montre de façon éloquente combien il est inévitable et normal d'être soumis à une certaine illusion de vérité et en même temps combien le fait de prendre conscience de cette illusion peut ouvrir d'immenses possibilités et nous libérer de beaucoup de rigidité et de souffrance.

Si vous regardez ce dessin pour la première fois, vous voyez soit une vieille dame, soit une jeune femme. Habituellement, celle que vous n'avez pas vue spontanément ne vous apparaît pas spontanément tout de suite après. Il faut un certain temps pour assembler les formes du dessin d'une tout autre manière. Si personne ne vous disait que vous pouvez voir autre chose dans le dessin, vous pourriez passer le reste de votre vie sous l'illusion de vérité que ce dessin représente seulement une jeune femme ou seulement une vieille dame, selon ce qui vous est apparu spontanément au départ.

Ce dessin illustre donc de façon frappante le phénomène fondamental suivant : nous ne *recevons* pas dans notre esprit les objets du monde tels qu'ils sont, nous les *construisons*. Cela vaut pour toutes les choses dont nous faisons l'expérience. Cependant, une

FIGURE 5

LA JEUNE ET VIEILLE FEMME

Ma femme et ma belle-mère
Caricaturiste W. E. Hill, 1915

fois nos représentations construites, nous croyons le plus souvent avoir *reçu* les choses telles quelles. C'est là le fondement de l'illusion de vérité. Car nous avons bel et bien *construit* une représentation, de la même façon que nous avons construit la jeune femme ou construit la vieille dame. Nous nous méprenons donc très souvent à propos de nos représentations : nous y voyons tout naturellement un donné objectif, alors qu'il s'agit d'un construit personnel. Ainsi sommes-nous soumis à une illusion de vérité fondamentale dans les expériences les plus courantes de notre vie quotidienne.

L'illusion de vérité nous donne une impression de stabilité et de fiabilité à propos de nos constructions mentales (à propos de nos *re-présentations*). Cette impression n'est pas dysfonctionnelle en soi. Le fait de penser que ce dessin représente une jeune femme, par exemple, et rien d'autre, n'est pas dysfonctionnel en soi. Toutefois, cela devient problématique par exemple si, au moment où vous affirmez que ce n'est pas une jeune femme, mais plutôt une vieille dame, votre interlocuteur n'est pas ouvert à votre point de vue, ne lui accorde aucune crédibilité, n'a aucune curiosité à propos de vos raisons d'y voir une vieille dame, essaie de vous convaincre par tous les moyens que la jeune femme est tout ce que ce dessin représente et que si vous y voyez une vieille dame, vous hallucinez et vous devriez consulter un psychiatre…

Vous voyez comment la stabilité normale et fonctionnelle induite par l'illusion de vérité peut facilement tourner en une rigidité dysfonctionnelle qui, elle, peut produire beaucoup de souffrance en nous et autour de nous.

De la même façon, lorsque, de manière consciente ou inconsciente, vous vous percevez comme « mal traité » dans le contexte de tel ou tel événement observable, vous vous qualifiez par le fait de ne pas être bien traité et vous vous attribuez cette caractéristique. Autrement dit, à ce moment-là, vous vous définissez par ce qualificatif désagréable. Cette qualification ou définition de vous-même devient problématique lorsque, à cause de l'illusion de vérité, vous fusionnez avec elle et vous ne pouvez pas vous définir autrement devant la même situation. À vos yeux, seul ce qualificatif résume la vérité ou l'essence de la situation. Les autres façons de vous caractériser vous paraissent fausses ou non pertinentes. Lorsque, à l'occasion de tel événement observable, nous sommes incapables de nous caractériser par autre chose que la pensée-piège, nous sommes emprisonnés dans une illusion de vérité, dans une pensée que je qualifie justement de *piège*.

Si seule la jeune femme ou encore la vieille dame vous apparaît dans ce dessin, comment pourrez-vous découvrir l'autre visage? Comment vous déprendre de l'impression que votre perception actuelle est la seule représentation possible de ce dessin? Simplement en regardant attentivement le dessin. Tôt ou tard, vous en viendrez à construire le dessin autrement, soit par vous-même, soit aidé par des indices visuels qu'une personne pourrait vous donner. Dans tous les cas, la technique est simple: il s'agit de regarder attentivement le dessin.

Lire deux fois par jour la logique émotionnelle de votre réaction IDEMCO, tel qu'il est recommandé dans la thérapie de la cohérence, est semblable au fait de regarder attentivement et régulièrement le dessin. Soit par vous-même de manière spontanée, soit à l'aide de techniques introduites par le thérapeute (équivalentes aux indices visuels dans le cas du dessin), vous pourrez *construire* autrement la logique émotionnelle de votre réaction IDEMCO. Vous pourrez la construire en y décelant une illusion de vérité et en découvrant la connaissance expérientielle qui pourra en contredire et en désamorcer au moins un rouage indispensable. Vous réussirez ainsi à défaire l'engrenage de votre réaction IDEMCO et de ses conséquences indésirables. Vous aurez alors franchi toutes les étapes de ce que l'on appelle la «reconsolidation thérapeutique de la mémoire».

Construisez autrement votre logique émotionnelle

À la lumière des mécanismes qui viennent d'être présentés, si vous sentez que l'engrenage de la réaction IDEMCO que vous avez identifiée précédemment est encore en force,

1. relisez attentivement la logique émotionnelle de cette réaction IDEMCO et notez dans votre cahier de développement personnel tout ce qui vous fait construire autrement cette logique, tout point de vue différent ou tout autre son de cloche qui semble ébranler l'apparente vérité de cette logique (vérité qui se résume par la structure «Compte tenu de... ça vaut la peine de...»);
2. dans votre cahier, juxtaposez les deux items suivants: l'élément de la logique émotionnelle qui est contredit et quelque chose qui le contredit;
3. relisez cette juxtaposition quelques fois au cours des jours suivants;
4. notez les prises de conscience qui vous viennent.

L'incapacité de se voir responsable de ses expériences

Lorsque nous disons que quelqu'un nous emmerde, qu'il nous agace ou qu'il nous met en colère, nous sommes le plus souvent persuadés que c'est bel et bien cette personne qui crée en nous cet état d'emmerdement, d'agacement ou de colère. Nous croyons subir l'impact de cette personne sur nous, en dehors de notre volonté et sans notre contribution. Nous n'avons pas du tout l'impression que nous produisons nous-mêmes notre emmerdement, notre agacement ou notre colère, à l'occasion du comportement de cette personne.

C'est ce que j'appelle la « déresponsabilisation par rapport à nos interprétations et à nos expériences personnelles ». Ce facteur contribue souvent au maintien des réactions IDEMCO. Comprendre une réaction IDEMCO, c'est d'abord comprendre que personne d'autre que nous ne la provoque en nous. Nous pouvons bien sûr vivre dans des conditions difficiles ou traverser des catastrophes éprouvantes, mais nous restons toujours une personne à part entière qui génère ses propres réactions par rapport à ces situations. À l'aide de cette perspective, nous évitons le piège de la déresponsabilisation et nous favorisons la responsabilisation par rapport à nos interprétations et à nos expériences personnelles. La déresponsabilisation nous positionne comme une victime impuissante dans notre expérience par rapport aux autres ou aux moins bonnes versions de nous-mêmes (quand nous nous percevons comme une victime de nos propres lacunes). À l'inverse, la responsabilisation nous donne une marge de manœuvre, elle ouvre la possibilité d'un choix de réponses capable de nous conduire au-delà de l'impression d'être contrôlés par une force qui nous rend complètement impuissants. La responsabilisation nous accorde le pouvoir d'agir par nous-mêmes et d'orienter nous-mêmes notre vie à travers le choix de nos interprétations et de nos actions, malgré les circonstances adverses créées soit par les autres, soit par telle ou telle faiblesse en nous.

Notez que se responsabiliser ne veut pas dire se culpabiliser. Se culpabiliser veut dire se voir soi-même comme la cause d'une mauvaise action ; se responsabiliser veut dire se voir soi-même comme la cause de toutes nos actions, indépendamment de leur valeur positive ou négative.

Toutefois, il est important de nuancer le degré de responsabilité et la marge de manœuvre par rapport aux douleurs corporelles et à la violence physique subie notamment par les femmes et les enfants. Par exemple, s'il nous arrive un accident de voiture hors de notre contrôle et que nous sommes blessés, dans ce cas, nous subissons cette douleur physique. Toutefois, nous savons, en neuropsychologie, que la douleur physique s'inscrit dans une construction mentale. Certains tolèrent moins bien la douleur et lui donnent un sens plus catastrophique et anxiogène, ce qui augmente les sensations de douleur physique, selon les données scientifiques. Donc, dans le cas de la douleur physique, la responsabilisation par rapport à nos expériences reste pertinente et la marge de manœuvre à propos de l'interprétation de la douleur reste grande, même si le pouvoir de nous libérer complètement de cette souffrance physique est parfois limité.

En quoi consiste, par ailleurs, la responsabilisation par rapport à la violence, particulièrement lorsque l'on n'a pas la force physique nécessaire pour se protéger ou se défendre ? Il ne s'agit certainement pas de s'attribuer la responsabilité de la violence d'autrui, car l'autre porte toujours la responsabilité de sa propre violence. Il s'agit plutôt de garder conscience de la marge de manœuvre dont on dispose quant à notre réaction face à l'événement qui nous impacte. Cette marge semble parfois inexistante lorsque, par exemple, on ne peut s'empêcher de figer devant un geste violent. Dans certains cas, le simple fait de garder espoir dans l'existence d'une marge de manœuvre permet d'être à l'affût de moyens de fortune qui peuvent parvenir *in extremis* à nous tirer d'affaire. Ce n'est malheureusement pas une formule magique au succès assuré et encore moins pour les enfants sans défense. En tant qu'adulte autonome, pour des résultats plus fiables, il importe d'appliquer la responsabilisation et l'élargissement de la marge de manœuvre à moyen et à long terme. Par exemple, on peut se familiariser avec des outils de prévention et de protection, comme les femmes qui suivent des cours d'autodéfense et réussissent à développer de nouveaux automatismes face au danger.

Dans une relation amoureuse, utiliser la marge de manœuvre qui vient avec la responsabilisation inclut, le cas échéant, de mettre ses limites devant les premières manifestations d'agressivité envers soi et d'exprimer que l'on ne tolérera pas la violence ni physique ni verbale dans notre relation de couple. La responsabilisation implique aussi d'agir en conséquence par la suite et de mettre un terme à la relation si l'entente de non-violence n'est pas respectée (nous aborderons les outils de communication et la gestion des ententes dans la troisième partie).

Cela dit, comment vous responsabiliser dans le sens global de ce terme ? Partez du point de vue que vos expériences personnelles ne sont pas automatiquement causées par des forces extérieures ou intérieures. C'est toujours *vous,* en tant qu'organisme conscient et indépendant, qui générez une réaction à telle ou telle situation extérieure ou intérieure. Vous contribuez activement à vos pensées, à vos émotions et à vos comportements en réponse aux circonstances externes ou internes.

Utilisez votre marge de manœuvre

1. Imaginez que vous êtes une personne qui, face aux événements extérieurs et intérieurs, possède toujours une certaine marge de manœuvre pour générer des pensées et des actions manifestant ce que vous voulez vraiment être et faire dans la vie.
2. Imaginez ensuite que vous revivez les mêmes événements observables que vous avez décrits dans un chapitre précédent, mais en utilisant cette marge de manœuvre qui vous donnerait l'occasion d'agir dans le sens de vos aspirations.
3. Notez dans votre cahier de développement personnel comment vous pourriez mettre à profit cette marge de manœuvre pour diriger les événements vers les résultats que vous souhaitez fondamentalement. L'utilisation efficace de votre marge de manœuvre vous permettra d'orienter votre vie dans le sens que vous désirez, même si vous ne faites qu'un petit pas à la fois.

L'incapacité de changer une attente ou une règle

Les attentes et les règles jouent un rôle fondamental dans l'émergence des pensées-pièges et de l'ensemble de la réaction IDEMCO. Elles peuvent être plus ou moins conscientes ou complètement inconscientes. Par exemple, nous nous attendons à être traités de façon respectueuse, juste et équitable, à être considérés, appréciés et aimés. Nous avons aussi des règles à propos de la façon dont ces attentes devraient être comblées. Les règles construisent les «il faut»: il faut que ce soit comme ceci; il ne faut pas que ce soit comme cela; il faut que les gens fassent cela; il faut que je fasse ceci; il faut que j'obtienne cela; il ne faut pas que je me retrouve dans cette situation; il ne faut pas que cela paraisse; il ne faut pas que je souffre de cela; il faut que j'évite cela; et ainsi de suite.

Ces règles sont si déterminantes que l'application d'une seule d'entre elles peut changer le cours d'une vie. Tel fut le cas de Marguerite. Elle était dans la cinquantaine quand elle est venue me consulter. Jeune adulte, elle était une musicienne exceptionnelle. Elle avait été formée à son instrument par les plus grands de son époque et elle était promise à un brillant avenir. Mais, tout le long de son enfance, elle avait eu une relation très difficile avec son père, qui était très centré sur lui-même et suffisant. Il la critiquait, la diminuait régulièrement et lui répétait qu'elle n'avait pas le talent qu'il fallait.

Un soir, elle a gagné le premier prix d'un concours prestigieux pour les jeunes talents. Au moment des célébrations, elle s'est rendu compte que son père essayait de se donner le crédit de ce succès remarquable. Rien n'était plus insupportable pour elle. Il l'avait dénigrée tout au long de sa vie et, malgré cela, elle avait persévéré et mis dans son art un talent et des efforts exceptionnels. Et maintenant qu'elle obtenait ce niveau impressionnant de reconnaissance, il allait en prendre le crédit! Il n'en était pas question! Marguerite devait tout faire pour que cette usurpation n'ait pas lieu. Le seul moyen sûr qu'elle a pu envisager dans l'état d'esprit qui l'habitait a été de se désinvestir de son art. Elle s'était donc donné comme règle:

> «Je ne te permettrai jamais de prendre le crédit de mon succès et la seule façon de t'en empêcher, c'est de délaisser ma carrière.»

Marguerite a continué quand même sa formation auprès de son maître, mais le cœur n'y était plus. Sans savoir pourquoi, son maître a senti ce changement et il lui en a fait part. Cependant, cette remarque n'était pas suffisante pour qu'elle se ressaisisse. La règle qu'elle s'était donnée pour éviter que son identité soit complètement anéantie par celle de son père a prévalu. Sa carrière a pris fin peu après.

Nos problèmes persistants ne viennent pas des événements observables comme tels, ni même d'émotions si intenses qu'elles nous «emportent» vers notre réaction IDEMCO. Nos patterns négatifs sont produits et maintenus par une cause plus profonde. Fondamentalement, nos problèmes viennent d'un écart entre, d'une part, les événements observables et, d'autre part, nos attentes ou nos règles. Car, à l'inverse, lorsqu'un événement correspond exactement à nos attentes, nous reconnaissons d'emblée qu'il n'y a là aucun problème. Donc, lorsqu'une situation nous paraît problématique, elle ne l'est pas en elle-même, mais plutôt en rapport avec nos attentes ou nos règles. En ce sens, celles-ci font partie du problème autant et même plus que les événements observables.

Dans la formulation de base de la logique émotionnelle d'un comportement indésirable, la règle est exprimée par la section «Ça vaut la peine de...» qui correspond à la «Solution apportée» au problème perçu. Cependant, dans une même logique émotionnelle particulière, plusieurs autres règles ou attentes peuvent jouer un rôle, que ce soit dans la section «Ça vaut la peine de...» ou dans la section «Compte tenu de...» qui correspond au «Problème perçu». Pour explorer davantage la contribution des attentes et des règles dans votre réaction IDEMCO en lien avec les événements observables que vous avez décrits plus tôt, je vous propose l'exercice suivant.

Identifiez vos règles, exigences ou attentes

1. En vous rappelant les événements observables que vous avez définis précédemment, pouvez-vous identifier dans votre réaction IDEMCO la présence sous-jacente d'une règle, d'une exigence ou d'une attente que vous teniez à faire respecter ou qui n'a pas été respectée par quelqu'un? Il n'est pas néces-

saire qu'au moment des événements observables, cette règle, exigence ou attente ait été exprimée ou même consciente. Prenez une pause, rappelez-vous votre réaction IDEMCO et voyez si vous pouvez y déceler au moins une telle règle, exigence ou attente.

2. Dans votre cahier, notez cette règle, exigence ou attente (il peut y en avoir plus d'une).
3. Maintenant, posez-vous les questions suivantes. Laissez-vous imprégner par ces questions et voyez les réponses qui vous viennent spontanément.
   - Pourquoi est-il si important pour moi que cette règle, exigence ou attente soit respectée?
   - Que m'arriverait-il si elle n'était pas respectée?
   - Avec quelle image de moi-même serais-je laissé si je n'avais pas cette règle, cette attente ou cette exigence?
4. Dans votre cahier, écrivez les réponses qui ont surgi. Souvent, celles-ci vous donneront une bonne idée de la souffrance que vous cherchez à éviter au moyen de l'application de cette règle, exigence ou attente.
5. Si cet exercice vous fait avancer dans la compréhension de la logique émotionnelle identifiée jusqu'ici, vous pouvez ensuite résumer dans votre cahier ce que vous avez découvert avec une phrase comme celle-ci:
   - *Pour éviter que...* (= souffrance que la règle, exigence ou attente veut éviter),
   - *il faut que je fasse ou que les autres fassent...* (= règle, exigence ou attente),
   - *même si...* (= prix à payer de l'application de la règle, exigence ou attente).

C'est là une autre façon de découvrir et de formuler votre logique émotionnelle, en focalisant votre attention particulièrement sur les règles, attentes ou exigences en jeu dans votre réaction IDEMCO. Il est aussi possible que cet exercice vous amène à modifier la manière dont vous aviez compris et formulé votre logique émotionnelle jusqu'ici, en partant des événements observables que vous avez décrits précédemment.

L'incapacité de renverser la répartition des poids sur la balance du plaisir et de la douleur

Selon la logique émotionnelle, si vous persistez dans un comportement aux conséquences souffrantes et indésirables pour vous, c'est parce que ce comportement est une solution à une douleur que vous percevez, consciemment ou non, comme plus grande que le prix à payer de ce comportement. Pour désamorcer ce comportement, il faut que cette relation soit inversée à vos yeux. Il faut que la douleur perçue à l'origine comme plus grande soit vue désormais comme nettement moins grave que le prix à payer du « comportement-solution » ; ou encore il faut que ce prix à payer soit vu désormais comme nettement plus grave que le problème perçu à l'origine. Cependant, quand nous sommes absorbés dans une réaction IDEMCO, la façon de renverser le calcul de la douleur n'est pas toujours évidente. Il est donc important de bien connaître quels sont, pour ainsi dire, les poids les plus lourds que les êtres humains placent la plupart du temps sur le plateau de la douleur et qui favorisent les comportements d'évitement de cette douleur. Je les présente ici en tant que peurs et frustrations, en commençant par les quatre pensées-pièges. Évidemment, cette liste n'est pas exhaustive :

- Peur d'être mal traité ;
- Peur d'être malfaisant ;
- Peur d'être inadéquat ;
- Peur d'être démuni ;
- Peur d'avoir tort ou d'être jugé négativement (peur qui peut être identifiée notamment par la tendance à s'autojustifier ou à donner tort) ;
- Peur de perdre un plaisir actuel ou anticipé ;
- Peur de n'importe quelle autre douleur actuelle ou anticipée (être délaissé, abandonné, se retrouver seul, etc.) ;
- Frustration de ne pas pouvoir satisfaire un désir, une attente, une règle ou une exigence.

À mon avis, le changement majeur de comportement dont ont fait preuve les millions d'ex-fumeurs dans le monde illustre bien en quoi consiste le renversement du calcul du plaisir et de la douleur. Puisque le tabagisme est une dépendance importante, son arrêt a dû comporter pour tous ces gens une modification majeure de la répartition des poids sur la balance du plaisir et de la douleur.

Aux États-Unis, de 1900 à 1963, la consommation du tabac est passée d'une moyenne annuelle *per capita* d'environ 54 cigarettes à une moyenne de 4345. En 1965, 42 % de la population américaine faisait usage du tabac, soit 52 millions de personnes. À la suite de la publication du premier rapport du Surgeon General sur les effets nocifs du tabac, en 1964, et de toutes les autres campagnes d'information sur les méfaits du tabac, cet usage a décliné de façon graduelle et marquée chez les adultes de 18 ans et plus. En 1965, 24 % des personnes qui avaient déjà été fumeurs avaient arrêté la consommation du tabac. Quarante ans plus tard, en 2005, ce pourcentage était de 51 %. Donc, en ne tenant compte que des statistiques étatsuniennes, des dizaines de millions de fumeurs ont développé *une nouvelle compréhension* de leur consommation de tabac, qui les a conduits à se défaire de cette habitude pourtant très tenace. Compte tenu de la difficulté de mettre un terme à cette dépendance, il est peu probable que, dans l'esprit de ces nouveaux non-fumeurs, cette compréhension différente ait été superficielle ou simplement intellectuelle. Elle devait être substantielle et expérientielle.

Essayons de comprendre ce changement d'habitude important à la lumière de la logique émotionnelle et de la recherche de la moindre douleur. Si ces gens ont arrêté de fumer, c'est que, dans leur compréhension expérientielle, la souffrance associée à la cessation de la consommation devait être une moindre douleur par rapport à une autre douleur qu'il était encore plus important d'éviter (par exemple la possibilité d'avoir le cancer, le constat de la dégradation de la santé personnelle à cause de la cigarette, la perspective de nuire à la santé de ses proches par la fumée secondaire, etc.). À l'inverse, dans le cas des personnes qui ont continué à fumer, on peut supposer que la souffrance du sevrage ou la perte du plaisir de fumer a représenté une plus grande douleur. Pour ces gens, il valait la peine d'éviter cette douleur malgré les risques accrus de cancer. Donc, il est fort probable qu'un renversement du calcul du plaisir et de la douleur se soit produit chez les personnes qui ont arrêté de fumer, au contraire de celles qui ont continué cette habitude.

La cessation de l'usage du tabac montre bien qu'il est possible de renverser la répartition des poids sur la balance du plaisir et de la douleur, même dans le cas d'une habitude bien ancrée. Il s'agit de trouver l'angle (la connaissance contradictoire expérientielle) qui résonnera pour vous et qui aura plus de poids que le point de vue empreint de souffrance qui maintient votre ou vos réactions IDEMCO.

Allégez le poids de douleur qui vous pousse vers votre réaction IDEMCO

Si votre logique émotionnelle concernant les événements observables que vous avez décrits précédemment ne vous paraît pas encore tout à fait claire, ou encore si vous ne réussissez pas à mettre un terme à votre pattern indésirable ou réaction IDEMCO en lien avec ces événements, il y a lieu de vous poser les questions suivantes:

1. Sur la balance du plaisir et de la douleur, je place un poids de douleur dont je cherche à me soulager à travers le comportement de ma réaction IDEMCO, malgré le prix à payer de ce comportement. Quel est donc ce poids?
2. Comment ce poids de douleur peut-il être remis en question et allégé?

En guise de synthèse, voici un tableau qui énumère les grands facteurs de maintien des réactions IDEMCO, les illusions de vérité qui les caractérisent ainsi que les points de vue contradictoires qui défont ces illusions.

Principaux facteurs de maintien des réactions IDEMCO	Illusion de vérité de chaque facteur de maintien	Point de vue contradictoire pour chaque illusion de vérité
Incapacité de défaire l'illusion de vérité	Mon esprit reçoit les choses telles qu'elles sont.	Mon esprit construit les choses tel qu'il est en mesure de le faire.
Incapacité de se voir responsable de ses expériences	Je subis les événements ainsi que mes expériences (pensées, émotions, sensations, comportements) et je n'ai pas de marge de manœuvre par rapport à eux.	Face aux événements, je génère mes expériences (pensées, émotions, sensations, comportements) et j'ai une marge de manœuvre par rapport à elles.
Incapacité de changer une attente, une exigence ou une règle (concernant comment les choses sont ou comment elles doivent être)	J'exige ceci ou cela parce que c'est ainsi que les choses doivent être.	J'exige ceci ou cela non pas parce que les choses doivent être ainsi, mais parce que j'évalue que cette exigence me procurera plus de plaisir ou moins de douleur.
Incapacité de renverser la répartition des poids sur la balance plaisir/douleur	Je suis coincé dans la souffrance de mon pattern indésirable.	Je ne suis pas coincé. J'ai la capacité de remettre en question et de désamorcer des éléments clés de l'interprétation qui fait en sorte que je préfère le prix à payer de mon pattern indésirable à une autre souffrance qui me paraît encore pire.

Le fait de se libérer de l'emprise des réactions IDEMCO améliore la flexibilité psychologique et la capacité de résoudre les problèmes efficacement. Cet affranchissement ouvre la possibilité de réaliser vos aspirations, de vous actualiser pleinement et de vous épanouir.

La plupart du temps, la mise en œuvre de vos aspirations se produira en compagnie d'autres êtres humains. Des incidents de communication avec les personnes que vous côtoyez pourraient vite réactiver vos pensées-pièges et vos réactions IDEMCO. Il est donc important de saisir clairement ce qu'est une communication efficace et optimale avec vos semblables, de mieux maîtriser les moyens de réorienter une interaction négative vers un dénouement constructif et de bien intégrer la capacité de vous épanouir à travers la communication. C'est à cela que sera consacrée la prochaine partie du livre.

TROISIÈME PARTIE

COMMENT COMMUNIQUER, COMMENT VOUS RÉALISER

CHAPITRE 26

COMMUNIQUEZ À PARTIR DE CE QUE VOUS VOULEZ INCARNER

Dans les deux premières parties du livre, nous avons vu que c'est la façon dont nous nous définissons dans une situation qui influence le plus les pensées, les émotions, les sensations et les comportements avec lesquels nous répondons à cette situation. En partant de quatre pensées identitaires désagréables (ou pensées-pièges), nous avons tenté de comprendre la logique émotionnelle des réponses que nous estimons nous-mêmes indésirables de notre part. Nous avons exploré la façon de désamorcer les facteurs de maintien de ces pensées-pièges ainsi que des émotions et des comportements indésirables qui en découlent.

Le fait de nous libérer des pensées-pièges crée en nous un nouvel espace, un espace de possibilités où nous pouvons choisir de nous définir d'une façon différente dans notre vie de tous les jours. Nous avons alors l'occasion de nous construire d'une manière qui correspond à ce que nous voulons vraiment vivre. Cette nouvelle définition de nous-mêmes devient la base de nouvelles émotions et de nouveaux comportements. Elle est donc aussi le fondement de la façon dont nous communiquons avec les autres, dont nous nous réalisons comme personnes et dont nous parvenons à nous épanouir. La percée qu'a faite David lors de l'une de nos rencontres en est un exemple simple et concret.

La percée de David

David me consultait surtout pour un problème de frustration et d'impulsivité dans ses relations interpersonnelles. Il avait la charge de la section électrique de l'usine où il travaillait. Au cours d'une consultation, il m'a décrit son collègue responsable de la section plomberie comme un homme de relations publiques plus que comme un homme de compétence car, selon David, il tentait toujours d'être politiquement correct pour s'attirer les faveurs des patrons. Accordant peu de respect à ce genre d'homme, David gardait les contacts avec ce collègue au minimum.

Un jour, le patron de David lui a demandé de gérer un ouvrage de rénovation dans le secteur de ce collègue. David a envoyé des employés sous sa responsabilité pour effectuer le travail. Mais lorsque le collègue a constaté que ces employés étaient en train de travailler dans son secteur, il leur a dit de quitter les lieux, arguant que lui seul déciderait du moment de ces travaux. Apprenant la réaction de son collègue, David est parvenu difficilement à contenir sa colère et il ne voulait plus lui parler. Le patron a insisté pour que David garde quand même le mandat de ces travaux.

Mon client était d'humeur dépressive quand il est arrivé dans mon cabinet à la suite de ces événements. Après me les avoir racontés, d'une voix pesante, il m'a dit qu'il se sentait très lourd à son réveil et qu'il n'avait plus le goût d'aller travailler.

Nous avions déjà utilisé le modèle des pensées-pièges au cours de nos séances précédentes. Sans plus tarder, je lui ai proposé la compréhension suivante de son état. Toute cette situation se résumait au fait qu'il était complètement absorbé par la pensée-piège «Je suis mal traité», qu'il était par conséquent furieux contre son collègue, qu'il avait le goût d'aller le secouer et de lui faire entendre raison, mais qu'il ne pouvait se le permettre sous peine de conséquences négatives pour son avenir dans cette compagnie. Alors, il était tombé dans la pensée-piège «Je suis démuni», il se sentait impuissant et avait perdu tout enthousiasme.

David se voyait très bien dans ce résumé. J'ai alors ajouté que cette façon de se définir lui-même était unidimensionnelle et qu'il avait la capacité de se définir de manière multidimensionnelle. Oui, il était compréhensible qu'il se sente lésé par le manque de collaboration de son collègue mais, même si tel était le cas, il pouvait quand même se définir de plus d'une manière et pas seulement par «Je suis mal traité».

David a fait alors l'expérience d'une percée. Une définition complètement différente de lui-même est venue spontanément à son esprit. Il m'a dit que, dans sa vie, il voulait être un leader. «Parfait, lui ai-je répondu, quand vous voyez clairement devant vous les définitions identitaires "Je suis mal traité" et "Je suis un leader", vous optez assurément pour "Je suis un leader"», ce qu'il m'a confirmé sans tarder. Je lui ai mentionné qu'il lui restait alors la question suivante: «Si je veux être un leader, qu'est-ce que je peux faire pour régler cette situation de façon constructive?» À cette interrogation, j'ai ajouté que la difficulté éprouvée envers ce collègue était vraiment pour lui une occasion de dépasser ses limites et de grandir dans ses capacités de leader. David a reconnu finalement qu'il aurait pu avertir son collègue à l'avance. Il a pensé le rencontrer d'abord et discuter avec lui d'un plan de réalisation des travaux. La séance suivante, David m'a confirmé qu'il avait procédé ainsi, que la conversation s'était bien passée et que les travaux s'étaient déroulés rondement.

Être l'artiste de votre vie

Puisque nous sommes fondamentalement des êtres sociaux, notre manière de nous définir, qu'elle soit à travers les pensées-pièges ou à partir d'un nouvel espace de possibilités, se traduit souvent de manière spontanée par notre façon de communiquer avec nos semblables humains. La communication orientée par les pensées-pièges ne fait jamais vraiment notre affaire en dernière analyse, puisqu'elle comporte un important prix à payer, dont l'impression que les problèmes n'ont pas été réglés de façon positive ou optimale. Plus souvent nous sommes aux prises avec ces pensées-pièges, moins cela nous donne un portrait reluisant de notre vie à nos propres yeux.

Imaginez que vous êtes à la fin de vos jours et que vous faites le bilan de votre vie. Vous passez en revue ce que vous avez accompli et la manière dont vous l'avez fait. Plus vous aurez vécu d'expériences négatives seul ou avec les autres, plus vous aurez l'impression de ne pas avoir été utile à quelque chose qui vous tenait à cœur, plus votre bilan sera négatif, insatisfaisant et source de mécontentement. À l'inverse, plus vous constaterez que vos expériences de vie ont été positives, profondes, inspirantes et que vous avez rayonné de la contribution qu'il vous tenait à cœur d'apporter autour de vous, plus votre bilan sera positif et satisfaisant, source de contentement et de fierté. Vous ressentirez la paix de savoir que vous avez vécu en accord avec vos valeurs profondes, que vous avez réalisé vos aspirations les plus importantes et que, ce faisant, des gens autour de vous en ont bénéficié.

Ce constat positif et satisfaisant que vous pouvez imaginer pour la fin de votre vie, vous pouvez le formuler dès aujourd'hui comme un engagement, comme la volonté d'incarner dès maintenant la contribution qu'il est important pour vous d'apporter. Vous êtes alors comme l'artiste qui crée une œuvre à partir d'une intention de base. Dans ce cas, toutefois, votre œuvre est votre propre vie. Si on vous demandait de signer votre vie comme un peintre écrit son nom dans un coin de sa toile, quelle œuvre de vie aimeriez-vous signer ? Quel héritage humain souhaiteriez-vous laisser derrière vous ? Si vous voulez, non pas subir votre vie ni la vivre à moitié, mais la créer de façon passionnante comme un artiste invente son œuvre, la première chose à faire est de vous voir (de vous définir) comme l'artiste de votre vie et, ensuite, de choisir l'œuvre que sera votre vie.

L'artiste accompli a le pouvoir de créer des univers captivants pour les amateurs de son art. Par son imagination, le peintre, le musicien ou l'écrivain donne son monde intérieur à voir ou à entendre. Ce faisant, il nous fait partager son expérience de la beauté et il nous aide à mieux vivre. L'artiste se définit comme un inventeur de formes et il incarne ensuite concrètement cette identité en inventant des formes. Son identité est donc générative, dans la mesure où elle accomplit ce qu'elle déclare être. De plus, à travers cette identité générative, l'artiste se réalise et s'épanouit lui-même, en même temps qu'il contribue à l'épanouissement de ses amateurs grâce à l'expérience esthétique qu'ils vivent au contact de ses œuvres.

De la même façon, vous pouvez orchestrer votre vie à partir de l'identité générative que vous choisissez de vous donner. Si vous ne savez pas trop par où commencer dans cette démarche, vous pouvez découvrir votre identité générative à l'aide de questions comme celles-ci :

- « Quelle contribution aimerais-je apporter à ceux qui m'entourent et qui donnerait un sens à ma vie ? »
- « À la fin de ma vie, quel héritage humain serais-je vraiment fier d'avoir légué ? »
- « Qu'est-ce que j'aimerais incarner de façon telle que j'inspire les gens à développer les mêmes qualités ou les mêmes valeurs ? »

Le pouvoir transformateur de l'identité générative

L'histoire de l'humanité nous donne des exemples inspirants de personnes qui ont persisté dans leur identité générative malgré une adversité qui semblait insurmontable et qui ont finalement accompli leur rêve. Pensons à Nelson Mandela, ce leader d'Afrique du Sud emprisonné pendant 27 ans à cause de son combat contre l'apartheid. Durant ses années de captivité, sur le plan de son identité ordinaire, il était prisonnier. Pourtant, sur le plan de son identité générative, pour lui-même d'abord, et par rayonnement pour les autres, il incarnait la fin de l'apartheid. Alors que son identité simplement descriptive faisait de lui un prisonnier privé de liberté et tout à fait impuissant par rapport au régime de l'apartheid, son identité générative faisait de lui le libérateur de son peuple.

De même, lorsque Gandhi était emprisonné par les Britanniques, il continuait d'incarner la libération de son peuple et son indépendance par rapport au régime colonial de la Grande-Bretagne. J'utilise ces exemples pour illustrer le pouvoir remarquable de l'engagement à contribuer à quelque chose qui nous tient à cœur, même quand des circonstances adverses nous donnent l'impression que les conditions gagnantes de cette contribution ne pourront jamais être réunies de notre vivant.

Le pouvoir de l'identité générative peut être illustré aussi par des exemples plus proches de la vie quotidienne. Pensez aux personnes qui adoptent un enfant. Elles ne sont pas motivées dans leur rôle de parents de la même manière que le parent biologique, puisqu'elles ne peuvent pas voir leur enfant comme le prolongement biologique de leur propre identité. Une personne adopte un enfant en fonction du seul fait qu'elle *choisit* de jouer le rôle de père ou de mère envers cet enfant, qu'elle *décide* d'être un parent pour cet enfant, qu'elle *s'engage* à lui apporter cette contribution. Quand une personne adopte officiellement un enfant, elle se donne donc l'identité générative de parent. Elle génère une nouvelle définition d'elle-même par rapport à cet enfant. En toute conscience et en toute liberté, elle procède à un engagement identitaire.

On peut mesurer ici toute la puissance d'un tel engagement identitaire, puisqu'il suppose, pour le reste de la vie, un nombre indéfini de gestes altruistes envers cet enfant, pour le meilleur et pour le pire, même si l'enfant ne donne pas autant en retour. De la même façon, dans chacune de nos interactions personnelles, nous pouvons *délibérément* nous définir en fonction de la contribution que nous voulons apporter aux autres, même si nous ne recevons pas autant en retour que nous le souhaitions. Nous pouvons prendre cet engagement simplement parce que, fondamentalement, la qualité de nos relations interpersonnelles dépend de la manière dont nous nous définissons (consciemment ou non) par rapport à une situation ou à une personne, et parce que nous tenons à vivre et à interagir avec les autres en fonction de la contribution que nous voulons leur apporter.

En lisant ces propos, vous constatez peut-être que vous avez enterré vos aspirations depuis longtemps. Ou peut-être êtes-vous découragé de ne pas avoir réalisé vos aspirations malgré tous vous efforts. Si tel est le cas, prenez d'abord le temps de constater que le processus de la créativité et de la réalisation de soi reste toujours le même, peu importe où nous en sommes quant aux accomplissements particuliers. Vous ne pouvez pas construire une maison à partir de la pensée qu'elle ne peut pas exister, que vous n'avez pas assez d'argent pour l'édifier, qu'un obstacle quelconque vous empêche de le faire ou encore que quelqu'un est responsable du fait que vous ne pouvez pas mener à bien ce projet. Peu importe les difficultés rencontrées, vous réussirez à construire votre maison seulement si vous en générez d'abord positivement la possibilité, pour ensuite agir en conséquence afin de la matérialiser. Il en est de même pour toutes vos activités et vos relations interpersonnelles. *L'imagination est la mère des réalités qui furent toutes d'abord un rêve.* Quand vous imaginez, vous portez en vous la semence de la réalité. Permettez à votre imagination de vous donner la direction. Vous serez ainsi encouragé à mobiliser vos ressources dans ce sens. Les idées surgiront et les actions en découleront… C'est dans cet esprit que Saint-Exupéry écrivait dans *Le Petit Prince*: « Faites que le rêve dévore votre vie afin que la vie ne dévore pas votre rêve. »

Quels que soient vos efforts, la vie ne donne évidemment jamais de garantie de résultats. L'important est de vous focaliser sur ce que vous pouvez faire plutôt que d'exiger rigidement un résultat dont, en réalité, vous ne contrôlez pas tous les paramètres. Être l'inventeur de sa vie, c'est envisager des possibilités ainsi que les moyens pour les réaliser, passer à l'action, apprendre tout ce qui est pertinent au moyen de l'évaluation des résultats obtenus, et ajuster le plan et l'action concrète au besoin. Le reste échappe à notre contrôle.

J'ai défini l'identité générative comme un engagement identitaire, comme votre décision d'incarner une valeur ou un principe de vie de telle sorte que ce soit votre façon de vous réaliser et de vous épanouir en même temps que la contribution que vous apportez aux gens qui vous entourent. D'autres expressions peuvent être utilisées dans le même sens: votre mission de vie, votre raison d'être, l'apport qui donne un sens à votre vie, l'héritage humain que vous désirez léguer, la marque que vous voulez laisser, la différence que vous tenez à faire, la façon dont vous souhaitez enrichir la vie autour de vous.

Il est possible d'être animé par plusieurs identités génératives, missions ou principes. Personnellement, j'ai choisi de me donner les trois identités génératives suivantes: créativité, bienveillance et, pour la dimension spirituelle, l'éveil au soi infini. Je veille à incarner de mon mieux ces principes de vie au jour le jour dans ma vie personnelle et professionnelle.

Il est important de noter la différence entre une identité générative et un objectif ou un projet. Par exemple, si votre identité générative est de répandre l'amour, l'actualisation de cette identité pourrait se faire à travers de nombreux objectifs ou projets. Du point de vue de l'intimité amoureuse, l'identité générative «amour» pourrait se réaliser par l'objectif (ou le projet) de trouver un ou une partenaire et de vous marier. Le tout pourrait se prolonger à travers l'objectif d'avoir des enfants, à travers vos efforts pour qu'ils aient une vie heureuse, et ainsi de suite. Tous ces objectifs ou projets seraient des façons concrètes d'actualiser votre identité générative «amour».

Remarquez que, par la pensée générative, on ne cherche pas à compenser pour la pensée-piège ou à la «réparer». L'identité générative émerge d'un espace intérieur qui n'est pas en réaction à la pensée-piège, mais qui a lâché prise sur elle et qui exprime sa nouvelle façon d'être en toute liberté. Comme pour David, j'ai accompagné des centaines de personnes dans le passage d'une identité négative (pensée-piège) à une identité générative. En voici quelques exemples.

Identité négative (pensée-piège)	Identité générative
Je suis un échec.	Je suis la soif de connaître.
(Danseuse contemporaine) Je ne suis pas à la hauteur.	J'incarne la célébration de la vie.
J'ai quelque chose de «brisé» en moi qui me rend inadéquat.	Je suis générosité, écoute et acceptation.
Je suis révoltée contre l'injustice.	Je suis un instrument de paix.

Trouvez votre identité générative

Si ce n'est pas déjà fait, prenez le temps de définir la contribution qu'il vous importe le plus de faire et dont vous seriez fier à la fin de votre vie, l'ayant incarnée le mieux possible. Il est préférable d'être succinct pour que vous puissiez vous rappeler aisément cette ou ces missions. En même temps, vous pouvez laisser libre cours à votre créativité pour que le tout soit formulé d'une façon qui vous allume et vous mobilise.

Il est bon de vous rappeler votre ou vos identités génératives le matin, pour bien commencer la journée, et à n'importe quel moment où vous voulez que votre pensée, votre émotion, votre action et votre communication soient mobilisées non pas par les pensées-pièges, mais par ce que vous voulez irradier et apporter par votre vie.

Formulez par écrit votre identité générative

Prenez le temps d'écrire votre ou vos identités génératives dans votre cahier. Il n'est pas nécessaire de trouver tout de suite les identités que vous retiendrez pour le reste de votre vie. L'important est d'entamer le processus de vous définir à travers ce qu'il vous tient le plus à cœur de contribuer maintenant, en sachant que, dès demain, vous pourriez changer de perspective et vous choisir d'autres identités génératives. Vous restez, bien sûr, toujours entièrement libre de vous définir comme vous le désirez, quand vous le voulez.

Répondez à une situation problématique à partir de votre identité générative

Je vous invite à mettre tout de suite à profit le pouvoir de votre identité générative à travers l'exercice suivant.

Pensez à une situation interpersonnelle problématique avec votre partenaire de vie, votre enfant, un membre de votre famille, un ami, un patron, un collègue de travail, etc. Une fois bien visualisée une situation particulière représentant ce problème relationnel, branchez-vous sur votre identité générative et donnez-vous la possibilité de répondre à cette situation non plus à partir de vos pensées-pièges, mais à partir de votre ou vos identités génératives, à partir de ce que, fondamentalement, vous voulez apporter à cette ou ces personnes. Alors, que pourriez-vous penser, dire et faire dans cette situation? Écrivez-le dans votre cahier. Vous pouvez vous inspirer de la structure que je propose habituellement à mes clients. La voici:

Dans la situation particulière suivante...
je choisis d'incarner l'identité générative suivante...
et je peux donc:
– penser ceci:________
– dire ceci:__________
– faire ceci: _________

Il peut arriver dans certaines situations que nous soyons incapables de nous définir en fonction de notre identité générative et de réagir autrement que par notre réaction IDEMCO. Lorsque tel est le cas pour vous, c'est que votre logique émotionnelle vous maintient dans votre pensée-piège et votre réaction IDEMCO. Tant que cette logique émotionnelle ne sera pas désamorcée par un mécanisme semblable à celui décrit dans les deux premières parties, il vous sera difficile d'être mobilisé concrètement par votre identité générative dans la vie quotidienne. Tout effort pour comprendre la logique des pensées-pièges afin de mieux la désamorcer et de mieux incarner votre identité générative vous fera avancer dans la bonne direction. Le reste de ce livre pourrait vous amener à une percée soudaine en ce sens. Participer à mon atelier sur les pensées-pièges ou vous offrir une consultation psychologique afin de produire le déblocage nécessaire pourrait aussi faire la différence. Le plus important est assurément de persévérer avec de bons outils.

Les trois étapes de la communication générative

Nous venons de voir que la base d'une communication constructive est le fait d'être mobilisé par une contribution que nous voulons apporter et de sentir que nous nous réalisons à travers elle. La vie et les êtres humains étant complexes, il est toutefois fort probable que des obstacles se dresseront devant vous. Que faire, notamment, lorsque, malgré tous vos efforts, une relation interpersonnelle qui vous tient à cœur a pris une tangente négative? Comment récupérer cette relation et la ramener à une interaction plus harmonieuse? Même si vous êtes bien orienté et motivé par votre identité générative, vous pourriez ignorer les outils de communication concrets les plus à même de vous conduire à vos objectifs. Cette lacune pourrait vous faire basculer de nouveau dans vos pensées-pièges et vos réactions IDEMCO malgré vos bonnes intentions durant la communication.

À l'inverse, ne pas basculer dans les pensées-pièges au cours de la communication, c'est persister dans ce que j'appelle la «communication générative». Je définis la communication générative comme une interaction verbale ou non verbale à travers laquelle un interlocuteur favorise la satisfaction du besoin de l'autre tout en satisfaisant son propre besoin ou en se respectant lui-même. Il est possible de communiquer de façon générative même lorsque l'autre interlocuteur ne le fait pas. L'interlocuteur génératif a d'ailleurs souvent un effet d'entraînement sur les autres interlocuteurs. Mieux vaut, évidemment, que les deux interlocuteurs soient animés par l'esprit génératif dès le départ, mais cela n'est pas une condition préalable au succès d'une communication.

Pour que la communication générative soit relativement facile à mettre en pratique, je l'ai conçue dans un modèle simple et accessible en même temps que fondamental et précis. Ce modèle compte deux ou trois étapes de base. Le nombre d'étapes varie selon la présence ou l'absence de problème ou de blessure au début ou au cours d'un cycle interactionnel donné.

En l'absence de problème ou de blessure éprouvée au début ou au cours d'un cycle interactionnel, on compte les deux étapes suivantes :

1. **Établir la VOLONTÉ COMMUNE de satisfaire au moins un besoin de part et d'autre.**
   Exemple : Convenir d'une entente à propos de la livraison d'une chose ou d'un résultat. *N. B.* : D'un côté, on a le besoin ou le désir de livrer une chose ou un résultat ; de l'autre, on a le besoin ou le désir de les recevoir. La volonté commune est établie lorsque les besoins respectifs des interlocuteurs sont satisfaits par une entente de principe.
2. **Établir la CAPACITÉ COMMUNE de satisfaire au moins un besoin de part et d'autre.**
   Exemple : Faire en sorte que cette chose ou ce résultat soient livrés comme prévu.

Nous aborderons plus loin les outils qui permettent de débloquer les impasses en cas d'absence de volonté ou de capacité.

En présence de problème ou de blessure éprouvée au début d'un cycle interactionnel, on a recours à une étape additionnelle *avant* les deux autres. Plus les blessures se sont accumulées précédemment dans la relation, plus cette étape préalable (qui devient alors la première) est importante et requiert du temps. On utilise aussi cette étape additionnelle lorsqu'une blessure ou un blocage surgissent *au cours* d'un cycle interactionnel.

1. **COMPRENDRE DE FAÇON EMPATHIQUE le problème perçu et la blessure ressentie de part et d'autre.**
   Exemple : Grâce à une « écoute lente » où *vous prenez le temps* de clarifier ce que votre partenaire vous dit et de vous mettre dans sa peau, vous comprenez qu'il est irrité parce qu'il trouve que vous lui en demandez trop. Vous comprenez aussi qu'il craint de ne pas vous paraître à la hauteur s'il met ses limites plus tôt au cours de vos interactions.
   Grâce à la même écoute lente, votre partenaire comprend à son tour que votre but n'est pas de lui imposer une quantité exagérée de tâches. Il comprend aussi que, par crainte de ne pas vous sentir à la hauteur de vos propres critères, vous ne pouvez relaxer tant que les tâches prévues au programme ne sont pas terminées.
2. **Établir la VOLONTÉ de satisfaire au moins un besoin de part et d'autre.**
   Exemple : Vous acceptez d'inclure votre partenaire dans la planification initiale de la quantité de tâches à faire en les divisant toujours en « essentielles » et « non essentielles ».
   Votre partenaire accepte de participer toujours de bon cœur à tout le moins aux tâches « essentielles ».
   Vous acceptez qu'il puisse parfois vous demander de reporter à plus tard certaines tâches « non essentielles ».
3. **Établir la CAPACITÉ de satisfaire au moins un besoin de part et d'autre.**
   Exemple : Chacun inscrit à son agenda les moments où la planification des tâches aura lieu.

Je présenterai les sous-étapes de chacune de ces trois étapes au cours des trois prochains chapitres. Vous y trouverez aussi des exercices pour mettre ces outils en pratique.

CHAPITRE 27

COMPRENEZ L'AUTRE AVANT DE CHERCHER À VOUS FAIRE COMPRENDRE

Imaginez que votre voiture éprouve un problème mécanique. Vous vous rendez au garage et vous commencez à expliquer la situation au préposé du service à la clientèle, mais il vous interrompt rapidement et vous empêche d'exposer votre problème jusqu'au bout. Il vous répond que vous vous en faites pour rien et que vous ne devriez pas considérer cela comme un problème, ou encore il se défend d'être responsable de votre problème, il vous accuse de l'avoir créé et, finalement, il vous offre des solutions qui ne répondent pas vraiment à votre problème, puisqu'il ne vous a pas laissé l'occasion de le présenter au complet et il ne vous a pas compris. Est-il besoin de dire que le lien de confiance sera brisé et que vous ne voudrez plus faire affaire avec cette personne ?

Heureusement, il arrive rarement que l'on doive faire face à un service professionnel aussi déficient et agressif, voire insultant. Pourtant, les mécanismes à l'œuvre dans cet exemple d'échec à communiquer ressemblent étonnamment à ceux qui sont actifs dans les conflits relationnels susceptibles de survenir avec les gens que nous côtoyons au quotidien.

En effet, dans la plupart des conflits humains, l'un des interlocuteurs, et souvent les deux, n'écoutent pas et ne comprennent pas l'autre jusqu'au bout, nient le problème, culpabilisent l'autre pour le problème ou encore proposent des solutions qui ne tiennent pas compte de certains aspects importants de la situation. Le spécialiste de la communication Guillaume Dulude inclut d'ailleurs parmi les obstacles fondamentaux à la communication les comportements suivants : couper la parole, s'objecter aussitôt en répondant « Oui, mais... », interrompre en posant des questions ou en émettant une opinion, donner un conseil non sollicité, changer de sujet, faire une blague pour éviter un inconfort[4].

La qualité d'une relation interpersonnelle est basée sur la capacité de résoudre les problèmes sans que la solution crée un perdant. Une solution gagnant-gagnant n'est évidemment pas possible quand on ne tient pas compte de tous les aspects importants du problème de part et d'autre. C'est pourquoi une résolution constructive et durable des problèmes relationnels passe par la compréhension empathique mutuelle de tous les aspects significatifs du problème. Cette *compréhension* empathique commence par une *écoute* empathique.

Reconnaître la légitimité de la réaction de l'autre

Selon de nombreuses études, la compréhension empathique est la base d'une relation positive et de la réparation d'une relation qui a pris une tangente négative. Je le constate régulièrement dans ma pratique de psychologue, particulièrement au cours de la thérapie de couple.

L'écoute et la compréhension empathiques sont une manière de se mettre dans la peau de l'autre. Elles amènent à mieux saisir la logique émotionnelle de l'autre et à *reconnaître une certaine légitimité* dans les blessures, les émotions négatives, les souffrances et les réactions comportementales que comporte la logique émotionnelle. Une transformation se produit alors dans l'image que les interlocuteurs avaient l'un de l'autre au départ. Au lieu de se voir comme fautifs ou inadéquats et de se le reprocher, les interlocuteurs voient dans les réactions de l'autre des façons bien humaines de se représenter les choses et des tentatives plus ou moins efficaces pour en souffrir le moins possible. Ils se voient comme deux êtres humains qui tentent maladroitement de souffrir le moins possible.

---

4. Dulude, G. (2020). *Je suis un chercheur d'or. Les mécanismes de la communication et des relations humaines*. Montréal : Les Éditions de l'Homme.

Les réactions négatives de chaque côté revêtent alors, aux yeux de chacun des interlocuteurs, un caractère humain qui est compréhensible même s'il est imparfait.

La compréhension empathique nous fait donc passer de « Tu as tort de me traiter ainsi » à « Je comprends que tu te sentes et que tu agisses ainsi ». Évidemment, être empathique envers une personne ne veut pas dire que vous êtes d'accord avec elle et que vous acceptez ses comportements sans rien faire et sans demander quoi que ce soit. C'est une *première* étape en vue de la résolution efficace du problème.

Par exemple, alors qu'un homme trouvait sa femme « contrôlante et jamais contente », il comprend enfin que, ayant vécu avec une mère très exigeante, sa conjointe cherche à se valoriser à travers le besoin que tout soit impeccable. Elle lui fait des demandes en ce sens et, de manière compréhensible, elle est frustrée quand il ne fait pas les tâches à temps comme entendu. De l'autre côté, alors que la femme trouvait son conjoint « égoïste et menteur », elle comprend désormais qu'il a vécu son enfance dans une famille très conflictuelle. Pour éviter les disputes, il dit spontanément oui à ses demandes, mais, plus leur relation avance, moins il sent qu'il a de l'espace pour ses propres besoins. De façon compréhensible, il repousse à plus tard les choses à faire pour pouvoir respirer un peu.

Saisir comment les choses apparaissent pour l'autre

Être empathique, ce n'est pas essayer de comprendre la vérité objective des situations, c'est chercher à comprendre la perception subjective des humains. C'est saisir, non pas comment les choses sont ou comment elles devraient être, mais comment les choses *apparaissent* pour votre interlocuteur. Il ne s'agit pas de penser la même chose que l'autre, mais de comprendre ce que l'autre pense et ressent et ce qu'il fait en conséquence. Quand cette étape est bien menée avec tout le temps qu'il faut, elle accélère, souvent de façon étonnante, la résolution espérée par les deux interlocuteurs, parce qu'elle permet de mettre sur la table tous les enjeux à considérer pour une solution sans perdant. La compréhension empathique au moyen de l'écoute empathique est donc toujours l'étape initiale que je propose aux couples qui me consultent. Cette étape me paraît d'ailleurs tout aussi cruciale dans la plupart des problèmes interpersonnels.

Après seulement quelques minutes de cette pratique, le couple entrevoit déjà la possibilité de créer une dynamique complètement différente pour traiter des sujets épineux qui, jusque-là, ont abouti à des escalades négatives répétées et à des impasses où chacun sent qu'il marche sur des œufs, et qu'il n'est plus capable d'être vraiment lui-même. Les conjoints reprennent rapidement espoir que ces ruptures dans leur réalité commune puissent être réparées. Au fil des conversations empathiques, ils goûtent de plus en plus au sentiment de partager la même réalité, à ce sentiment d'un accord interpersonnel où chacun a l'impression que son émotion, son point de vue ou son besoin sont perçus et compris par l'autre, et qu'il est important pour l'autre de maintenir cette compréhension intersubjective mutuelle et d'agir en accord avec elle[5]. Mon expérience clinique me montre que, plus le sentiment de réalité partagée concernant telle ou telle personne subit des ruptures, plus l'attachement ressenti envers cette personne est insécurisant, anxiogène et source de préoccupations. À l'inverse, plus le sentiment de réalité partagée est fort envers une personne, plus l'attachement à l'endroit de cette personne est sécurisant et source d'épanouissement. Dans l'annexe 3, à la page 323, vous trouverez mon « Questionnaire sur la réalité partagée (QRP) » qui vous aidera à faire le point sur les formes que prennent les ruptures de la réalité partagée dans vos relations.

Exercer un leadership

Il n'est pas rare que des personnes me consultent pour une thérapie individuelle à propos de leur couple parce que l'autre partenaire ne veut pas d'une thérapie conjugale. Dans ces cas, j'offre à la personne qui me consulte un coaching basé sur les outils présentés dans cette partie du livre consacrée à la communication. Les

---

5. Je m'inspire ici de la définition de la réalité partagée proposée par Bruce Ecker dans le cadre de la thérapie de la cohérence (à partir de l'onglet Learning Resources, sur coherencetherapy.org, voir la vidéo *The black hole of nonexistence* ainsi que sa transcription écrite, p. 24).

résultats sont souvent impressionnants. Je propose d'ailleurs les mêmes principes, en les adaptant aux autres types de relations, aux personnes qui me consultent pour n'importe quelle sorte de difficulté relationnelle, que ce soit avec des membres de leur famille, des amis, des collègues ou des patrons.

J'explique d'abord ceci à la personne qui me consulte en individuel : « Surtout dans la mesure où la personne avec qui le conflit perdure n'est pas avec nous lors de nos rencontres, c'est à vous qu'il revient d'exercer un certain leadership et de prendre les devants dans la tentative de résoudre le conflit. » Ce leadership inclut la capacité de comprendre l'autre avant de chercher à se faire comprendre. En effet, plus l'autre personne sentira votre attitude constructive, votre compréhension et votre empathie par rapport à sa situation, plus elle aura tendance à faire de même envers vous. Il vaut donc la peine d'être patient et de vous assurer, dans un premier temps, que vous donnez à votre interlocuteur l'expérience d'être bien compris afin que cette personne puisse, à son tour, montrer une écoute empathique envers votre point de vue et vos difficultés.

Évidemment, il n'est pas garanti que cette façon d'aborder le problème et de tenter de le régler aboutira au résultat souhaité, mais il ne fait aucun doute qu'en prenant le leadership de la compréhension empathique mutuelle, vous faites ce qu'il y a de mieux pour créer les conditions gagnantes d'une solution à la fois intéressante et durable.

Assez tôt dans la thérapie en individuel, je suggère souvent à mes clients de faire l'exercice que je vous proposerai ci-dessous, à savoir inviter l'autre personne à faire le point et procéder ensuite d'une façon bien spécifique. Cette manière d'exercer le leadership est un atout dans la grande majorité des problèmes relationnels.

L'importance de préciser d'abord votre intention positive

Il est toutefois très important que mon client précise d'abord pour lui-même sa propre intention dans cette démarche. S'il est orienté et motivé par une pensée-piège, notamment par « Je suis mal traité », et s'il cherche par conséquent à donner tort à l'autre, à démontrer qu'il n'a rien à se reprocher ou à éviter tout nouveau reproche de la part de son interlocuteur, les chances de succès de la rencontre avec l'autre sont hypothéquées dès le départ. Il faut donc souvent prendre le temps de désamorcer la pensée-piège et la réaction IDEMCO de mon client avant qu'il puisse vraiment ancrer sa démarche de résolution de problème dans l'écoute et la compréhension empathiques envers l'autre.

Prenons le cas de Patrice qui me consultait pour des conflits avec sa femme concernant surtout la façon d'éduquer leurs enfants. Il m'a raconté qu'il rénovait un immeuble avec son fils Xavier et qu'ils en étaient à la fin des travaux. Il avait demandé à Xavier de ne pas enlever tout de suite un des accès à la maison construit pour les fins de la rénovation, afin de ne pas avoir à marcher trop longtemps pour terminer l'ouvrage. Le fils avait quand même décidé de démonter cet accès en pensant que cela leur donnerait déjà une bonne idée du produit final. Patrice a été consterné quand il a constaté que son fils avait enlevé l'accès. De son côté, Xavier était vexé par la critique de son père. Par la suite, Patrice ne s'est pas gêné pour rappeler plusieurs fois à son fils que le fait qu'il avait enlevé l'accès trop tôt les obligeait à marcher plus longtemps. Dans la perspective des pensées-pièges, il se sentait évidemment «mal traité» par son fils, il en gardait du ressentiment et il réagissait par le mode attaque. Xavier s'est plaint à sa mère de ces critiques répétées. Celle-ci trouvait son mari trop agressif, ce qui causait un conflit dans le couple. Finalement, Xavier a dit à sa mère qu'il ne voulait plus parler à son père.

— Quelle est votre intention quand vous rappelez ainsi à votre fils les conséquences négatives de son geste? ai-je demandé à Patrice.

— Je veux qu'il devienne responsable de ses actions, qu'il apprenne de cet incident, qu'il apprenne l'importance de respecter les ententes.

— Pourquoi ne pas avoir une conversation précisément sur ce sujet avec votre fils? Lui dire, par exemple: «Je ne comprends pas pourquoi tu n'as pas fait ce que je t'avais demandé et je veux le comprendre. J'aimerais qu'on s'entende sur le respect des ententes et sur le sens des responsabilités. J'aimerais qu'on tire la leçon de cet incident et que l'on convienne de la façon dont on pourrait fonctionner la prochaine fois.»

La séance suivante, le père m'a dit être allé voir son fils à son appartement et avoir réussi à rétablir les ponts avec lui en restant connecté au fait que, fondamentalement, il désirait le bien de son fils.

De même, le choix de se brancher sur son intention positive a été crucial pour Amélie, qui possédait sa propre entreprise et qui me consultait notamment parce qu'elle avait tendance à faire trop de concessions pour plaire aux autres. Un jour, elle avait dû prendre une décision difficile pour sa compagnie, qui l'avait amenée à congédier quelques employés. Une des employées non congédiées se disait très déçue de cette restructuration. Au lieu de voir ces commentaires comme une accusation dirigée contre elle personnellement ou encore de condamner la frustration de son employée, Amélie a choisi de passer une journée avec elle pour bien lui expliquer son intention de voir grandir son entreprise et la rassurer sur la place qu'elle occupait dans son plan d'action. L'employée a été satisfaite de ces précisions et lui a offert sa pleine collaboration. Encouragée par le renforcement du lien avec cette employée, Amélie a décidé, lors des réunions de l'entreprise, de prévoir des périodes non seulement pour les problèmes et leurs solutions, mais aussi pour l'appréciation des accomplissements de chacun.

Ces deux exemples illustrent bien comment le fait de rester en contact avec son intention positive et de l'exprimer favorise les développements positifs, et même des sauts qualitatifs tout à fait inattendus dans les relations interpersonnelles.

L'application concrète de l'écoute et de la compréhension empathiques

Revenons au client qui me consulte seul pour un problème relationnel, puisque sa situation ressemble à la vôtre en tant que lecteur me « consultant » seul, à travers ce livre. Quand je constate que l'intention d'en arriver à une solution gagnant-gagnant domine dans son esprit, je lui propose le plan suivant, en quatre étapes :

1. Dans les mots que vous jugerez adéquats :
   a) dites que vous aimeriez parler d'un problème pour lequel votre intention est d'en arriver à une solution sans perdant ;

b) décrivez brièvement ce qui vous paraît problématique ;
c) exprimez votre intention de bien comprendre le point de vue de votre interlocuteur dans le but d'atteindre une solution durable.

   Le fait d'exprimer en premier lieu votre intention positive aide à orienter la conversation dans le sens voulu, dès le départ. Cela fait en sorte, également, que votre interlocuteur soit plus en confiance et moins sur la défensive.

2. Demandez à votre interlocuteur d'exprimer sa version du problème ainsi que ses besoins en lien avec ce problème. À cette étape, vous devez être bien à l'écoute afin de résumer ce que la personne exprime. Il est important de ne pas essayer de trouver ou de proposer une solution tout de suite, sans avoir exploré d'abord, et bien compris, en quoi la situation est problématique pour l'autre personne et en quoi consistent ses besoins. Sinon, vous n'obtiendrez que votre solution unilatérale plutôt que la solution commune aux deux.
3. Résumez ce que votre interlocuteur a exprimé et vérifiez si vous l'avez bien compris ou s'il aimerait modifier ou compléter votre résumé.
4. S'il souhaite changer le résumé, il est important de redoubler d'attention et de chercher de nouveau à bien comprendre votre interlocuteur dans le but de le résumer.

Il est essentiel de continuer le processus de l'écoute et de la compréhension empathiques jusqu'à ce que tout ce que l'autre personne tenait à dire ait été dit et bien résumé.

Trois stratégies pour favoriser l'écoute empathique

Cette démarche n'est pas toujours facile parce qu'elle peut réactiver, chez les deux interlocuteurs, les pensées-pièges et les réactions IDEMCO habituellement associées aux sujets qui seront abordés lors de cette conversation.

Je recommande de garder en arrière-plan de votre esprit les trois stratégies suivantes.

1. Cherchez, avant tout, à comprendre la logique émotionnelle de votre interlocuteur

Cette logique émotionnelle nourrit l'insatisfaction de la personne dans sa relation avec vous ainsi que ses pensées, ses émotions et ses comportements négatifs envers vous. Le mécontentement possède toujours une logique émotionnelle. Il s'agit d'abord de comprendre cette logique si vous voulez apporter une solution adéquate et durable aux pensées, aux émotions et aux comportements négatifs en jeu. À travers ce que la personne vous dit, soyez donc attentif à la pensée-piège qui semble résumer la blessure au moi de votre interlocuteur, aux émotions associées à cette pensée-piège et aux comportements utilisés par votre interlocuteur pour souffrir le moins possible de cette blessure.

2. Transformez la critique en besoin

Présumez que, dans la situation conflictuelle en question, la logique émotionnelle de votre interlocuteur inclut des besoins insatisfaits. Il faut vous attendre à ce que ces besoins ne soient pas exprimés sous forme de besoins, mais de critiques. *La critique est un besoin frustré ou insatisfait.* Pour répondre de façon efficace à une critique, identifiez d'abord le besoin qui sous-tend cette critique. Chercher à bien comprendre l'autre inclut donc la capacité de l'amener à exprimer le besoin insatisfait sous-jacent à sa critique. Par exemple, demandez simplement: « Si tu n'aimes pas que je fasse ceci, qu'aimerais-tu que je fasse ? » ou encore « À quoi t'attends-tu de moi ? », etc. Il importe ici de simplement clarifier ces besoins, de les comprendre et de les résumer pour vous assurer que vous les avez bien saisis. Afin de consolider d'abord la compréhension empathique, mieux vaut réserver pour plus tard l'expression et l'arrimage de *vos* besoins avec ceux de votre interlocuteur.

3. Appliquez le principe « Liberté aux autres, pertinence pour soi »

Comme je l'ai expliqué au chapitre 5, ce principe consiste à donner aux autres la liberté de penser et de dire, et à évaluer ensuite la pertinence de leur propos en lien avec nos principes et nos besoins. À l'étape de l'écoute et de la compréhension empathiques, il est prioritaire d'accorder la liberté à l'autre. Il se peut que, lorsque vous ouvrez la porte à l'expression de ce qui ne va pas pour l'autre dans votre relation, cette personne vous exprime plus de mécontentement que ce à quoi vous vous attendiez. Il se peut aussi que ce que la personne exprime à votre sujet ou au sujet de quoi que ce soit vous paraisse complètement faux. Il est souvent difficile de nous limiter à résumer quelque chose qui nous paraît complètement faux, surtout quand il s'agit d'une accusation à notre endroit... Rappelez-vous qu'à l'étape de votre compréhension empathique de l'autre personne, l'objectif n'est pas d'établir la vérité ou de trouver un coupable, mais de *simplement mettre sur la table la façon dont les choses apparaissent pour votre interlocuteur.* Il est donc important de donner à l'autre toute la liberté de penser, de ressentir, de parler et d'agir de la façon dont il le souhaite (évidemment, tant que ce n'est pas dangereux pour lui, pour vous ou pour d'autres). Comprenez qu'à cette étape, vous voulez simplement dresser un état de la situation. Acceptez que, pour le moment, les façons de penser, de dire et de ressentir de votre interlocuteur sont telles qu'elles sont.

L'expérience clinique et la recherche scientifique montrent qu'il vaut mieux prendre tout le temps requis pour cette étape. Mieux elle sera parcourue, meilleure sera la résolution du problème qui surviendra à l'étape ultérieure où vous pourrez explorer dans quelle mesure la vision des choses de votre interlocuteur est pertinente pour vous et comment votre vision des choses pourrait s'harmoniser avec la sienne.

CHAPITRE 28

IDENTIFIEZ ET EXPRIMEZ VOS BLESSURES ET VOS BESOINS

Lorsque vous offrez à votre interlocuteur une écoute et une compréhension empathiques, vous lui donnez l'occasion d'exprimer tout ce qu'il estime pertinent concernant le problème en jeu ainsi que ses besoins, et vous augmentez du même coup les chances que cette personne soit mieux disposée à entendre et à comprendre votre point de vue ainsi que vos besoins par la suite. Il n'y a pas de garantie en ce sens, mais c'est assurément une tendance bien identifiée dans les études sur la communication.

Dans votre démarche pour faire le point avec votre interlocuteur vient donc ensuite l'identification et l'expression de vos propres blessures et besoins.

L'avantage du modèle des pensées-pièges pour comprendre les blessures

Puisque le modèle des pensées-pièges facilite beaucoup l'identification des blessures, vous pouvez l'utiliser pour mettre des mots sur votre blessure dans n'importe quelle situation problématique.

En bref, une blessure interpersonnelle tournera autour des pensées identitaires «Je suis mal traité», «Je suis malfaisant», «Je suis inadéquat» ou «Je suis démuni», qu'elles soient déclinées au passé, au présent ou comme une anticipation de l'avenir. Toutefois, les conflits interpersonnels se ramènent le plus souvent à l'impression mutuelle de ne pas se sentir bien traité par l'autre. Il importe donc de connaître les principales formes de la pensée-piège «Je suis mal traité». Je les résume dans ce tableau, accompagnées d'exemples:

PRINCIPALES FORMES DE LA PENSÉE-PIÈGE «JE SUIS MAL TRAITÉ»	
FORMES	EXEMPLES
1. Je ne suis pas traité de façon juste ou respectueuse.	Injustement critiqué, blâmé, puni ou surchargé, pas écouté, diminué, humilié, trahi, agressé
2. Je ne suis pas apprécié.	Pas reconnu, pas encouragé, tenu pour acquis, pas valorisé, pas aimé, pas désiré, pas séduit
3. Je ne suis pas priorisé.	Délaissé, négligé, ignoré, abandonné, pas important, pas soutenu, seul, pas sécurisé
4. Je ne suis pas libre.	Obligé, restreint, contrôlé, dominé, manipulé, pas autonome

L'expression complète d'une blessure

Il est primordial d'exprimer non seulement votre blessure, mais aussi sa logique émotionnelle. La clé de l'expression complète et constructive d'une blessure est l'énoncé «au je». On l'appelle ainsi parce qu'il ne s'agit pas d'exprimer sa blessure comme une accusation envers l'autre, ce qui serait un énoncé «au tu» par lequel on se plaint que l'autre nous fait subir ou sentir ceci ou cela. Dans l'énoncé «au je», à l'inverse, on assume pleinement la responsabilité de son expérience personnelle. L'énoncé «au je» comprend trois parties:

1. L'identification précise du comportement de l'autre qui nous paraît problématique.
2. La façon dont on se sent lorsque l'autre a ce comportement.
3. La ou les raisons pour lesquelles ce comportement nous amène à nous sentir ainsi.

Au cours d'une conversation, ces parties n'apparaissent pas forcément dans cet ordre. Cependant, chacune des parties est indispensable pour que votre interlocuteur comprenne bien votre logique émotionnelle.

Dans l'ordre typique, un tel énoncé pourrait être, par exemple: «Quand tu m'accuses de ne pas faire ma juste part à la maison, je trouve ça vraiment injuste et ça me fâche parce que tu ne tiens pas compte du fait que je travaille comme un fou pour notre famille et que je suis épuisé. »

La compréhension empathique, source de motivation à faire sa part

C'est surtout dans la mesure où l'autre personne comprend bien votre logique émotionnelle qu'elle peut devenir motivée à modifier son comportement envers vous. En effet, la compréhension empathique a tendance à produire chez votre interlocuteur la réaction positive en chaîne qui suit. Il devient capable de :

1. se mettre dans votre peau ;
2. reconnaître une certaine légitimité dans votre point de vue et votre souffrance ;
3. convenir de la part qui lui revient pour vous épargner cette souffrance ou, à tout le moins, la diminuer ;
4. persister à long terme dans cette part qui lui revient, dans la mesure où il continue de tenir en compte la légitimité de votre point de vue et de votre souffrance.

À cette étape, la part que peut jouer votre interlocuteur n'est pas encore forcément claire. Elle n'a peut-être même pas été abordée. Il s'agit en premier lieu de faire en sorte que votre interlocuteur devienne motivé à faire sa part, quelle qu'elle soit, et cette motivation passe d'abord par la compréhension empathique de votre situation.

Exprimer vos besoins

Une fois votre blessure au moi comprise de façon empathique par votre interlocuteur, il est naturellement plus disposé à entendre vos besoins. Il est important d'aborder en deux temps distincts l'expression de vos besoins et la réponse que la personne est susceptible de vous donner. Cela vous permettra, par exemple, de communiquer vos besoins même si vous anticipez que l'autre n'y répondra pas favorablement. Si, à l'inverse, prévoyant sa réaction négative, vous évitez d'exprimer vos besoins, vous réduirez encore plus vos chances de les voir un jour satisfaits… Prenez donc le temps de préciser vos besoins et de les verbaliser. Vous exprimerez ainsi la personne que vous êtes et vous serez authentique dans la relation. C'est la base d'une relation saine et satisfaisante. Quant aux étapes spécifiques à la résolution de problème qui doivent être franchies quand les besoins paraissent incompatibles entre deux personnes, elles seront abordées dans les chapitres suivants.

Le cas échéant, exprimer votre malaise en premier

Il est parfois difficile pour l'être humain d'exprimer un besoin, puisque cela le place dans une position de vulnérabilité, soit du point de vue de l'image négative que ce besoin peut donner de lui, soit à cause de la possibilité que son interlocuteur refuse de satisfaire ce besoin et qu'un conflit s'ensuive.

Le cas de Stéphane illustre bien cette situation. Il me consultait pour diminuer son stress et ses ruminations. Artisan de métier, il avait eu beaucoup de succès et il s'était forgé une très bonne réputation, si bien que d'autres créateurs dans son domaine avaient été intéressés à travailler dans son atelier. Alors qu'il avait tout fait seul jusque-là, et même s'il continuait à exercer son art, Stéphane était donc devenu un patron. Les affaires allaient très bien, mais cette position d'autorité le stressait régulièrement, surtout à propos de deux employés. Nous avons résumé la logique émotionnelle de Stéphane dans les termes suivants:

> **Problème perçu**
> Je crains d'être la personne qui dit: « Ça ne marche pas comme je veux », la personne à qui vous allez reprocher d'être un maudit capitaliste, une figure autoritaire au sommet de la pyramide qui vous déçoit et qui vous fait souffrir.
> **Solution apportée**
> C'est tellement pénible d'envisager cela que j'aime mieux ne pas dire ce que je pense et garder le statu quo…
> **Prix à payer**
> … même si je rumine beaucoup à ce sujet et même si certains de vos comportements continuent de m'irriter, même si je trouve la situation lourde à la longue, je suis moins motivé par mon travail et parfois je lance des sarcasmes parce que je n'en peux plus.

Une des employées était particulièrement problématique. Stéphane trouvait qu'elle était obnubilée par son besoin d'attention et qu'elle prenait beaucoup trop de place. Elle était exubérante, elle riait très fort, elle était exagérément enthousiaste et elle s'immisçait à distance dans les conversations. Il avait observé qu'elle irritait l'ensemble de l'équipe par ses comportements envahissants.

Après avoir identifié la logique émotionnelle qui empêchait Stéphane d'intervenir efficacement auprès de cette employée, je lui ai proposé un jeu de rôle où je représenterais cette employée et où il aurait l'occasion de pratiquer son habileté à communiquer. J'ai tout de suite constaté qu'il était spontanément diplomate et humain en me disant ce qui n'allait pas. Ses habiletés de communication comme telles ne causaient visiblement pas le problème. Il en était autrement de son malaise à exercer une autorité. Je lui ai alors proposé un truc qui s'est avéré fort utile pour beaucoup de mes clients. Lorsque l'on sent un malaise à exprimer une critique, une insatisfaction, un besoin, une demande ou un refus, si bien que l'on finit par ne pas les communiquer, exprimer ce malaise *en premier* peut faire la différence et produire un déblocage. Le fait de dire d'abord le malaise semble faire sauter le barrage dès le départ, permettant de relâcher la tension et d'assurer l'expression du propos principal sans trop de stress.

Pour commencer la conversation, on peut dire, par exemple :

> «Je t'apprécie beaucoup et je n'aime pas avoir à te dire ça. En même temps, la meilleure chose à faire c'est de t'en parler.»
> «Je suis mal à l'aise d'avoir à te dire ça, mais c'est important que je le fasse.»
> «J'aimerais t'exprimer quelque chose et je comprends que ça puisse te décevoir, mais c'est essentiel pour moi de te dire ce que je pense.»
> «Je tiens à te respecter et à satisfaire tes besoins le plus possible, mais je ne *me* respecterais pas si je répondais oui à ta demande. Il faut trouver une autre solution.»

La séance suivante, Stéphane m'a annoncé que ce petit truc lui avait permis d'être plus à l'aise avec le fait d'être mal à l'aise, qu'il avait dit tout ce qui n'allait pas à son employée la plus problématique et qu'elle avait été à l'écoute. Il a constaté qu'il aurait beaucoup moins souffert s'il avait tenu cette conversation plus tôt malgré son malaise à le faire.

L'identification de vos blessures et de vos besoins

Prenez quelques instants pour vous souvenir d'un événement interpersonnel problématique. Identifiez ensuite les items suivants et écrivez-les dans votre cahier:

- La ou les blessures que vous avez ressenties (pensée-piège + émotion désagréable);
- Le ou les besoins que vous aviez dans ce contexte.

Et s'il n'y a pas de problème ou de blessure au départ de la conversation ?

Que dire des outils de communication lorsqu'il n'y a pas de blessure de part et d'autre lors d'une interaction ? Lorsque vous désirez maintenir une relation, le plus important est alors de découvrir au moins un objectif en commun avec votre interlocuteur qui puisse vous mobiliser et vous orienter tous les deux dans la même direction.

La découverte des objectifs communs passe quant à elle par l'écoute empathique. En restant curieux et à l'écoute des intérêts, des besoins et des demandes de votre interlocuteur, vous pourrez sans doute identifier au moins un objectif qui correspond à l'un des vôtres. Vous pourrez alors enchaîner avec les outils de communication que je présenterai dans les deux prochains chapitres.

CHAPITRE 29

ÉTABLISSEZ LA VOLONTÉ COMMUNE AU MOYEN D'UNE ENTENTE

Bien s'entendre avec quelqu'un signifie souvent avoir convenu d'une entente et l'avoir respectée par la suite. Une entente consiste dans le partage en commun d'une façon de fonctionner. Elle est la formulation concrète d'une volonté commune de procéder de telle ou telle manière. Voici trois stratégies cruciales qui favorisent l'atteinte d'une volonté commune et d'une entente.

Rester à l'affût de ce que vous avez en commun

Rester à l'affût de ce que vous avez en commun avec votre interlocuteur est la première stratégie dans la recherche d'une volonté commune et d'une entente pour nourrir une relation positive ou pour résoudre un problème interpersonnel. Lorsque les interlocuteurs se focalisent sur leurs différences plutôt que sur ce qu'ils ont en commun, il leur est difficile de trouver un terrain d'entente, c'est-à-dire une façon de fonctionner où chacun trouvera satisfaction et où les deux seront gagnants. Lors d'une conversation dans le but de résoudre un problème interpersonnel ou de maintenir une relation déjà positive, il est donc très important d'identifier ce que vous avez en commun avec votre interlocuteur, que ce soit l'intention de base, les objectifs, les besoins, les valeurs ou les façons de fonctionner. Retenez ces éléments et explorez-les au moment approprié au cours de la conversation.

Faire des demandes spécifiques

La deuxième stratégie en vue d'une volonté commune et d'une entente consiste à concrétiser les besoins ou les aspirations par des demandes spécifiques. Par exemple, beaucoup de conjoints estiment que la naissance des enfants les a conduits à délaisser plus ou moins leur vie de couple. Au lieu d'exprimer une critique ou un blâme à ce sujet, il vaut mieux formuler une demande spécifique, par exemple proposer de consacrer un soir par semaine ou toutes les deux semaines à une sortie à deux sans les enfants, pour améliorer la qualité de la vie du couple.

Une cliente appelée Annie, à qui j'avais présenté le modèle des pensées-pièges, m'a raconté qu'un samedi, son conjoint était allé chez un ami pour faire réparer un de ses outils. Il lui avait dit qu'il serait de retour après une heure environ. Après plus de trois heures, Annie n'avait toujours pas de nouvelles. Frustrée, elle blâmait son conjoint à répétition dans sa tête. Comme je lui avais suggéré de prendre le temps de s'arrêter pour identifier sa pensée-piège et ses facteurs de maintien, elle a constaté immédiatement qu'elle était emportée par l'identité «Je suis mal traitée». Cherchant à identifier ses facteurs de maintien, elle s'est rendu compte que cette pensée était nourrie par la menace qu'elle sentait peser sur son attente de passer un minimum de temps de qualité avec son conjoint au cours de ce week-end. Elle a donc choisi d'exprimer clairement cette attente – ce besoin. Sans plus tarder, elle a contacté son conjoint pour lui dire qu'elle avait besoin de convenir d'une activité avec lui. Cela pouvait être le soir même ou le lendemain soir. Mais elle avait besoin de son accord à ce sujet. Ils se sont finalement offert un cinéma-maison le soir même. Dès qu'elle a réussi à identifier sa pensée-piège, son facteur de maintien et la solution à ce piège, soit exprimer son besoin et sa demande spécifique, Annie s'est sentie bien et sereine.

Identifiez les demandes que vous aimeriez faire

En vous référant à la même situation pour laquelle vous avez identifié votre blessure et votre besoin (exercice de la fin du chapitre précédent, page 227), écrivez dans votre cahier la ou les demandes que vous pourriez faire à la personne concernée.

Respecter l'autre tout en se respectant soi-même

La troisième stratégie favorable à l'obtention d'une volonté commune et d'une entente consiste à respecter l'autre le plus possible tout en se respectant soi-même. Respecter l'autre inclut souhaiter que ses aspirations, ses besoins et ses demandes soient satisfaits autant que possible. Dans la mesure où on a écouté avec empathie les besoins de notre interlocuteur, on peut en saisir la légitimité et se sentir inspiré à y contribuer. C'est ce que j'appelle une *écoute actualisante*, c'est-à-dire une attitude bienveillante, constructive et créative qui favorise l'actualisation (la réalisation) des aspirations, des besoins et des demandes de la personne écoutée.

Il reste que donner à l'autre au point de ne plus se respecter soi-même ne serait pas une solution gagnant-gagnant. C'est pourquoi la troisième stratégie inclut à la fois le respect de l'autre et le respect de soi. Dans l'esprit de ce principe, chaque interlocuteur donne à l'autre la liberté de refuser ses demandes. Il n'y a pas lieu de donner tort à l'autre parce qu'il répond par un refus afin de se respecter lui-même. Il y a lieu cependant de faire rebondir la conversation en cherchant à comprendre la raison du refus et en demandant à la personne qui a refusé une proposition de présenter une contre-proposition, c'est-à-dire une alternative où elle sentirait qu'elle se respecte elle-même.

L'entente comme volonté commune

Selon mon expérience, la plupart du temps, les trois stratégies que je viens de présenter mènent à des ententes satisfaisantes de part et d'autre. Ce sont les cas où les personnes ont pu établir à travers leur entente ce que j'appelle une « volonté commune ». Particulièrement pour les ententes importantes, il peut être utile de les écrire pour les personnes qui ont donné leur accord, afin de s'assurer que tous comprennent l'entente de la même façon et que la volonté commune est bel et bien à propos de la même chose.

Gardez toutefois en tête qu'il est possible que vous n'arriviez pas à une entente sur le coup et que la solution sans perdant ne vous apparaisse que plus tard.

Formulez une entente possible

En vous référant à la même situation pour laquelle vous avez identifié vos blessures, vos besoins et vos demandes (les deux exercices précédents), formulez dans votre cahier une entente qui vous paraît possible ou que vous avez obtenue avec la personne concernée.

Quand il n'y a pas d'entente

Dans certains cas, aucune entente n'apparaît possible. L'être humain tend alors à blâmer l'autre personne pour son refus des propositions avancées. Cependant, on peut désamorcer cette réaction à l'aide du principe «Liberté aux autres, pertinence pour soi». Comme on donne à l'autre la liberté de dire non, on lui donne aussi la liberté de ne pas convenir d'entente. Il n'est donc pas pertinent de lui donner tort. Toutefois, on donne aussi à soi-même la liberté de tirer de cette absence d'accord les conclusions pertinentes pour soi. Il n'est peut-être alors plus opportun de chercher à vouloir fonctionner avec cette personne dans le créneau particulier qui était en jeu dans votre conversation ou même de vouloir entreprendre quoi que ce soit avec cette personne. Par contre, si vous le désirez, il est souvent possible de trouver une façon de maintenir une relation sans en vouloir à l'autre personne, même quand une entente sur un sujet particulier n'a pu être obtenue.

Lors d'une de nos rencontres, une cliente du nom de Jocelyne me disait combien elle était découragée de la tournure que prenaient les conversations avec ses filles. Elle espérait qu'un jour sa relation avec elles cesserait d'être compliquée, qu'elle en arriverait enfin à la simplicité.

— Qu'entendez-vous par «simplicité»? lui ai-je demandé.

— Dire ce que je pense, qu'elles le respectent et que ça ne fasse pas de drame.

— Je vois. Avez-vous l'impression qu'en utilisant ce principe de simplicité, vous êtes équipée pour bien gérer les situations qui pourront se présenter dans votre vie?

— Non.

— Pouvez-vous me dire pourquoi?

— Parce que leurs réactions négatives ne sont pas contrôlables, je ne peux pas les empêcher.

— Je comprends. Que diriez-vous d'essayer d'élaborer avec moi un principe de simplicité tel que vous seriez mieux outillée pour gérer les réactions négatives hors de votre contrôle ?

— Je suis partante !

Nous avons donc pris le temps d'élaborer un tel principe de simplicité, qui prendrait en compte les réactions négatives incontrôlables de la part d'autrui. Le voici, adressé à ses filles :

1. Je dis ce que je pense.
2. Quand cela suscite des émotions négatives en vous,
   a) je cherche à comprendre pourquoi (je prends le temps de préciser ce que je n'ai pas encore compris à propos de vos blessures, de vos besoins et de vos demandes) ;
   b) je résume et je montre que je vous comprends ;
   c) je vous exprime mon intention d'une solution gagnant-gagnant ;
   d) j'exprime mon point de vue ;
   e) je m'assure que vous l'avez compris ;
   f) j'essaie de voir avec vous si nous pouvons convenir d'une solution.
3. Si je dois me respecter de telle sorte que la solution n'apparaît pas gagnante pour vous,
   a) je suis empathique à propos des conséquences de mon choix sur vous ;
   b) je répète calmement au besoin que je dois me respecter et que c'est la limite que je dois tracer (en tant que parent, etc.).

J'ai fait remarquer à Jocelyne que ces étapes ne sont pas toujours linéaires. À cause des réactions négatives possibles à tout moment, parce qu'elles sont incontrôlables, il faut toujours s'attendre à devoir revenir à l'étape « Je cherche à comprendre pourquoi » (2a).

Il peut aussi arriver que les attentes de votre interlocuteur n'aient pas été toutes exprimées ou qu'elles ne soient pas claires pour vous. C'était le cas pour Louis. Une partie de nos rencontres était consacrée à ses difficultés au travail. Il avait été victime d'intimidation chez son employeur précédent et craignait de ne pas être à la hauteur des attentes de performance de son employeur actuel. Il recherchait la perfection dans ses projets, quitte à finir ses journées de travail plus tard. Il se sentait impuissant face à sa charge de travail et cela le paralysait. Il en voulait beaucoup à son patron. Pour diminuer son stress, le soir, Louis se lançait dans la consommation d'alcool, de nourriture et de jeux vidéo. Il avait pris du poids. Il ressentait une profonde fatigue mentale et physique, et il était maintenant en arrêt de travail pour épuisement.

Cherchant avec moi à comprendre sa logique émotionnelle, Louis a constaté que son problème fondamental était de se sentir mal encadré par son patron et pas assez reconnu pour ce qu'il faisait. En même temps, il réalisait qu'il ne connaissait pas clairement les attentes de son patron et que sa crainte d'un jugement négatif lui avait fait éviter la conversation dont il avait besoin avec lui à propos de leurs attentes respectives. Ces prises de conscience l'ont amené à un point de vue contraire à sa crainte du jugement: son patron ne le jugerait probablement pas et devrait même accepter ses demandes si elles n'étaient pas démesurées. En moins de deux mois, Louis était de retour au travail. Il avait eu une conversation cruciale et constructive à propos de leurs attentes respectives dès le départ avec son patron et ce dernier appliquait fidèlement les ententes convenues.

Imaginons que vous avez réussi à établir une volonté commune avec une ou plusieurs personnes grâce à une entente claire. Il reste malgré tout que *volonté* commune ne veut pas forcément dire *capacité* commune de la respecter. On sait tous qu'on peut vouloir quelque chose, mais avoir de la difficulté à le réaliser. On connaît le sort trop souvent réservé aux résolutions du Nouvel An... C'est pourquoi, une fois la *volonté* commune et l'entente obtenues, il est tout à fait légitime de veiller à ce que la *capacité* de les respecter soit optimale de part et d'autre. Voilà ce que nous aborderons dans le chapitre suivant.

CHAPITRE 30

ÉTABLISSEZ LA CAPACITÉ COMMUNE DE RESPECTER L'ENTENTE

Une fois obtenues la *volonté* commune et l'entente, il est préférable de s'assurer qu'elles seront appuyées par une *capacité* commune de la respecter.

L'entente sur le respect des ententes

Un premier obstacle potentiel à cette capacité commune est la tendance à ne pas accorder de valeur au respect des ententes. Pour certains, quand le sujet de l'entente est de moindre importance, la question de savoir si l'entente a été respectée ou non est aussi de moindre importance. Une telle personne dira, par exemple: « Non, je ne l'ai pas fait, mais ce n'est pas grave, ce n'est tellement pas important dans la vie... » Elle ne se rend pas compte que, *quel que soit le contenu d'une entente*, aussi banal soit-il, ne pas respecter cette entente tend à être perçu, de façon légitime, comme un manque de respect envers *la personne* avec qui on a pris l'entente. La qualité de la relation en est alors affectée dans son ensemble.

Évidemment, il est rare que celui qui ne respecte pas les ententes qu'il considère comme anodines cherche délibérément à ne pas respecter l'autre en tant que personne. Celle-ci aura quand même tendance à sentir un manque de respect à son égard, impact qui s'aggrave avec la répétition des manquements à la parole donnée. Si, au fil du temps, une personne vous promettait une foule de petites choses qu'elle ne matérialisait jamais parce qu'à son avis elles étaient banales et peu importantes, la question du *manque de respect envers votre personne* prendrait rapidement pour vous le devant de la scène, si bien que vous pourriez vous dire : « Ou bien elle se fout de ma gueule, ou bien elle a un problème mental, ou les deux ! » Votre confiance en cette personne s'étant graduellement détériorée, vous n'auriez sans doute plus le goût d'entretenir une relation, quelle qu'elle soit, avec elle.

C'est pourquoi j'encourage notamment les couples qui me consultent à considérer leurs ententes comme sacrées, si minime soit l'objet de leur entente. Le respect de leurs ententes est la base de la réalité que les conjoints partagent ensemble, le ciment de leur confiance mutuelle et de l'attachement sécurisant qu'ils recherchent dans une relation amoureuse. En fait, le respect des ententes est central non seulement pour les couples, mais aussi pour toutes les relations interpersonnelles.

Si vous sentez le besoin de vous entendre avec quelqu'un à propos de l'importance que vous accordez au respect des ententes, une mise au point à ce sujet avec cette personne vous épargnera sans doute beaucoup de complications et de tracas. Chacun des outils de cette troisième partie du livre est susceptible de vous être utile lors de cette conversation, particulièrement l'écoute empathique mutuelle des blessures et des besoins, qui peuvent être déterminants dans la façon dont chacun valorise le respect des ententes.

La discussion sur les obstacles potentiels au respect de l'entente

Une façon efficace d'ouvrir la discussion sur l'établissement de la capacité commune de respecter l'entente est de réitérer votre engagement au succès de cette entente et de demander aux personnes concernées d'envisager les obstacles potentiels à sa mise en œuvre, compte tenu de leurs connaissances ou de n'importe quelle expérience passée qui pourrait mettre en lumière des difficultés potentielles dans l'application de cette entente.

Même à cette étape, où le processus de résolution du problème semble déjà bien avancé, il est possible qu'apparaissent des contenus négatifs semblables à ceux qui avaient été abordés lors de l'expression des blessures ou encore qui n'ont jamais été exprimés jusque-là. Ne le voyez pas comme un échec. Si ces contenus négatifs n'apparaissaient pas ainsi de façon tardive, ils auraient sans doute saboté plus tard le processus de résolution que vous pensiez bien en selle. Par exemple, une personne aurait pu vous dire « Oui » tout le long du processus jusque-là, mais, absorbée par sa logique émotionnelle, elle aurait pu craindre de montrer sa véritable opinion, de vous dire non et de faire une contre-proposition, de peur que vous la jugiez et la rejetiez. Tant mieux si, ne serait-ce qu'à la fin du processus, elle réussit à se libérer de cette logique limitative et vous donne enfin l'heure juste !

À l'égard de tout ce qui sera dit en réponse à votre question sur les obstacles potentiels au respect de l'entente, il est donc très important d'appliquer les mêmes principes de communication déjà présentés : communiquer à partir de ce que vous voulez incarner, comprendre de façon empathique avant de chercher à vous faire comprendre, identifier les blessures, les besoins et les demandes, établir (ou rétablir) la volonté commune au moyen des ententes.

Il est même possible que ce qui sera révélé au cours de cette étape vous amène à réviser l'entente initiale pour qu'elle tienne compte des nouveaux contenus découverts à ce moment et pour qu'elle ne fasse pas de perdants. Dans ce contexte, vous comprenez évidemment que le processus de résolution des problèmes relationnels n'est vraiment pas toujours linéaire. Selon le besoin du moment, on peut être appelé à recourir à l'une ou l'autre des étapes de la communication générative dans un ordre qui n'est jamais fixé à l'avance.

Identifiez les obstacles potentiels au respect de l'entente

En vous référant à la même situation pour laquelle vous avez identifié, au cours des exercices précédents de cette partie du livre, vos blessures, vos besoins et vos demandes, ainsi que l'entente que vous jugez possible ou que vous avez déjà obtenue, notez dans votre cahier les obstacles potentiels au respect de cette entente.

Le système de soutien au respect des ententes

Une fois que les personnes impliquées dans l'entente ont reconnu les obstacles potentiels au respect de cette entente, il s'agit ensuite de trouver les moyens pour contrer le mieux possible ces obstacles. Cette conversation mène souvent à des ententes secondaires qui aident à respecter les ententes principales.

Par exemple, une personne peut être tout à fait d'accord avec une entente et avoir la volonté de la respecter, mais souffrir d'un déficit de l'attention, être distraite ou avoir tendance à oublier. Il serait alors approprié d'explorer avec elle le recours à des aide-mémoire. Elle pourrait accepter, par exemple, de toujours écrire l'entente dès qu'elle est convenue, ou de noter immédiatement les rendez-vous et les tâches au calendrier de son téléphone cellulaire, avec un rappel automatisé. L'établissement de la capacité de respecter les ententes inclut donc l'anticipation des obstacles potentiels au respect de ces ententes de même qu'un système de soutien composé d'ententes secondaires pour contrer les obstacles aux ententes principales.

De façon générale, pour éviter l'oubli de l'entente et la rendre la plus vivante possible, il est souvent important, pour les personnes impliquées dans l'entente, de prendre le temps de la relire deux fois par jour, surtout au début de sa mise en pratique. Ces quelques secondes peuvent faire la différence. De plus, saisir les occasions d'apprécier que l'entente soit respectée optimise la capacité à la respecter, puisque l'appréciation renforce le comportement convenu lors de l'entente en l'associant à une rétroaction positive.

Concevez un système de soutien au respect de l'entente

En vous référant à la même situation pour laquelle vous avez identifié, au cours des exercices précédents, vos blessures, vos besoins et vos demandes, de même que l'entente et les obstacles au respect de cette entente, décrivez dans votre cahier le système de soutien susceptible de vous aider mutuellement à respecter cette entente.

Comment gérer votre manquement à l'entente

Que faire, cependant, quand, à court ou à long terme, l'entente n'est pas respectée ou qu'elle ne l'est que partiellement ? Considérons d'abord la situation où vous êtes la personne responsable du manquement. Dans le cas où vous avez toujours la volonté de respecter l'entente, votre capacité doit être renforcée. Si, par exemple, votre manquement est dû à un oubli, respect de l'autre personne oblige, il sied d'en prendre la responsabilité, de vous en excuser et de renforcer votre système de soutien de façon à éviter de nouveaux oublis.

Il se peut par ailleurs que vos réflexions personnelles vous aient amené à remettre l'entente en question et que vous vouliez la modifier ou même l'annuler. Votre volonté de respecter l'entente s'est altérée. Vous pourriez être porté à ne plus la respecter, à l'inverse de ce que vous aviez fait jusque-là. Toujours par respect pour l'autre, il est important de continuer le plus possible de respecter l'entente initiale tant qu'une conversation visant à réviser l'entente n'a pas eu lieu avec la ou les personnes concernées.

On peut s'attendre aussi à ce que des situations particulières qui n'avaient pas été considérées lors de l'entente changent plus tard la donne. Ces nouvelles conditions peuvent concerner la volonté ou la capacité. Par exemple, quant à la volonté, il peut devenir préférable de donner priorité à autre chose ou s'avérer impossible de satisfaire à cette entente sans manquer de respect envers vous-même. Un problème de capacité pourrait aussi se présenter : il peut être humainement impossible d'accomplir votre part à vous. Ces conditions exigent le plus tôt possible une conversation susceptible de modifier l'accord ou d'améliorer son système de soutien.

Plusieurs autres scénarios sont possibles quant au sort d'une entente. En vertu de votre logique émotionnelle, les termes de l'entente peuvent être si souffrants que vous préférez ne plus y adhérer. Cette logique émotionnelle peut même nourrir la crainte de parler de cette souffrance à la personne concernée, si bien que faire le point avec elle vous paraisse insoutenable. Il peut donc vous sembler moins souffrant d'éviter une telle conversation de fond à propos de l'entente tout en faisant comme si vous aviez toujours la volonté et la capacité de la respecter. Il peut vous paraître moins souffrant de mentir à l'autre, de lui cacher des choses ou de lui donner des raisons bidon pour vous excuser de ne pas avoir respecté l'entente et vous tirer ainsi d'affaire avec ce qui vous paraît comme le moindre mal. À la longue, évidemment, l'autre personne devient de plus en plus frustrée et découragée. Vous encaissez ses colères et ses sarcasmes, vous perdez sa confiance et vous pouvez même perdre l'intérêt, l'amour ou l'engagement de cette personne envers vous, ce qui peut devenir à long terme la pire des souffrances.

Comme nous l'avons vu dans les deux premières parties, il est possible de neutraliser l'engrenage d'une telle logique émotionnelle et d'ouvrir l'esprit à des solutions plus satisfaisantes. Il se peut que vous ayez par vous-même les percées nécessaires ou, à l'inverse, que vous ayez besoin d'une aide professionnelle pour vous affranchir de ce genre de logique émotionnelle.

Comment gérer le manquement d'autrui à l'entente

Il est possible que vous ne rencontriez aucune difficulté à respecter une entente et que ce soit l'autre personne qui ne remplisse pas son engagement ou qui n'ose pas vous donner l'heure juste à propos de sa façon de voir les choses. La réponse optimale commence habituellement par la combinaison de l'écoute empathique et de l'exploration des causes de ce manquement à l'entente.

Une façon simple de vous donner rapidement un portrait global de la situation est de demander à votre interlocuteur si le fait de ne pas avoir respecté l'entente est une question de volonté ou de capacité. Une personne peut très bien avoir toujours la volonté de respecter l'entente, par exemple, mais avoir l'impression d'être emportée par une dépendance qui lui semble plus forte qu'elle et qui l'empêche de suivre l'entente.

S'il s'avère que le problème n'est pas la capacité de respecter l'entente, mais un changement dans la volonté de le faire, il vaut mieux explorer les raisons de ce changement à l'aide des outils de la communication générative présentés dans cette troisième partie du livre. Il est possible que cette exploration conduise à des changements dans l'entente. Une fois la volonté reconsolidée, on peut ensuite considérer, le cas échéant, les façons d'ajuster ou d'améliorer le système de soutien pour bien rétablir la capacité d'observer l'entente.

Si la personne réaffirme clairement sa volonté de s'en tenir à l'entente et que les raisons pour ne pas l'avoir respectée ne semblent pas liées à des émotions pénibles, il y a lieu de penser que c'est une question de capacité et que la solution se trouve dans le renforcement du système de soutien.

Si la personne exprime toujours sa volonté de suivre l'entente et que les raisons pour ne pas l'avoir observée sont liées à des émotions pénibles, la piste à explorer est celle de la logique émotionnelle plus ou moins consciente ou assumée qui amène sans doute votre interlocuteur à dévier de l'entente. On présume alors le mécanisme suivant : cette personne associe tellement de souffrance au fait de respecter l'entente ou de tenter de la modifier de concert avec vous, qu'il vaut la peine pour elle de ne pas se conformer à cet accord et de ne pas vous parler de son malaise, même si cela crée de la confusion, des disputes et peut mettre votre relation en péril.

La conversation orientée par cette hypothèse demande évidemment beaucoup de compréhension empathique et une maîtrise suffisante des habiletés de la communication générative. Il se peut que l'objectif de cette conversation plus chargée d'émotions ne soit atteignable qu'avec l'aide d'un professionnel.

Appliquez ces outils à une situation particulière

J'ai présenté, dans cette troisième partie, ma vision de la communication générative qui contribue à l'actualisation de soi en même temps qu'à celle des autres. La maîtrise d'un art comme celui de la communication générative commence par la pratique. Je vous invite à concrétiser dès maintenant votre désir d'améliorer votre façon de communiquer. Pour vous aider d'abord à bien assimiler les principes que je viens de présenter, en voici le résumé. Globalement, cet art de la communication consiste dans les quatre points suivants :

1. Communiquer à partir de votre identité générative.
2. Comprendre de part et d'autre les blessures (s'il y a lieu), les besoins et les demandes.
3. Établir la volonté mutuelle de satisfaire les besoins.
4. Établir la capacité mutuelle de satisfaire les besoins.

De façon pratique et à partir de votre point de vue à vous au cours de l'interaction, la communication générative peut être mise en œuvre dans les étapes suivantes.

1. Votre identité générative

- Trouvez votre ou vos identités génératives.

2. Votre intention

- Formulez pour vous-même votre intention d'interagir avec les autres en incarnant votre ou vos identités génératives.
- Au besoin, exprimez cette intention à votre interlocuteur (d'une manière appropriée au contexte).

3. Votre compréhension empathique

- Avant de chercher à vous faire comprendre, tentez de comprendre votre interlocuteur de façon empathique et de résumer ce qu'il dit en ce qui concerne :
  - ses blessures et leur logique émotionnelle (s'il y a lieu) ;
  - ses besoins (le cas échéant, amenez-le à transformer sa critique en besoin) ;
  - ses demandes.

4. Votre expression

- Convenez le plus tôt possible d'un accord à propos des besoins et des demandes de votre interlocuteur qui ne vous posent pas un problème.
- Quant aux besoins et aux demandes de votre interlocuteur auxquels vous ne pouvez pas donner votre accord sur-le-champ et quant à vos propres besoins et demandes, exprimez-les en veillant à ce que votre interlocuteur comprenne bien :

– (s'il y a lieu) vos blessures et leur logique émotionnelle;
– vos besoins (le cas échéant, transformez vos critiques en besoins);
– vos contre-propositions concernant ses demandes;
– vos demandes.

5. **Votre volonté commune sous la forme d'une entente gagnant-gagnant**
   - À l'aide des divers outils de la communication générative, échangez de façon empathique avec votre interlocuteur jusqu'à ce que vous arriviez à une entente gagnant-gagnant.
6. **Votre capacité commune de respecter l'entente**
   - Identifiez de part et d'autre les obstacles potentiels au respect de l'entente.
   - Créez un système de soutien pour contrecarrer ces obstacles.
   - Gérez de façon constructive tout manquement à l'entente en identifiant d'abord à quel niveau se situe l'obstacle (par exemple: Est-ce un problème de volonté ou de capacité? Est-ce dû à une logique émotionnelle sous-jacente?).

Concevez la conversation qui peut faire la différence

En ayant à l'esprit les outils de la communication générative, concevez les principales étapes d'une conversation que vous aimeriez avoir avec une personne de votre choix pour régler un problème ou pour convenir d'un projet avec elle.

Soyez assuré que si vous maîtrisez ces outils, vous maîtrisez l'art des relations harmonieuses et vous pouvez rayonner de la contribution qui donne un sens à votre vie.

Assurément, notre épanouissement passe par notre capacité de défaire nos illusions de vérité et de désamorcer nos pensées-pièges ainsi que nos patterns indésirables pour ensuite communiquer à partir de notre identité générative et réaliser ce qui nous tient le plus à cœur dans notre vie et nos relations interpersonnelles. Nous avons exploré ensemble des moyens qui permettent cette actualisation de soi et cet épanouissement.

Pour nous accompagner dans ce développement, il existe un autre outil qui contribue aussi à défaire nos illusions de vérité, à neutraliser nos pensées-pièges et à favoriser notre épanouissement. Cet outil est la méditation. Si celle-ci a connu une renaissance et une grande diffusion au cours des dernières décennies, c'est parce qu'elle est accessible et peut changer des vies. Avec les bonnes instructions, tout le monde peut la pratiquer. Quelle que soit votre condition de départ, vous pouvez en bénéficier. La méditation développe notre potentiel de façon globale, elle renforce nos ressources et notre résilience. Elle produit un recul par rapport à l'ensemble de nos pensées et donc à leurs illusions de vérité et aux comportements indésirables qui en découlent. De plus, en ouvrant graduellement sur une paix intérieure qui ne dépend pas des circonstances changeantes de la vie, la méditation développe un contentement autonome qui aide à se libérer des compulsions, des dépendances et des évitements problématiques pour finalement approfondir l'épanouissement jusqu'à ses possibilités ultimes. La quatrième et dernière partie de ce livre sera donc consacrée à la méditation comme moyen pour renforcer le désamorçage des illusions de vérité dans la logique émotionnelle des pensées-pièges et pour approfondir en vous la paix intérieure ainsi que l'expérience de l'épanouissement, quel que soit votre point de départ.

QUATRIÈME PARTIE

LA MÉDITATION : PLACE À LA PAIX INTÉRIEURE

CHAPITRE 31

PRENDRE CONGÉ DU FAIRE

Jusqu'ici nous avons exploré des outils pour défaire l'illusion de vérité de nos pensées-pièges et désamorcer nos réactions IDEMCO, puis des moyens de communiquer pour mieux nous réaliser et nous épanouir à partir de notre identité générative. Je classe ces ressources dans la grande catégorie des « outils du faire ». Ces derniers sont basés sur la modification de certaines pensées *par d'autres pensées* (particulièrement par des pensées expérientielles contradictoires) en vue de nous libérer des pensées limitatives et de nous diriger vers des comportements plus conformes à nos aspirations et vers des résultats plus souhaitables.

Il existe une autre grande catégorie de ressources que j'appelle les « outils de l'être » et qui consistent essentiellement dans la méditation sous ses formes diverses. Le plus souvent, la méditation ne cherche pas à modifier directement certaines pensées par d'autres pensées. Elle procède plutôt à la diminution globale de l'activité mentale et au dégagement de la conscience comme telle par rapport aux pensées, aux émotions et aux sensations qui la traversent.

L'analogie du ciel et des nuages aide à comprendre le type de libération et d'épanouissement que permet la méditation. Imaginez que le ciel, tel qu'il nous apparaît à partir de la Terre, est comme une personne consciente d'elle-même. Imaginez ensuite que ce ciel a été si longtemps envahi et obnubilé par les nuages qu'il a perdu de vue sa véritable nature et se voit désormais seulement comme une série ininterrompue de nuages. Évidemment, un jour, le beau temps revient et les nuages disparaissent complètement du ciel. Ce dernier redécouvre alors sa nature infinie, sa plénitude et sa liberté complète par rapport aux nuages. Au fil des changements météorologiques, le ciel fait et refait sans cesse cette expérience de perdre et de retrouver sa nature véritable. Mais il se rappelle de mieux en mieux que même lorsqu'il semble complètement recouvert par les nuages, en réalité, il reste toujours libre de leurs formes et de leurs mouvements, il reste le ciel sans commencement ni fin… Un jour, cette expérience de dégagement par rapport aux nuages et cette liberté complète restent si vives dans sa conscience que, même quand les nuages semblent de nouveau l'envahir, le ciel ne se perd plus de vue; il garde en lui-même la conscience qu'il demeure toujours libre et que la plénitude de l'espace gigantesque qu'il occupe n'est jamais amoindrie ni même altérée par le va-et-vient des nuages.

Évidemment, dans cette analogie, les nuages correspondent à l'ensemble des activités mentales que sont les pensées, les émotions et les sensations. Les périodes où les nuages s'estompent équivalent à celles de la méditation où les activités mentales accaparent de moins en moins la conscience et disparaissent peu à peu de son espace. Ainsi, la méditation dégage graduellement la conscience des pensées, des émotions et des sensations; avec le temps, la conscience atteint l'expérience de la paix intérieure, de la plénitude et de la liberté, même lorsque les activités mentales sont de nouveau présentes au fil de la vie quotidienne.

Bien sûr, notre but n'est pas de remplacer les outils du faire par ceux de l'être, mais de les utiliser de façon complémentaire. La combinaison des outils du faire et de l'être ressemble à l'alternance du travail et du repos dans nos activités humaines. Prenez par exemple le contexte de votre emploi. Si vous cherchez à être plus efficace dans votre travail, vous pouvez remplacer certaines de vos manières de fonctionner par d'autres manières qui vous semblent plus rapides ou plus productives. Vous êtes ici dans le registre du faire puisque vous remplacez un faire par un autre. Mais il existe dans notre vie un autre grand type d'outil pour nous aider à être plus efficaces dans notre travail: prendre congé du travail! *Non plus modifier* une activité de travail par une autre, *mais cesser* le travail, nous en retirer temporairement, arrêter d'y penser, sortir notre conscience hors de ce qui concerne le travail pour des périodes significatives comme les week-ends et les vacances. Dans cette analogie, le non-faire des congés et des vacances correspond à l'outil de l'être qu'est la méditation.

Certes, vous pourriez objecter que, dans cette analogie, on passe de l'activité du travail à une autre activité, soit celle du loisir, donc d'un faire à un autre faire. Dans un sens, oui. Dans un autre sens, toutefois, il y a *cessation entière* de l'activité du travail pour ensuite mieux y revenir. C'est par cet aspect que je veux illustrer la complémentarité des outils du faire et de l'être (ou du non-faire). Il va sans dire que l'alternance du travail (faire) et des congés (non-faire) est cruciale à la fois pour notre santé physique et mentale et pour le maintien ou l'amélioration de notre efficacité au travail. De la même façon, l'utilisation complémentaire des outils du faire que nous avons abordés jusqu'ici et des outils de l'être offerts par la méditation me paraît fondamentale pour accélérer le désamorçage des pensées-pièges et des réactions IDEMCO, optimiser notre développement personnel et atteindre les niveaux ultimes de l'épanouissement.

Dans la majorité de ses formes, la méditation se distingue des outils du faire en ce qu'elle ne change pas directement les contenus mentaux que sont les pensées, les émotions et les sensations. Elle ne cherche pas à remplacer les contenus souffrants ou dysfonctionnels par d'autres contenus moins souffrants et plus fonctionnels. Plutôt, elle apaise graduellement l'ensemble des contenus mentaux. Elle dégage et libère graduellement la conscience des pensées, des émotions et des sensations. Pour reprendre le terme de notre exemple, la méditation nous amène à « prendre congé » du faire et nous fait goûter de plus en plus clairement et profondément au non-faire du silence intérieur. Elle fait ainsi passer notre conscience de sa dimension faire à sa dimension être et, avec la pratique, à un état de conscience optimal qui procure l'expérience de notre dimension être dans toute sa plénitude, de la même façon que le ciel retrouve sa plénitude naturelle quand il n'est plus envahi et obnubilé par les nuages. Il ne s'agit pas de sortir de soi, mais de s'ouvrir à la dimension silencieuse de soi qui est imprégnée d'une profonde paix intérieure et d'un contentement autonome. À son tour, l'enracinement graduel de ce contentement à l'intérieur de soi diminue peu à peu notre dépendance envers nos réactions compulsives problématiques dans notre recherche du bien-être.

Nous verrons comment la méditation opère le passage du faire à l'être principalement par l'apaisement et par l'observation des contenus mentaux. Pour bien vous situer, voici d'abord un tableau qui résume les deux types d'outils présentés dans ce livre en fonction des dimensions faire et être ainsi que de leurs possibilités quant à l'épanouissement personnel.

DIMENSIONS	TYPES D'OUTILS	POSSIBILITÉS D'ÉPANOUISSEMENT
FAIRE	**Outils du faire** Modification expérientielle des pensées par d'autres pensées en vue d'un comportement plus efficace et de résultats plus souhaitables.	• Dégagement et libération par rapport à des pensées-pièges et à des comportements indésirables spécifiques. • Communication à partir de ce que l'on veut incarner. • Épanouissement qui vient avec le sentiment de se libérer de certaines limites et de se réaliser.
ÊTRE	**Outils de l'être** (méditation) Apaisement global et simple observation des pensées, des émotions et des sensations.	• Dégagement et libération de la conscience comme telle par rapport à *l'ensemble* des activités mentales (pensées, émotions et sensations). • Développement de la paix intérieure et du contentement autonome qui aident à se libérer des compulsions, des dépendances et des évitements problématiques. • Expérience de plénitude dans la dimension silencieuse (ou dimension être) de la conscience.

CHAPITRE 32

COMMENT VOUS LIBÉRER DU FAIRE EN TOUTE CONSCIENCE

Imaginez que vous êtes épuisé à la fin d'une journée éreintante. Vous n'avez que le goût de vous reposer, de ne plus rien faire, de dormir. Vous vous étendez sur votre lit, vous fermez les yeux et vous ne faites plus rien de particulier. Vous *avez choisi* de ne plus rien faire de particulier. Vous laissez les pensées traverser votre esprit, vous laissez votre esprit et votre corps *se dégager du faire* et se désactiver graduellement.

Du faire à l'être par le sommeil

D'une certaine façon, vous êtes *passé du faire au non-faire, à cet état qui consiste à être là, sans rien faire*. Et vous glissez doucement vers le non-faire du sommeil profond...

Chaque jour de notre vie, quand vient le temps de dormir, à moins de traverser une nuit blanche, nous passons ainsi de notre dimension faire à notre dimension être. C'est pour nous un besoin incontournable. Même si nous ne voulons pas nous endormir, tôt ou tard, notre cerveau le fera pour nous. Combien de gens se sont endormis au volant d'une voiture, en étant loin de le vouloir...

Au moment d'arriver au non-faire du sommeil, nous perdons conscience. Nous quittons le faire sans toutefois entrer consciemment dans l'être. Sans trop nous attarder à ce mécanisme, nous voyageons ainsi tous les jours de la veille au sommeil profond.

Mais, si on y pense bien, notre conscience vit alors chaque fois une métamorphose remarquable. Nous passons de la conscience et de l'expérience des limites de notre vie, à une expérience tout à fait contraire, soit l'absence de toute conscience et de toute limite. Chaque jour, nous avons *besoin* de désactiver ainsi notre corps et notre esprit et de ne plus être conscients des limites de notre vie. Ce processus est *essentiel à notre survie.* Toutefois, notre expérience nous montre que la désactivation et l'effacement des limites qui mènent au sommeil diminuent peu à peu notre capacité consciente du moment et aboutissent à l'inconscience complète pour la durée du sommeil profond sans rêve.

Du faire à l'être par la méditation

Au cours de l'histoire, des êtres humains se sont demandé s'il était possible de faire l'expérience de ce passage du faire à l'être de façon entièrement consciente du début à la fin. Certains ont su répondre oui, et ce, grâce essentiellement à la méditation. L'héritage spirituel de l'humanité nous donne accès à une sagesse méditative millénaire qui enseigne comment intérioriser peu à peu l'attention et opérer le passage du faire au non-faire de l'être de façon consciente.

Les bienfaits de cet apaisement conscient de l'esprit par la méditation sont aujourd'hui corroborés par des études scientifiques très nombreuses. Des synthèses statistiques de plusieurs centaines d'études montrent que la méditation diminue le stress ainsi que les symptômes anxieux et dépressifs, tout en améliorant les relations interpersonnelles. Notamment, elle bonifie le fonctionnement du cerveau de même que la santé cardiaque, augmente la créativité, la longévité et la qualité de vie, et favorise de meilleurs résultats scolaires. Plus elle est pratiquée régulièrement et pour une longue durée de vie, plus ses bienfaits sont importants.

Au cours du 20e siècle, la méditation a été largement laïcisée, si bien qu'il n'est pas nécessaire d'adhérer à une quelconque croyance religieuse pour pouvoir la pratiquer et profiter de ses multiples bienfaits. La méditation laïque convient aux non-croyants et aux croyants.

La machine infernale du faire

Malgré la popularité grandissante de la méditation à notre époque, la plupart des humains restent profondément absorbés par le faire. Essentiellement, ils ne sortent de l'expérience du faire qu'au moyen de l'inconscience du sommeil. De plus, comme les exigences du faire sont souvent élevées dans la vie quotidienne, notamment pour les travailleurs et les parents, on parvient difficilement à trouver un équilibre entre l'activation et la désactivation (entre le faire et l'être) et on tend à demeurer dans un état d'hyperactivation où s'accumulent les effets nocifs du stress. On se retrouve parfois avec des difficultés psychologiques persistantes comme les troubles anxieux, la dépression et ses rechutes, l'insomnie et la fatigue chronique.

Les souffrances générées par le déséquilibre entre l'être et le faire sont énormes. La plupart d'entre nous cherchent à les atténuer par toutes sortes de consommations plus ou moins toxiques, nocives ou excessives, sans parler des médicaments d'ordonnance : les substances psychotropes comme l'alcool, les stupéfiants ou le café, les excès alimentaires, qu'ils soient sucrés, salés ou autres, les jeux vidéo ou les réseaux sociaux à n'en plus décrocher, et ainsi de suite. Tous ces expédients apportent des soulagements, mais ne règlent pas le déséquilibre fondamental entre le faire et l'être. Ils accentuent même souvent ce déséquilibre par leurs effets toxiques ou surexcitants sur l'esprit et le corps. De plus, une fois que la machine du faire s'est emballée à travers le surmenage et les expédients que l'on utilise pour en souffrir le moins possible, le simple fait d'envisager de la stopper suscite souvent une anxiété envahissante, ce qui porte la personne à maintenir le statu quo.

Les êtres humains aux prises avec l'engrenage de l'hyperactivation évaluent souvent que s'ils essaient de ralentir la cadence, tout va s'effondrer et ils en souffriront encore plus. Ou peut-être estiment-ils que donner plus de place à l'être ne sera rien d'autre qu'une perte de temps, ou que l'arrêt conscient dans l'être fera surgir les souffrances qu'ils essaient justement d'oublier à travers les plaisirs que peuvent procurer les excès de la dimension faire.

J'enseigne la méditation depuis plus de 45 ans et j'ai pu constater combien la dimension faire accapare nos consciences avec une poigne extrêmement puissante et tenace... Dans ce contexte, l'essentiel me semble être ceci: peu importe où vous en êtes dans votre vie, partez de là, donnez-vous la direction d'un meilleur équilibre entre la dimension faire et l'ouverture consciente à la dimension silencieuse de l'être en vous, et persévérez sur votre chemin.

Le pouvoir de la méditation

Dans cette partie du livre, nous verrons comment la méditation permet de passer du faire à l'être en toute conscience, de défusionner graduellement de la pression du faire et de s'enraciner peu à peu dans la paix intérieure qui, au plus profond de nous, est la nature même de notre conscience. Pour que vous puissiez d'abord bien vous situer dans l'univers de la méditation, je vous en présenterai les composantes universelles et les trois types principaux. Ensuite, je décrirai brièvement la façon concrète de pratiquer la méditation. Pour plus de détails, vous trouverez plusieurs audios de méditation guidée gratuits sur mon site pensees-pieges.com.

Je montrerai ensuite comment la méditation défait les illusions de vérité et facilite le travail des autres outils que nous avons abordés dans les parties précédentes. Nous verrons finalement comment la méditation peut mener à l'épanouissement complet. Pour ce faire, je mettrai en contraste de façon plus précise les dimensions faire et être, notamment sous l'angle des prises de conscience fondamentales du Bouddha, et j'aborderai les états de conscience optimaux auxquels donne accès le développement de la dimension être. Nous verrons que si le passage du faire au non-faire inconscient du sommeil est un *besoin de survie*, le passage du faire au non-faire conscient, libre et paisible de l'être, est un *besoin pour l'épanouissement complet* de la personne humaine.

CHAPITRE 33

LES COMPOSANTES UNIVERSELLES DE LA MÉDITATION

À l'âge de 30 ans, après une douzaine d'années de pratique et d'enseignement de la méditation, j'ai entrepris un doctorat en histoire des religions dans le but d'approfondir la philosophie de la méditation et des états de conscience qu'elle développe. Je me suis intéressé notamment à ce que les formes de méditation avaient en commun malgré leur diversité ou leurs origines culturelles différentes. J'ai élaboré une typologie de la méditation, c'est-à-dire un ensemble de catégories en fonction desquelles les diverses sortes de méditation se distinguent et se ressemblent. On peut considérer ces catégories comme les composantes universelles de la méditation.

Connaître les composantes universelles d'un domaine permet d'obtenir rapidement un portrait représentatif des possibilités qu'on y trouve. Ainsi en est-il de la méditation. Selon votre niveau d'expérience dans le domaine de la méditation, cette typologie vous permettra soit de prendre connaissance des principales sortes de techniques et d'éclairer votre choix de pratique, soit de mieux saisir le principe de la méditation que vous pratiquez déjà, ou encore de préciser votre préférence pour une sorte de méditation plutôt qu'une autre. Vous découvrirez peut-être aussi comment vous pourriez optimiser votre pratique en comprenant la pertinence de combiner divers types de méditation.

Vous avez sans doute assez entendu parler de la méditation ou vous l'avez peut-être pratiquée suffisamment pour avoir une idée d'au moins une de ses grandes composantes, ne serait-ce que l'objet de méditation. En effet, méditer, c'est essentiellement se focaliser sur une chose particulière que l'on appelle l'« objet de méditation ». Si, au quotidien, nous focalisons notre attention sur divers objets, nous ne le faisons habituellement pas dans les mêmes conditions ni de la même façon que durant la méditation. La typologie permet d'identifier les procédés mentaux qui font de la méditation une focalisation distincte de la focalisation quotidienne courante. Elle précise également les variables mentales qui différencient les formes de méditation les unes des autres. Toutes les catégories que je viens de nommer entrent dans la grande classe des composantes mentales.

Puisque la méditation correspond le plus souvent à un temps d'arrêt, elle suppose aussi un positionnement corporel particulier. Vous avez sans doute entendu parler de la position du lotus, par exemple. Toutes les positions corporelles associées à la méditation s'inscrivent dans la composante corporelle.

La durée de la période de méditation est associée pour sa part à la composante temporelle.

Finalement, tout méditant pratique la méditation parce qu'il y voit une utilité (une fonction). Les méditations varient aussi en ce qui concerne l'utilité ou la fonction qu'on leur accorde. Cette considération entre dans la composante fonctionnelle.

En bref, la façon de se focaliser sur un objet durant la méditation varie en fonction de quatre grandes composantes : corporelle, temporelle, mentale et fonctionnelle. Les composantes fonctionnelles sont les plus importantes, parce qu'elles concernent l'impact que l'on espère tirer de la méditation et elles orientent le choix des moyens méditatifs pour y arriver. J'aborderai toutefois les autres composantes en premier, pour pouvoir examiner ensuite la façon dont elles sont combinées dans le cadre de la composante fonctionnelle. Vous trouverez un tableau résumant le tout à la fin de ce chapitre.

La composante corporelle

La composante corporelle comporte deux sous-composantes. La première est la *posture*. La position assise est la plus caractéristique de la méditation, même si certaines méditations peuvent se faire en position couchée ou debout. La position des paupières fait aussi partie de la posture puisque, selon la sorte de méditation, les instructions peuvent proposer de fermer les paupières, de les garder semi-ouvertes ou de les ouvrir complètement. Il existe plusieurs positions corporelles spécifiques comme la posture du lotus et d'autres postures de yoga.

Le *mouvement* constitue la seconde sous-composante corporelle. À une extrémité du spectre, on a l'absence de mouvement, qui est le plus souvent associée à la méditation ; à l'autre extrémité, on trouve n'importe quel mouvement de la vie quotidienne. Entre ces deux pôles s'inscrivent des mouvements spécifiques enseignés par diverses traditions, comme ceux du Tai Chi ou du QiGong (discipline chinoise de la méditation), ou encore comme la respiration yoguique et la vocalisation de chants ou de sons considérés comme bénéfiques et appelés « mantras ».

La composante temporelle

La composante temporelle porte surtout sur la durée de la méditation. Les durées recommandées aujourd'hui aux débutants sont souvent de 20 minutes deux fois par jour ou de 40 minutes une fois par jour. Après les mois ou les années de pratique, certains méditants augmentent la durée de leurs séances. Dans certaines traditions, il est important de faire une méditation autour du lever du soleil, alors que d'autres ne proposent aucun moment spécifique. Évidemment, le contexte des retraites de méditation et celui de la vie monastique permettent des durées de méditation beaucoup plus longues.

La composante mentale

La composante mentale est assurément la plus diversifiée. Elle comporte cinq sous-composantes.

La première sous-composante est le *contenu de l'objet d'attention*. Cet objet peut avoir une signification ou être dénué de signification. Parmi les objets dénués de signification, on compte les mantras sans signification, la respiration, les diverses parties du corps ou l'expérience globale du moment. Les objets avec signification sont très nombreux. Ils incluent les mantras avec signification, n'importe quelle phrase bénéfique, les centres d'énergie comme les chakras auxquels sont associés des symboles, les paroles d'un animateur lors de la méditation guidée et, dans les contextes religieux, le nom ou l'image d'une divinité.

Le *nombre d'objets d'attention* est la deuxième sous-composante mentale. L'objet peut être unique, comme le mantra ou la respiration, ou encore multiple, comme dans le scan du corps au cours duquel on porte l'attention sur plusieurs parties du corps les unes après les autres, ou dans n'importe quelle méditation guidée où l'on entend les nombreux mots des phrases prononcées par le guide.

La *façon de porter l'attention sur les objets multiples* représente la troisième sous-composante mentale. On peut le faire de façon simultanée, par exemple lorsqu'on est conscient à la fois de la respiration et de l'ensemble du corps dans la technique de pleine conscience appelée «le moment de la respiration» (*breathing space*). On peut, à l'inverse, procéder en séquence, par exemple en observant les sensations dans les diverses parties du corps les unes après les autres au cours du scan du corps. On peut finalement procéder en alternance, par exemple entre le constat de l'aspect changeant des expériences et l'aspect non changeant de la conscience simplement observatrice (dans une technique de mon cru que j'appelle «méditation-discernement»).

La quatrième sous-composante mentale consiste dans *l'attitude lors de la focalisation sur l'objet*. L'axe effort/sans effort constitue la première facette de l'attitude. Certaines traditions recommandent un effort mental (une certaine crispation) pour ne pas perdre la focalisation sur l'objet. Heureusement, la plupart des enseignements actuels les plus connus, comme la méditation pleine conscience et la Méditation Transcendantale, conseillent plutôt de maintenir une attitude d'accueil, d'accepter que l'esprit a été absorbé par d'autres pensées, et de reporter *doucement* l'attention sur l'objet, *toujours sans forcer et sans se crisper*. La seconde facette de l'attitude est l'affect. On y trouve l'affect neutre comme dans la pleine conscience de la respiration et la Méditation Transcendantale, ou l'affect émotif quand il est question, par exemple, de la méditation sur la bienveillance ou de celle sur le dieu hindou Krishna.

La cinquième sous-composante mentale correspond au *contexte cognitif de la pratique*. Il s'agit des croyances et des buts que le méditant associe à sa pratique de méditation. Cette dimension est à la source de choix déterminants concernant la méditation. Par exemple, un croyant pourra être attiré par la méditation disponible dans sa tradition religieuse, alors qu'un athée se dirigera plutôt vers une méditation de type laïque et recherchera seulement des bienfaits physiques et psychologiques. Une personne qui croit dans une énergie cosmique comme le *chi* de la spiritualité chinoise pourra préférer une méditation sur cet objet, alors que celle qui croit dans un dieu personnel pourra choisir son nom ou son image pour objet de méditation, comme dans une forme de méditation chrétienne où l'on répète le nom de Jésus.

La composante fonctionnelle

Nous en arrivons finalement à la composante fonctionnelle, celle qui définit l'impact recherché par la méditation (son utilité ou sa fonction). À travers mon étude des diverses traditions de méditation, j'ai pu identifier trois grandes fonctions : l'apaisement, l'observation et l'assimilation.

Dans *la méditation axée sur l'apaisement*, on trouve habituellement 1) un objet d'attention unique, simple et sans signification, comme la respiration ou un mantra sans signification 2) la position assise avec les yeux fermés et 3) l'attitude sans effort.

La méditation axée sur l'apaisement propose ces trois conditions psychophysiologiques parce qu'elles réduisent considérablement la quantité des données mentales à traiter tout en favorisant la vigilance. Il s'ensuit une diminution de l'activité de l'esprit, de certaines parties du cerveau et de l'ensemble du corps sans qu'elle conduise au sommeil. Ces conditions sont donc les plus favorables à la désactivation mentale et physique consciente. Le simple fait de les mettre en place produit de manière spontanée un apaisement graduel de l'esprit et du corps.

En effet, puisque l'esprit et le corps sont très intimement liés, l'apaisement de l'esprit entraîne automatiquement celui du corps. Avec la pratique, comme les études scientifiques l'ont montré, cet apaisement combiné de l'esprit et du corps permet à l'organisme de se régénérer de plus en plus en profondeur, de neutraliser peu à peu les effets accumulés du stress, d'utiliser davantage son potentiel et d'améliorer graduellement son fonctionnement dans la vie de tous les jours.

La méditation axée sur l'observation vise à développer la disposition mentale de la simple présence attentive dénuée de jugement. On la trouve notamment dans la pleine conscience des activités quotidiennes, dans le scan du corps et dans l'accueil global de tout sans focalisation particulière.

La méditation axée sur l'assimilation permet pour sa part de s'imprégner de qualités, d'attitudes ou de principes que l'on considère comme bénéfiques, de significations positives ou encore des paroles apaisantes d'un animateur lors de la méditation guidée. On peut citer ici, parmi plusieurs autres méditations, celles sur la gratitude, sur la bienveillance et sur l'impermanence.

À mon avis, la méditation axée sur l'apaisement est la pratique la plus importante au jour le jour. L'apaisement me semble favoriser davantage la réparation de l'organisme en profondeur, l'élimination graduelle des effets accumulés du stress et l'optimisation du potentiel humain. Cette fonction crée typiquement la régénération de l'esprit et du corps capable de produire les bienfaits les plus profonds dans les divers aspects de la vie. À ce jour, les études sur l'assiduité dans la méditation pleine conscience montrent clairement que les bienfaits de cette pratique sont associés aux périodes où les méditants prennent un temps d'arrêt pour méditer, donc une période de retrait et d'apaisement par rapport à leurs activités habituelles. À l'inverse, les données actuelles sont mitigées quant à l'impact de la pleine conscience exercée seulement au milieu des activités quotidiennes, sans prendre un temps d'arrêt[6]. Il est donc important de prévoir un temps à votre agenda pour pratiquer la méditation. Les bénéfices que vous en tirerez au fil de votre vie vous montreront que vous avez bien fait de prendre régulièrement ces rendez-vous avec vous-même…

La méditation axée sur l'apaisement est aussi à mes yeux celle qui peut le mieux améliorer la pratique des deux autres fonctions

---

6. Hawley, L. L., *et al.* (2014). Mindfulness practice, rumination and clinical outcome in mindfulness-based treatment. *Cognitive Therapy and Research, 38*, 1-9; Crane, C. *et al.* (2014). The effects of amount of home meditation practice in Mindfulness Cognitive Therapy on hazard of relapse to depression in the Staying Well after Depression trial. *Behaviour Research and Therapy, 63*, 17-24; Carmody, J. & Baer, R. A. (2008). Relationships between mindfulness practice and levels of mindfulness, medical and psychological symptoms and well-being in a mindfulness-based stress reduction program. *Journal of Behavioral Medicine, 31*, 23-33; Shankland, R. *et al.* (2021). Improving mental health and well-being through informal mindfulness practices: an intervention study. *Applied Psychology: Health and Well-Being, 13*, 63-83.

de la méditation. Dans le bouddhisme également, la capacité de s'apaiser est souvent présentée comme le moyen pour faire en sorte que l'esprit ne soit pas trop agité et qu'il puisse alors procéder de façon plus soutenue soit à l'observation de l'impermanence des choses, soit à l'assimilation de tel ou tel objet d'attention bénéfique.

Ces fonctions de la méditation ne sont pas hermétiques les unes par rapport aux autres. La méditation active des processus trop profonds pour qu'ils soient déconnectés les uns des autres. Ces trois fonctions sont donc comme des vases communicants. Par exemple, la fonction de l'apaisement comporte de l'observation, comme dans le cas de la pleine conscience de la respiration, où l'on observe les sensations de l'inspiration et de l'expiration. Par ailleurs, même lorsque l'observation s'exerce dans le feu de l'action quotidienne, donc sans les conditions les plus favorables à l'apaisement, l'expérience montre qu'elle comporte une certaine dose d'apaisement pour l'esprit au moins à court terme. Les méditations axées sur l'assimilation, comme celle sur la bienveillance, peuvent aussi procurer des moments d'apaisement profonds, même si leur thème ne concerne pas directement cette dimension. On peut donc dire que les trois fonctions sont des dominantes plutôt que des catégories exclusives sans aucune aire de recoupement.

Les fonctions peuvent d'ailleurs être combinées de façon explicite comme dans la méditation *guidée* sur la respiration en position assise, les yeux fermés. En effet, ici, l'objet d'attention premier est la respiration, un objet simple et sans signification qui, en combinaison avec la posture physique au repos, favorise particulièrement l'apaisement. En même temps, lorsque l'intervention d'un animateur entre en jeu, la fonction de l'assimilation est activée par la signification des paroles de la personne qui guide la méditation.

Également à titre d'exemple, l'observation peut être combinée à l'assimilation, comme dans la méditation bouddhiste sur l'impermanence où l'on invite le méditant à observer toutes ses expériences comme elles sont, mais en y discernant le changement continuel, et donc en leur attribuant le sens particulier de l'impermanence afin de favoriser le lâcher-prise.

Le tableau suivant vous permettra de saisir l'ensemble des composantes de la méditation de façon synthétique.

LES COMPOSANTES UNIVERSELLES DE LA MÉDITATION	
Composantes	**Sous-composantes**
Composante corporelle	Posture Mouvement
Composante temporelle	Durée de la méditation Moment de la journée

Composante mentale	Contenu de l'objet d'attention
	  Objet sans signification
	  Objet avec signification
	Nombre d'objets
	Attention relative aux objets multiples
	  Simultanée
	  En séquence
	  En alternance
	Attitude lors de la focalisation sur l'objet
	  Sans effort
	  Avec effort
	  Affect neutre
	  Affect émotif ou dévotionnel
	Contexte cognitif de la pratique
	  Croyances générales
	  Buts (attentes)

Composante fonctionnelle (définissant l'utilité)	Apaisement Observation Assimilation

Le plus important dans la méditation est évidemment la pratique. Le chapitre suivant décrira dans ses grandes lignes la manière de mettre en pratique les trois principales fonctions de la méditation : l'apaisement, l'observation et l'assimilation.

CHAPITRE 34

COMMENT PRATIQUER LA MÉDITATION

Pendant des milliers d'années, la méditation a été enseignée presque exclusivement en personne, de maître à disciple. En conséquence, on trouvait rarement dans les livres la description pratique et détaillée de la façon de méditer. Les enseignants tenaient à s'assurer directement auprès des apprenants qu'ils pratiquaient la technique correctement afin qu'ils puissent en tirer tous les bienfaits escomptés et qu'ils ne se laissent pas arrêter par tel ou tel piège ou obstacle sur la voie de la méditation.

Dans l'apprentissage de toute technique dont on attend un impact important, il va de soi que le suivi en direct de cet apprentissage par un formateur ou par un coach est essentiel, que ce soit au travail, dans le sport ou dans n'importe quelle discipline. Par ailleurs, les avancées de la technologie et la possibilité pour les formateurs d'enregistrer leurs instructions sur la méditation sous forme orale ont changé la donne. Les médias modernes ont permis une diffusion beaucoup plus vaste de la méditation mais, en même temps, ils ont diminué la rétroaction que peuvent recevoir les méditants de la part de formateurs qualifiés pour s'assurer que leur pratique est optimale et qu'ils persévèrent dans cette discipline au jour le jour.

J'estime donc qu'il est préférable d'apprendre la méditation en direct, de personne à personne, que ce soit dans un même lieu physique ou par vidéoconférence. En même temps, il serait dommage d'ignorer la possibilité que la lecture d'un livre ou l'audition d'un enregistrement audio puisse être une occasion de découvrir ou d'approfondir l'univers de la méditation. Voilà pourquoi j'ai inclus dans ce livre le présent chapitre consacré à la façon de pratiquer la méditation. Si vous n'avez pas déjà appris la méditation en personne avec un guide, je vous encourage à compléter les instructions de ce livre par un tel enseignement direct d'une personne qualifiée. Elle pourra répondre à vos questions et vous assurer que vous pratiquez correctement la ou les techniques de votre choix. Comme autre option, vous trouverez des méditations guidées gratuites pour plusieurs techniques de méditation pleine conscience sur mon site pensees-pieges.com.

Comment pratiquer la méditation axée sur l'apaisement

Dans plusieurs traditions, la fonction de base de la méditation est l'apaisement, puisque c'est ce dernier qui produit de la manière la plus systématique et directe le passage conscient de la dimension faire à la dimension être. Nous avons vu que les conditions les plus typiques de la méditation axée sur l'apaisement sont la posture assise et les yeux fermés, en combinaison avec les conditions mentales suivantes : se focaliser doucement et sans forcer sur un seul objet d'attention simple qui n'a pas de signification et y revenir toujours doucement, sans crispation, lorsque l'on constate que l'on a été absorbé par d'autres pensées.

Dans la méditation pleine conscience, en contexte d'apaisement, l'objet d'attention privilégié est la respiration, plus spécifiquement les sensations corporelles associées au mouvement de la respiration. Puisque la respiration se déploie dans plusieurs parties du corps, pour garder les choses simples, il vaut mieux se focaliser sur les sensations de la respiration qui retiennent le plus notre attention, ce qui peut varier au cours d'une séance.

D'autres objets d'attention sont propices à la méditation axée sur l'apaisement. Les sons bénéfiques appelés « mantras » sont souvent privilégiés dans les traditions de l'Inde. Il s'agit de répéter le mantra *mentalement* (plutôt qu'à voix haute), pour favoriser l'intériorisation. Dans le but de l'apaisement, il est important que ce son n'ait pas de signification à proprement parler. Il s'agit de quitter l'activité mentale dite « horizontale » au cours de laquelle, dirigé par la signification, l'esprit va d'une pensée à l'autre sans pouvoir se déposer. À l'inverse, lorsque l'objet d'attention n'a pas de signification, l'esprit suit le fil de cette seule pensée sans être stimulé par sa signification et dirigé ainsi vers d'autres pensées. L'esprit est alors plus enclin à se déposer dans des modalités plus paisibles de la conscience.

Aller d'une pensée à l'autre en étant dirigé par la signification est comme passer d'une note de musique à l'autre sans jamais arriver au silence qui les sous-tend. À l'inverse, se focaliser sur un seul objet d'attention sans signification est comme diminuer graduellement le volume d'un seul son jusqu'à ce que cet apaisement nous amène au silence complet.

À l'inverse du sommeil, dans la mesure où nous restons éveillés, ce silence intérieur est l'aboutissement du passage graduel de la dimension faire à la dimension être en toute conscience. Ce silence est à la fois vide et plein, comme si on avait vidé l'espace physique de tout ce qu'il contient et qu'il faisait l'expérience de lui-même comme d'une plénitude sans limite. Accéder consciemment à la couche silencieuse de notre conscience nous ouvre ainsi à l'expérience de la plénitude et de la paix intérieure. Le but ultime de la méditation est un état de conscience optimal où coexistent en nous, de façon permanente, cette paix et cette liberté intérieures complètes, en même temps qu'une efficacité bienveillante au milieu des activités quotidiennes.

Si vous désirez pratiquer la méditation dans le but de vous apaiser, tout en préférant comme objet d'attention un mot sacré ou un nom particulièrement significatif comme «Jésus», mieux vaut répéter mentalement ce mot ou ce nom sans vous attarder à sa signification, dans un premier temps. Quand vous constatez que votre esprit a été absorbé dans diverses significations, reportez toujours doucement l'attention sur l'aspect sonore de ce mot ou ce nom plutôt que sur ses significations. Après vous avoir donné une bonne dose d'apaisement de cette manière pendant une vingtaine de minutes, libre à vous évidemment de méditer par la suite sur les sens que vous donnez à ce nom, ce qui constituera une méditation axée sur l'assimilation. La dose d'apaisement que vous avez obtenue au préalable en vous focalisant seulement sur l'aspect sonore vous aidera, par la suite, à mieux vous imprégner des attitudes ou des qualités que vous désirez développer au moyen de la méditation axée sur l'assimilation.

À titre de technique que je privilégie au quotidien, je recommande normalement de pratiquer la méditation axée sur l'apaisement pendant 20 minutes, deux fois par jour, le plus possible le matin au lever et dans la seconde partie de l'après-midi. Comme le suggère Jon Kabat-Zinn, une pratique de 40 minutes une fois par jour est aussi tout à fait recommandable. Sachez de plus qu'il est toujours mieux d'en faire moins longtemps ou à d'autres moments, plutôt que pas du tout.

Je propose ici la **méditation pleine conscience de la respiration:**

1. Assoyez-vous confortablement, la tête et le dos droits, tout en étant relaxé, et fermez les yeux. Il est bon d'aborder ce positionnement physique comme une première manière de vous déposer dans la présence attentive et d'observer simplement l'ensemble de votre expérience du moment pendant environ 30 secondes.
2. Ensuite, sans forcer quoi que ce soit, mettez doucement votre attention sur les sensations de la respiration, en suivant l'aspect qui se démarque. Il s'agit de choisir volontairement de mettre l'attention sur la respiration et non sur autre chose, mais de le faire sans se crisper, sans forcer. Ne pas modifier volontairement la respiration de quelque façon que ce soit, mais simplement l'observer, l'accompagner doucement par votre attention.
3. Quand vous prenez conscience que vous étiez absorbé dans des pensées autres que les sensations de la respiration, ramenez doucement votre attention sur ces sensations. Il est très important de faire tout ce processus sans effort. Le simple fait d'avoir rassemblé les conditions favorables à l'apaisement (à savoir la position assise, les yeux fermés et l'attention sur un seul objet simple et sans signification) produira *spontanément* de l'apaisement sans que vous ayez à ajouter quoi que ce soit au processus. Il s'agit d'accepter que l'apaisement se fasse de façon graduelle et que le degré d'apaisement connaisse des fluctuations importantes. À certains moments, vous n'aurez

pas le goût de sortir de la méditation tellement vous vous sentirez calme et bien ; à d'autres moments, vous ressentirez de l'ennui ou de la somnolence, ou encore les pensées se bousculeront dans votre tête. Acceptez ces fluctuations comme une partie intégrante de la méditation. Quels que soient l'agitation ou l'engourdissement de votre esprit, soyez patient envers vous-même. Faites simplement le processus sans effort, et les bienfaits s'approfondiront avec la pratique. Peu importe la quantité de pensées que vous avez, sachez que vous pratiquez parfaitement la technique en reportant toujours doucement l'attention sur la respiration après avoir réalisé que votre esprit a été emporté par d'autres pensées.

4. En acceptant que votre esprit puisse être agité ou somnolent et en revenant toujours sans forcer à l'objet d'attention, vous vous entraînez non seulement à l'apaisement graduel, mais aussi à ne pas faire d'histoire avec les indésirables que vous ne contrôlez pas (comme le fait d'avoir beaucoup de pensées). À votre retour dans le feu de l'action, cet entraînement sera pour vous un atout : la capacité de ne pas faire d'histoire avec les indésirables que vous ne pouvez pas changer dans votre vie vous épargnera beaucoup de négativité. Donc, durant la méditation, vous n'êtes jamais perdant : soit vous vous apaisez, ce qui réalise votre besoin de départ, soit vous apprenez à ne pas faire d'histoire avec l'agitation mentale indésirable que vous ne contrôlez pas, ce qui réalise un besoin central de votre vie quotidienne. De ces deux points de vue, vous développez la capacité de prendre du recul, de défusionner par rapport aux activités mentales et de vous libérer de leurs limites et de leurs illusions de vérité.
5. Pour vous indiquer la fin de la séance, vous pouvez regarder votre montre ou préparer à l'avance une alarme. Lorsque la séance est terminée, gardez les yeux fermés pendant deux minutes supplémentaires, en laissant les pensées aller et sans vous focaliser sur rien de particulier. Cela vous évitera de ressentir le malaise de sortir trop vite de la méditation (comme l'étourdissement ou l'irritabilité).

Comment pratiquer la méditation axée sur l'observation

La méditation axée sur l'observation a pour objectif de développer la capacité d'être simplement attentif aux expériences qui se déploient au moment présent sans les juger, et de produire ainsi un processus de recul et de défusion à l'égard de nos pensées, de nos émotions et de nos sensations. La méditation pleine conscience de Jon Kabat-Zinn propose plusieurs techniques de ce type. Je parlerai ici brièvement du scan du corps (balayage corporel), de la méditation sur la conscience (« méditation assise ») et de la pleine conscience des activités quotidiennes. Les deux premières comportent une très bonne dose d'apaisement. En effet, elles supposent que l'on réserve une période de retrait de nos activités quotidiennes afin de les pratiquer. Pour chacune de ces deux méditations, cette période est d'environ 30 minutes, ce qui laisse amplement de temps à l'apaisement de s'installer. De plus, ces techniques s'exercent dans une position physique qui favorise l'apaisement, c'est-à-dire, normalement, étendu pour le scan du corps, et assis pour la méditation sur la conscience.

Le scan du corps entraîne notre esprit à accueillir nos sensations physiques telles qu'elles sont, qu'elles soient agréables ou désagréables. Il s'agit de s'ouvrir aux sensations du corps telles qu'elles se présentent, sans vouloir les changer et sans y aller de jugements. Ce processus favorise la défusion par rapport à nos évaluations et à nos compulsions. On procède à la simple observation des sensations physiques en passant en revue une partie du corps après l'autre, jusqu'à ce que l'on ait fait le tour du corps dans son entier.

Dans la méditation sur la conscience, on passe en revue par la simple observation non pas seulement les sensations physiques, mais tous les types d'expérience qui peuvent se présenter à l'esprit. On commence par les sensations de la respiration, on enchaîne avec les sensations du corps dans son ensemble, on passe aux sensations sonores, on observe ensuite les pensées et les émotions et on termine avec une position d'accueil global par rapport à l'ensemble de ce qui se présente à l'esprit de moment en moment. Cette technique permet elle aussi de nous défusionner par rapport aux activités de l'esprit en nous enracinant peu à peu dans le point de vue d'un simple observateur. Notre conscience devient de plus en plus clairement ce lieu où nos expériences vont et viennent, mais sans que son espace soit diminué ou affecté par ce qui prend place en elle, tout comme l'espace physique n'est pas amoindri ou perturbé par les objets qui apparaissent, se déplacent et disparaissent en lui.

La pleine conscience des activités quotidiennes consiste à être simplement attentif aux expériences qui se présentent à soi au cours de la vie quotidienne, sans les juger ni les analyser. Cette présence attentive doit toujours être générée doucement et sans effort, sans crispation et sans tension. Dans ce contexte aussi, cette simple attention développe une certaine défusion par rapport aux pensées, aux sensations et aux émotions. Ce recul aide à se libérer des automatismes susceptibles de surgir dans le feu de l'action, à se donner une meilleure appréciation de la situation et à faire des choix plus éclairés.

Par exemple, laissez-vous expérimenter les pratiques suivantes et notez ce que vous y découvrez à propos de vous-même ou des autres. Portez intentionnellement votre attention sur les sensations associées aux activités que vous faites habituellement de façon machinale, comme vous brosser les dents, prendre votre douche ou marcher en vous rendant au travail. Prêtez attention aux sons que vous produisez lors de vos activités quotidiennes comme laver la vaisselle, ranger des choses, marcher dans la maison. Lorsque vous mangez et buvez, prenez délibérément conscience des aspects sensoriels que vous présente la nourriture : les couleurs, les formes, les senteurs, les saveurs, le toucher. Lorsque vous attendez en ligne, ou à n'importe quel autre moment, notez si vous avez des tensions dans votre corps. Ressentez-vous de l'impatience, de l'inquiétude ou du stress ? Quand vous écoutez quelqu'un parler, prenez le temps d'être complètement réceptif aux mots, aux significations et aux émotions qui sont exprimés ; ensuite, soyez attentif aux mots, aux significations et aux émotions que vous exprimez à votre tour.

Restez animé par la curiosité et poursuivez votre exploration de ce que la vie peut ainsi vous faire découvrir. Cette aventure n'a pas de limites et vous réserve de belles surprises…

Comment pratiquer la méditation axée sur l'assimilation

La méditation axée sur l'assimilation a pour but de s'imprégner de qualités, d'attitudes, de significations positives ou de principes que l'on considère comme bénéfiques. On se focalise alors sur des objets d'attention ou on imagine des scénarios susceptibles de stimuler ces ressources. Cette méditation s'exerce habituellement les yeux fermés pour favoriser l'absorption dans les représentations internes. Il est préférable qu'elle soit précédée par une autre sorte de méditation qui a pu installer une bonne dose d'apaisement au préalable.

J'ai souligné qu'à l'instar des « outils du faire », notamment le désamorçage des pensées-pièges basé sur la logique émotionnelle, la méditation nous aide à défusionner, à nous libérer des illusions de vérité et des comportements indésirables qui en découlent. Mais elle le fait à sa propre manière et elle ouvre aussi sur son propre niveau de libération et d'épanouissement. C'est ce que nous approfondirons dans le prochain chapitre.

CHAPITRE 35

MÉDITER POUR DÉFUSIONNER DES ILLUSIONS DE VÉRITÉ

Vers l'âge de huit ans, au début de ma quatrième année du primaire, assis à l'arrière de la classe, je demandais souvent à mon enseignante de me dire les mots qu'elle venait d'écrire au tableau. Elle a fini par me placer en avant de la classe et a conseillé à mes parents de me faire examiner par un optométriste, ce qu'ils ont fait. Diagnostic : myopie, malgré mon jeune âge. Je me souviens encore du moment où je suis sorti du bureau de l'optométriste avec mes lunettes sur le nez. Tout était tellement plus clair ! Je redécouvrais tout à coup les couleurs et les formes de mon environnement.

Voir le monde à travers une lentille et voir le monde des lentilles

Avant cette transformation, je vivais comme un poisson dans l'eau, sans me douter qu'une autre réalité visuelle pouvait exister. Je n'avais même pas l'impression que les choses pouvaient être plus claires. Elles étaient comme elles m'apparaissaient et le poids de vérité allait en totalité à la manière dont elles m'apparaissaient, sans me douter qu'un jour, une toute nouvelle expérience pourrait nettement l'emporter quant à l'impression de vérité. Cette fois-ci, ma vue ayant été corrigée, j'avais l'impression de voir les choses vraiment telles qu'elles étaient. Mais ce n'était pas la fin de l'histoire !

Plus tard, à l'occasion de mes cours de science à l'école secondaire et de la visite de diverses expositions, j'ai fait l'expérience de la façon dont la réalité pouvait se transformer selon la lentille utilisée. Les choses changeaient complètement selon que j'utilisais un microscope, un télescope ou une lentille truquée qui me faisait voir en double ou en triple. Avec le temps, j'avais découvert que non seulement je pouvais voir le monde à travers diverses lentilles, mais aussi le monde des lentilles. Dans le monde des lentilles, il n'y avait jamais de réalité unique. Les choses m'apparaissaient différemment selon la lentille. Même quand tout me donnait l'impression que ma perception me faisait connaître les choses comme elles étaient « en vérité », je n'avais accès qu'à ce que la lentille du moment me permettait de voir. Il n'existait pas de perception vraie en soi, indépendante de la lentille à travers laquelle cette perception avait lieu.

Voir le monde à travers une pensée et voir le monde des pensées

La plupart d'entre nous ont sans doute eu ce genre de prise de conscience, mais nous en tirons rarement toutes les conséquences. La plus intéressante est la possibilité d'appliquer le principe de la lentille à toutes nos pensées. Nous pouvons non seulement voir le monde à travers nos pensées, mais aussi voir le monde de nos pensées en tant que produites par les angles de vue (les lentilles) que nous utilisons. Chacune de nos pensées ne nous donne qu'un angle de vue qui ne pourra jamais extraire toutes les facettes de la réalité des choses. Cet angle de vue est à la fois partiel et partial. Nos pensées sont partielles au sens où elles ne nous révèlent pas tout sur la réalité de ce qu'elles conçoivent, et partiales au sens où il s'agit d'un point de vue individuel auquel échappe ce que d'autres points de vue individuels pourraient mettre en lumière.

Comme on l'a vu dans la première partie de ce livre, on appelle « défusion cognitive » ce processus de relativisation de la vérité de nos expériences. Lors de la défusion cognitive, les sensations, les pensées et les émotions sont vécues non plus comme des aspects « réels » de soi ou du monde, mais comme des événements mentaux. De façon analogue, nous distinguons nos rêves nocturnes de la « réalité » quand nous constatons que l'expérience de ces rêves ne correspond pas à des aspects en chair et en os de soi ou du monde, mais à de simples événements mentaux.

Des centaines d'études scientifiques sur diverses sortes de psychothérapies montrent que l'élimination des symptômes psychologiques indésirables et des troubles psychologiques passe en grande partie par la capacité de prendre un recul par rapport aux pensées, d'y reconnaître des illusions de vérité et donc de cesser d'agir en fonction d'elles comme si elles correspondaient à la vérité. Quand on a pu reconnaître que notre impression de voir une oasis d'eau dans le désert est un mirage, on cesse d'y courir à toute vitesse pour s'y abreuver. En nous défusionnant de nos illusions de vérité, nous devenons plus ouverts à d'autres façons de voir les choses et donc plus flexibles. Étant plus ouverts et flexibles, nous sommes moins compulsivement avides, colériques ou fuyants. Nous sommes alors plus en mesure de solutionner les problèmes de façon efficace et nous augmentons la possibilité de vivre à la hauteur de nos aspirations. Des chercheurs ont trouvé, par exemple, pour ce qui est de la dépression, que plus une personne prend du recul et défusionne par rapport à ses pensées, moins elle a de symptômes résiduels et moins elle a de rechutes à la suite d'une thérapie cognitive basée sur la pleine conscience[7].

La défusion selon le type de méditation

Nous avons vu que le premier facteur de maintien de nos pensées-pièges et de nos réactions IDEMCO, c'est l'illusion de vérité. Cet amalgame opéré par l'esprit entre sa pensée et la vérité lui fait dire implicitement ou explicitement «J'ai raison». Plus cette conviction est ferme à l'égard des pensées-pièges, plus les comportements qui en découlent sont rigides, inadaptés et source de souffrance. Il est donc fort pertinent de recourir à tous les outils possibles pour développer notre capacité de défusionner de l'illusion de vérité de nos pensées-pièges. La méditation renforce cette capacité le plus souvent en dégageant la conscience de *l'ensemble* de nos activités mentales, que ce soient les pensées, les émotions ou les sensations,

---

7. Teasdale, J. D. *et al.* (2002). Metacognitive awareness and prevention of relapse in depression: Empirical evidence. *Journal of Consulting and Clinical Psychology, 70*, 275-287; Sheppard, L. C. & Teasdale, J. D. (2004). How does dysfunctional thinking decrease during recovery from major depression? *Journal of Abnormal Psychology, 113*, 64-71.

et qu'elles soient positives ou négatives. Parmi les fonctions de la méditation, ce sont l'apaisement et l'observation qui procèdent directement à ce dégagement global de la conscience.

Les méditations axées sur l'*apaisement* permettent la désactivation générale de l'esprit et du corps. Cette désactivation diminue la quantité des activités mentales (les pensées, les émotions et les sensations) et ouvre graduellement l'attention à la dimension silencieuse de la conscience. L'esprit du méditant devient plus calme (moins agité) et il développe peu à peu un recul (une défusion) par rapport à l'activité mentale en général, incluant l'activité mentale agitée ou stressée. Ce recul contribue à repérer et à désamorcer les illusions de vérité à la base des pensées-pièges et des comportements indésirables. Par exemple, quand l'esprit est plus agité ou plus stressé, il est plus absorbé par le poids de vérité des pensées orientées par le stress qui sont en synchronie avec cet état d'agitation ou de stress et qui se traduisent par des comportements motivés par l'avidité, la colère ou la fuite. À l'inverse, quand l'esprit est globalement plus calme, d'abord un moins grand nombre de pensées agitées ou stressées viennent le traverser. Ensuite, il a plus de recul par rapport à ces pensées lorsqu'elles émergent, il est moins obnubilé par elles, il leur accorde moins de vérité et il donne davantage de poids à des pensées plus posées, plus réfléchies et plus ouvertes à l'ensemble des possibilités.

Avec les méditations axées sur l'*observation*, la défusion par rapport aux pensées, aux émotions et aux sensations ainsi qu'aux illusions de vérité se produit au moyen de l'observation et de l'accueil sans jugement, que ce soit durant une période formelle de méditation ou durant les activités quotidiennes. Du mieux que nous pouvons, nous restons simplement en présence de ces contenus mentaux tels qu'ils défilent devant nous de moment en moment. Nous en venons graduellement à voir les pensées, les émotions et les sensations comme de simples événements mentaux qui vont et viennent dans l'esprit tels des nuages dans le ciel, comme des choses toujours changeantes auxquelles il ne vaut pas la peine de s'agripper en leur accordant le poids de la vérité.

Contrairement aux fonctions de l'apaisement et de l'observation, l'*assimilation* ne vise pas à produire un recul global par rapport aux contenus mentaux. Les méditations axées sur l'assimilation développent la défusion par rapport aux pensées et aux émotions indésirables au moyen de la fusion avec des qualités, des sens ou des paroles favorables. Le fait de porter son attention sur la bienveillance, la gratitude ou l'impermanence des choses, par exemple, fait grandir ces attitudes dans la conscience et tend du même coup à désengager l'esprit des significations négatives ou indésirables. À mon avis, puisqu'elles tendent à substituer les significations positives aux significations négatives, les méditations axées sur l'assimilation ressemblent davantage aux « outils du faire » qu'aux « outils de l'être ».

Dans plusieurs traditions spirituelles, la méditation mène ultimement à la défusion par rapport à notre impression d'être un moi actif et limité, sans cesse changeant et modifié par ses sensations, ses pensées, ses émotions et les actions de son corps. Du point de vue de ces traditions, dans notre essence, nous ne sommes pas un moi qui agit à travers nos perceptions, nos pensées, nos émotions et nos comportements, et nous ne sommes pas continuellement transformés par ces expériences. Au plus profond de notre conscience, nous sommes l'être silencieux qui n'agit pas, qui ne pense pas et qui n'est pas altéré par quoi que ce soit, qui est un espace ouvert et libre de tout, un lieu paisible et sans limite où se déploient les mouvements de l'esprit et du corps sans qu'il soit affecté par eux.

Autrement dit, grâce à la méditation, la défusion peut s'opérer non seulement par rapport à l'illusion de vérité de nos pensées, mais aussi, ultimement, par rapport à l'illusion de vérité d'être un penseur sans cesse affecté par ses pensées, ses émotions et ses sensations. Toutefois, un tel niveau de défusion et de « non-faire » complet dans l'être silencieux au tréfonds de notre conscience n'est accessible que dans ce que j'appelle les « états de conscience optimaux ». Je décrirai ces états un peu plus loin. Au préalable, puisque j'aborde ici les aspects les plus profonds de l'être, il m'apparaît important de clarifier le contraste que j'ai fait jusqu'ici entre la dimension faire et la dimension de l'être en tant que non-faire. Dans le chapitre qui suit, je mettrai ce contraste en lumière à travers les leçons de vie du Bouddha.

CHAPITRE 36

LES LEÇONS DE VIE DU BOUDDHA

Le Bouddha est assurément l'un des plus grands maîtres de méditation dans l'histoire de l'humanité. Son enseignement a eu tellement de résonance dans le cœur des humains qu'au cours de l'Antiquité, il s'est répandu, à partir de l'Inde, dans des cultures diverses un peu partout en Orient. Aujourd'hui encore, son enseignement s'avère tout à fait d'actualité. Il répond à un besoin profond de paix intérieure tout en montrant la capacité de s'adapter au contexte laïque et non confessionnel qui prévaut dans de nombreux pays du monde contemporain.

Sous la forme de l'adaptation laïque qu'en a faite récemment Jon Kabat-Zinn, le style de méditation proposé par le Bouddha s'est répandu partout dans le monde comme jamais auparavant sous le nom de « méditation pleine conscience » (*mindfulness meditation*). Les bienfaits de cette pratique ont été corroborés par plusieurs centaines d'études scientifiques.

Si je présente ici plus en détail la philosophie du Bouddha, ce n'est pas parce que je suis bouddhiste. J'estime toutefois que les leçons de vie du Bouddha illustrent de façon remarquable la découverte de l'être profond, la recherche et l'expérience de ce qui existe au-delà de la vie ordinaire ou de la vie simplement matérielle, quelles que soient la culture ou les croyances religieuses à partir desquelles se déploie cette recherche. J'ai déjà souligné que la méditation aide à désamorcer les illusions de vérité, les pensées-pièges et les patterns indésirables en nous dégageant globalement du faire en faveur de l'expérience consciente de l'être silencieux qui réside au plus profond de notre conscience. Or, pour qui veut être bien guidé dans son ouverture à l'être, les leçons de vie du Bouddha cernent de façon très claire les natures distinctes du faire et de l'être, et elles en tirent des conséquences incontournables.

J'aime à résumer la philosophie du Bouddha par sept leçons de vie. Je vais expliquer chacune de ces leçons en m'inspirant de la jeunesse du Bouddha telle qu'elle est racontée par la tradition. Est-ce que la vie du Bouddha s'est déroulée exactement comme ce que ces histoires racontent ? Je crois que non, car l'absence de documents historiques sur les détails précis de sa vie a sans doute laissé place à beaucoup d'imagination. Au cours des siècles qui ont suivi son époque, les bouddhistes ont produit des versions romancées de sa vie comme on trouve des biographies plus ou moins romancées d'autres grands personnages de l'histoire. Par ailleurs, est-ce que le Bouddha a eu le genre de prises de conscience auxquelles font référence ces histoires ? Je suis persuadé que oui. C'est la nature de ces prises de conscience qui est encore aujourd'hui le message universel et l'héritage le plus précieux légué par le Bouddha. Allons-y maintenant de la première prise de conscience ou leçon de vie.

Nous sommes sous l'emprise du changement

D'après les historiens, le Bouddha a vécu au 6e siècle av. J.-C. La tradition raconte qu'il est né dans une famille royale du nord de l'Inde, sous le nom de Gautama. Quand son père, le roi, consulta son astrologue au sujet du destin du nouveau-né, on lui répondit que, selon les circonstances, il pouvait devenir un grand souverain qui poursuivrait l'œuvre de son père, ou encore un moine errant qui aurait abandonné tous les biens matériels. Apeuré par l'éventualité que son fils puisse être dénué de tout intérêt pour la pérennité de sa lignée, le roi fit en sorte que Gautama grandisse dans un environnement complètement aseptisé de tout sujet décevant tel que la laideur, la dégénérescence ou la maladie. Il le garda toujours à l'intérieur du palais et mit à sa disposition toutes les sources de plaisirs imaginables de son époque en prenant bien soin de lui épargner toute déception. Le roi espérait que Gautama ne souhaite que la continuité de sa merveilleuse vie princière et qu'il n'ait aucune attirance pour rien d'autre.

Cependant, le prince était curieux de ce qui pouvait exister en dehors de l'enceinte du palais. Un jour, il demanda à Chandaka, son homme de confiance, de lui servir de cocher et de le conduire incognito dans la ville entourant le palais. À son grand étonnement, il aperçut sur sa route un homme ridé et décrépi, aux cheveux blancs, qui marchait péniblement, courbé sur sa canne. Il dut s'ensuivre un dialogue semblable à celui-ci.

— Qui est-ce? demanda-t-il à son cocher.

— C'est un vieillard, répondit son guide.

— Un vieillard? Qu'est-ce qu'un vieillard?

— C'est un homme usé par le temps, un homme qui, avec l'âge, a perdu sa beauté, sa force et ses capacités.

— En est-il ainsi de tous les hommes?

— Malheureusement oui, mon prince.

Jusqu'à ce jour, la vie était apparue à Gautama comme une éternelle jeunesse. Mais la vue de cet homme dépéri et diminué défit l'illusion de vérité dans laquelle il avait vécu. La vie n'était donc pas le long fleuve tranquille d'une jeunesse qui s'abreuverait indéfiniment à la fontaine de Jouvence. Tôt ou tard, cette vie de rêve serait confrontée à la dégénérescence. Le prince demanda à son cocher de retourner au palais, mais resta profondément absorbé par la terrible désillusion qu'il venait de vivre.

Nous sommes sous l'emprise de la souffrance

La curiosité de Gautama avait été piquée à vif. «Qu'est-ce que j'ignore encore à propos de la vie? se demandait-il. Est-ce que je suis aveuglé par d'autres illusions de vérité?» Il convia Chandaka à une nouvelle exploration de cet énigmatique univers qui grouillait au-delà des limites du palais. Au bout de quelques minutes, il aperçut un homme étendu au sol qui criait à l'aide et râlait en prononçant des mots incompréhensibles. Gautama interrogea sans doute son guide ainsi:

— Qu'est-ce que c'est?

— C'est quelqu'un qui semble malade et en douleur.

— Malade et en douleur?...

— Oui, le corps subit éventuellement des déséquilibres qui l'amènent à souffrir, à faire l'expérience inverse des plaisirs, une expérience désagréable qu'on appelle la «douleur» ou la «souffrance».

— Quelle souffrance que d'apprendre l'existence de la souffrance, d'apprendre que les plaisirs peuvent se transformer dans leur contraire !

Le prince était atterré de voir son univers s'écrouler et en même temps satisfait de pouvoir envisager la vie avec une lucidité à laquelle il n'avait jamais eu accès avant de sortir du palais.

Lors d'une troisième sortie, il aperçut une procession au milieu de laquelle on transportait une jeune personne couchée sur un grabat et ornée de guirlandes de fleurs. Il dut sans doute poser la question suivante :

— De quoi s'agit-il ?

— C'est une procession funéraire.

— Funéraire ?

— Oui, c'est un mort, une personne qui a perdu la vie et que l'on amène à la crémation.

— Et vous me dites maintenant que l'on peut perdre la vie ? Quel paradis perdu ! Quel constat intolérable !

Il est possible de nous libérer du changement et de la souffrance

Malgré son impression d'aller de traumatisme en traumatisme à chacune de ses sorties, le prince voulait en avoir le cœur net. Il tenait à se libérer de ses illusions de vérité et à s'assurer que rien des réalités de la vie ne lui serait caché ou continuerait de lui échapper.

Quand il s'aventura dans la ville une quatrième fois, il croisa un moine errant qui rayonnait d'une grande paix. Le prince lui ayant fait part de ses découvertes consternantes, le sage lui répondit qu'il était possible de se libérer de l'impermanence et de la souffrance. « C'est un tel homme que je veux devenir », se dit sans doute Gautama.

Pour éviter les foudres et la répression de son père, le prince s'échappa du palais au milieu de la nuit et commença à mener une vie de moine errant. Il séjourna auprès de quelques maîtres en méditation, sans toutefois parvenir à cette libération dont le sage lui avait parlé. Un jour, Gautama s'installa sous un immense arbre banyan (un figuier), déterminé à y rester jusqu'à ce qu'il eût atteint la libération. C'est effectivement ce qu'il parvint à faire. Appelé aujourd'hui Bodhgaya, cet endroit, situé dans le nord de l'Inde, constitue le plus important lieu de pèlerinage pour les bouddhistes du monde entier. C'est en vertu de cette libération que Gautama fut désormais appelé le Bouddha, c'est-à-dire l'« éveillé ». Mais qu'est-ce que cela veut dire ? En quoi consiste la libération ou l'éveil ? Comment y parvenir concrètement ? C'est ce que le Bouddha se mit à enseigner pour le reste de sa vie. Et c'est ce que je tenterai de résumer dans ses quatre dernières leçons de vie.

Il n'est pas possible de nous libérer du changement par l'expérience des choses changeantes

Pour bien saisir le message de libération du Bouddha, il est important de comprendre d'abord ce par quoi il est impossible de se libérer. Observons attentivement comment nous vivons le changement ou l'impermanence. Parce que les choses changent continuellement autour de nous et en nous, notre première impression est que nous faisons l'expérience de l'impermanence de deux sortes de choses : celles qui nous entourent et celles qui se produisent en nous.

Cependant, notre expérience des choses qui nous entourent ne se produit qu'à travers nos sensations, nos émotions et nos pensées. Pensons-y bien : pas de sensation, d'émotion ni de pensée, pas d'expérience du monde. En dernière analyse, notre expérience de l'impermanence se ramène au caractère changeant de nos sensations, de nos émotions et de nos pensées. Les choses impermanentes sont donc essentiellement nos sensations, nos émotions et nos pensées. Parce que ces expériences internes sont en changement continuel, elles sont par nature impermanentes. Et parce qu'elles sont impermanentes, conclut le Bouddha, elles restent toujours sous l'emprise de la souffrance même lorsqu'elles sont agréables.

Pour clarifier cette conclusion, le Bouddha identifie trois types de souffrance. D'abord, la souffrance immédiate, comme la douleur physique résultant du fait de heurter violemment une surface rigide, la douleur d'une peine d'amour ou encore celle d'un reproche envers soi que l'on trouve injustifié. Ensuite, il y a la souffrance causée par le changement. Dans la mesure où nos plus grands bonheurs sont nourris par nos sensations, nos émotions et nos pensées, ils sont tout autant soumis à l'impermanence que ces expériences internes. Même les plus grands bonheurs du présent sont donc toujours potentiellement de la souffrance parce qu'ils sont voués à ne pas durer dans l'avenir, du moins pas toujours avec la même intensité. On sait par exemple que même l'amour passionné connaît des fluctuations, et finit parfois par un divorce, ou qu'il n'est pas à l'abri du décès de l'un ou l'autre des conjoints. La troisième sorte de souffrance est causée par la limitation. De ce point de vue, même les plus grands bonheurs, au moment exact où on les vit, ont une ampleur limitée au sens où ils ne sont pas littéralement infinis ou sans limites. On comprendra mieux leur nature limitée à la lumière de ce que nous verrons plus loin sur le nirvana qui, selon le Bouddha, est le seul bonheur exempt de limitation et donc de souffrance.

Le Bouddha conclut donc que nos sensations, nos émotions et nos pensées restent toujours sous l'emprise de l'impermanence et de la souffrance. En conséquence, il affirme qu'on ne pourra jamais y trouver un bonheur complet et durable qui puisse nous libérer définitivement de la souffrance. Ce serait espérer trouver un bonheur permanent en le cherchant dans ce qui est impermanent. Ce serait espérer nous libérer du bruit par le bruit ou de la noirceur par la noirceur.

Il existe évidemment de très nombreuses définitions du bonheur qui toutes peuvent avoir leur sens et leur valeur. Ce qui caractérise le Bouddha, à l'instar d'autres grands maîtres de la méditation, c'est qu'il n'a pas abordé la quête du bonheur à partir d'un compromis. Il a conçu le bonheur le plus complet et le plus durable qu'un être humain puisse vivre et le plan d'action le plus susceptible de le mener à ce bonheur idéal.

Nous trouvons d'ailleurs ici l'épanouissement du principe de base de la logique émotionnelle dont nous avons parlé plus tôt. Nous recherchons viscéralement le plus grand plaisir et la moindre douleur. Mais quel est le plaisir ultime ? Le Bouddha enseigne que, logiquement, il doit se trouver au-delà du changement, et donc au-delà des pensées, des sensations et des émotions.

Il est possible de nous libérer par l'expérience de ce qui est au-delà des choses changeantes

Nous avons établi que la solution à l'impermanence et à la souffrance doit être ailleurs que dans les sensations, les émotions et les pensées, parce que celles-ci sont, par nature, changeantes, impermanentes, et donc tôt ou tard imbriquées dans la souffrance. La solution à la souffrance doit donc introduire une dimension qui n'est pas soumise au changement. Pour être au-delà du changement, elle doit être au-delà du faire, puisque le faire, c'est-à-dire l'activité, mentale ou physique, a un commencement et une fin, comme tout ce qui est soumis au changement et qui est impermanent.

Cet au-delà de la dimension faire est la dimension *être*. Cette dimension n'a ni commencement ni fin. Elle est au-delà de toute forme particulière et changeante, tout en étant le lieu où apparaissent toutes les formes changeantes. Comme nous l'avons souligné, la dimension être est comparable à la façon dont l'espace physique nous apparaît au quotidien. L'espace physique est le lieu qui permet aux objets et aux mouvements de prendre place, tout en restant inchangé par ces objets et ces mouvements. Tout en étant la condition de possibilité de tous les changements, l'espace ne nous semble pas lui-même soumis au changement.

Ainsi en est-il de la dimension *être*. Elle est cet aspect de notre conscience toujours silencieux et pleinement contenté malgré les hauts et les bas des sensations, des émotions et des pensées de notre dimension faire. Étant une dimension de notre conscience, l'être est accessible par notre conscience. Pourtant, il reste inaperçu par la plupart des humains, de la même façon que peu de gens s'attardent à la dimension de l'espace au-delà des objets qui s'y manifestent.

C'est cette dimension de sa propre conscience que le Bouddha a finalement atteinte sous l'arbre banyan où il s'était installé pour méditer. Il y a fait l'expérience directe de *l'être de sa conscience*, de cette plénitude silencieuse et immuable qui est au-delà de l'impermanence et de la souffrance parce qu'elle est au-delà de la dimension faire et de ses modalités que sont les sensations, les émotions et les pensées. Cette expérience était si différente de la conscience ordinaire que le Bouddha préféra ne pas la désigner avec les termes « être » et « conscience ». Il voulait souligner qu'elle était au-delà des états de conscience emprisonnés par l'impermanence.

Il est possible de nous libérer de façon permanente en cette vie par l'expérience *simultanée* des choses changeantes et de ce qui est au-delà des choses changeantes

Évidemment, sans aucune sensation, aucune émotion, ni aucune pensée, nous ne serions plus actifs ni même vivants dans le monde. Nous ne pourrions pas faire l'expérience de la libération en tant qu'êtres humains. C'est pourquoi la libération complète de l'impermanence et de la souffrance se produit lorsque l'être humain atteint un état de conscience optimal qui combine à la fois l'expérience du faire et l'expérience de l'être dans leur plénitude respective. L'être humain est alors conscient de la dimension *faire* de sa conscience à travers les sensations, les émotions et les pensées, tout en restant ancré consciemment dans la dimension *être* de sa conscience toujours identique à elle-même, complètement silencieuse et paisible, tout à fait sereine et comblée d'un contentement inégalé.

C'est comme si vous étiez l'espace physique, comme si vous étiez un lieu qui perçoit les objets et les mouvements qui se transforment sans cesse en lui, tout en restant toujours conscient qu'il n'est jamais lui-même soumis à ces changements, qu'il est un contenant libre de tous les objets et de tous les mouvements qu'il contient. Dans toute son étendue, l'espace de votre conscience, c'est la dimension *faire* sous la forme des sensations, des émotions et des pensées et, en même temps, la dimension *être* qui contient les fluctuations incessantes de cette dimension *faire* tout en restant libre de ses limites et de ses changements. Le Bouddha appelait « nirvana » cet état de conscience optimal qui rassemble consciemment la plénitude de l'être en même temps que celle du faire et qui seul peut libérer, de façon durable, de l'impermanence et de la souffrance. C'est à cet état de conscience optimal qu'il s'était donné comme mission d'éveiller ses contemporains.

Le moyen par excellence pour parvenir à l'expérience libératrice est la méditation

Lorsque l'on est en mouvement et que l'on veut s'arrêter, on diminue normalement notre vitesse jusqu'à l'arrêt complet. Lorsque l'on veut parvenir à l'arrêt mental que constitue le sommeil, on crée d'abord les conditions pour permettre l'apaisement graduel de l'esprit: on s'étend, on ne cherche pas à nourrir un quelconque filon de pensée et ainsi de suite.

Le même type de processus est nécessaire pour parvenir *consciemment* à la dimension *être* de notre conscience qui n'est pas soumise au faire. Pour amener à l'expérience consciente du non-faire de l'être, il faut diminuer l'intensité du faire tout en restant vigilant. Ce processus est central dans la méditation axée sur l'apaisement. Il s'agit d'une intériorisation consciente de l'attention qui apaise peu à peu l'activité mentale comme si on diminuait graduellement le volume des sons dans un environnement particulier. Cette pratique est essentielle pour ouvrir la conscience à l'être et pour en imprégner si bien l'esprit qu'il puisse éventuellement faire l'expérience permanente de la plénitude de l'être en même temps que celle du faire.

Quand le Bouddha s'est assis sous un arbre en faisant le serment de ne pas le quitter tant qu'il n'aurait pas atteint l'éveil, il y est arrivé par la méditation. Que ce soit dans sa vie personnelle ou dans son enseignement, la méditation était pour le Bouddha l'outil essentiel pour se libérer du changement constant du faire et de la souffrance qui l'accompagne. La méditation est le temps d'arrêt du faire et le moment privilégié de l'être.

Comment tout cela peut-il se traduire pour nous aujourd'hui? Le fait de vous parler ainsi des réalisations spirituelles du Bouddha est comme vous décrire les exploits d'un des plus grands athlètes olympiques. Inspiré par un athlète exceptionnel, vous pourriez réagir d'au moins trois façons différentes. Vous pourriez former la résolution de devenir comme lui et de vous entraîner à un niveau d'intensité professionnel. Vous pourriez choisir de vous entraîner dans un contexte de compétition, mais à un niveau d'intensité amateur, ou encore vous pourriez simplement choisir de mener une vie saine et active sans aucune compétition. Dans tous les cas, *le plus important aurait été de vous orienter dans la bonne direction*, c'est-à-dire vers une vie saine et active. De façon semblable, inspiré par le Bouddha ou par n'importe quel grand maître, vous pourriez mener une vie semblable à la sienne. Ou vous pourriez donner une place particulièrement importante à la méditation avec des durées de pratique prolongées et des retraites régulières de méditation, tout en continuant une vie relativement normale. Vous pourriez enfin intégrer à votre horaire deux périodes de méditation de 20 minutes par jour et poursuivre le reste de votre vie comme avant. Dans tous les cas, *le plus important aurait été de vous orienter dans la bonne direction*, c'est-à-dire vers un meilleur équilibre entre la dimension faire et la dimension être dans votre vie.

Si vous estimez qu'il existe en vous une plénitude de l'être au-delà du faire, il est possible de vous y ouvrir graduellement et d'en faire l'expérience directe par la pratique de la méditation. Que vous soyez bouddhiste, hindou, chrétien, musulman, juif, shintoïste, taoïste, chamaniste, fidèle de toute autre religion ou d'aucune religion, quelle que soit la façon dont vous vous représentez la dimension qui est au-delà des conditions courantes de l'existence, la méditation axée sur l'apaisement vous ouvre à cette plénitude.

En même temps, il n'est pas nécessaire de croire à cette dimension être pour tirer avantage de la méditation. Si vous êtes athée, si vous êtes matérialiste et si vous ne croyez pas à cette dimension, la méditation peut encore se révéler un moyen privilégié pour incarner de plus en plus profondément la sagesse personnelle qui est la vôtre.

La méditation axée sur l'apaisement est donc fondamentale : chaque jour, prendre le temps de vous arrêter, de vous déposer en vous-même, de faire le vide pour refaire le plein, pour être de plus en plus en paix avec vous-même et avec les autres. Évidemment, les méditations axées sur l'observation, surtout celles qui procurent une bonne dose d'apaisement, et les méditations axées sur l'assimilation de principes altruistes contribuent aussi, à leur manière, à l'enracinement conscient dans la plénitude de l'être et la paix intérieure.

Réflexion sur les leçons de vie de Bouddha

Pour faire le point sur ce que vous concluez concrètement des sept leçons de vie du Bouddha, prenez d'abord le temps de les relire attentivement ci-dessous. Notez ensuite dans votre cahier l'éclairage qu'elles portent sur votre vie actuelle ainsi que les conclusions pratiques que vous en tirez.

1. Nous sommes sous l'emprise du changement.
2. Nous sommes sous l'emprise de la souffrance.
3. Il est possible de nous libérer du changement et de la souffrance.
4. Il n'est pas possible de nous libérer du changement par l'expérience des choses changeantes.
5. Il est possible de nous libérer par l'expérience de ce qui est au-delà des choses changeantes.
6. Il est possible de nous libérer de façon permanente en cette vie par l'expérience *simultanée* des choses changeantes *et* de ce qui est au-delà des choses changeantes.
7. Le moyen par excellence pour parvenir à l'expérience libératrice est la méditation.

Il est tout à fait possible de comprendre les réalisations spirituelles attribuées au Bouddha et à d'autres grands maîtres dans le contexte laïque des états de conscience majeurs dont l'être humain peut faire l'expérience. Si bien que ces réalisations sont aujourd'hui concevables d'un point de vue logique et scientifique. Elles peuvent être comprises comme les formes ultimes d'épanouissement accessibles à l'être humain et elles mettent en évidence les possibilités de la méditation à plus long terme. Tel sera mon propos dans les deux prochains chapitres.

CHAPITRE 37

LES ÉTATS DE CONSCIENCE OPTIMAUX

On trouve dans de nombreux livres et documents audiovisuels des références à des états plus évolués que les états de conscience ordinaires, mais leur description est loin d'être toujours claire. Si l'on veut cheminer vers ce qui est présenté comme le niveau ultime de l'épanouissement, il est important de comprendre précisément de quoi il s'agit, de s'assurer que le tout se tient logiquement et d'utiliser les moyens les plus pertinents pour y parvenir. Pour comprendre les états de conscience optimaux, rien de mieux que de les mettre en contraste avec les états de conscience ordinaires. J'identifierai donc en premier lieu quelques caractéristiques fondamentales des états de conscience ordinaires.

Le moi actif

Dans l'état de veille ordinaire, nous nous percevons comme l'agent de nos diverses expériences. Nous nous voyons notamment comme l'agent de nos pensées. Nous exprimons tout naturellement ce phénomène par des énoncés comme «*Je pense*» à telle ou telle chose. Autrement dit, nous nous percevons comme le penseur de nos pensées. Cela nous semble aller de soi. Nous connaissons même en ce sens le fameux énoncé de Descartes: «Je pense, donc je suis.» Nous avons aussi l'impression d'être l'agent de nos sensations. Nous pouvons dire bien naturellement, par exemple: «*Je perçois* mon corps et le monde à travers mes cinq sens.» Nous estimons que notre moi est le producteur de ces perceptions. Nous avons également l'impression d'être l'agent de nos émotions et nous l'exprimons par des expressions comme «*Je ressens*» des émotions telles que la tristesse, la peur ou la joie. Tout dans notre expérience semble nous indiquer que notre moi fondamental éprouve bel et bien ces émotions, de telle sorte qu'il en est influencé positivement ou négativement. Nous avons finalement l'impression d'être l'agent des mouvements du corps quand nous énonçons des choses comme «Je bouge», «Je marche» ou «Je suis tombé».

Or, du point de vue des états de conscience optimaux, ces expériences appartiennent à la dimension faire de la conscience et ne reflètent pas la réalité de la dimension être, qui est une plénitude silencieuse et immuable, libre des fluctuations de toute activité. C'est lorsque notre esprit est complètement absorbé par la dimension faire de la conscience que nous avons l'impression d'être l'agent de nos expériences. Toutefois, essentiellement au moyen de la méditation, il est possible d'ancrer notre esprit dans la dimension être de la conscience, dans cette plénitude immuable au plus profond de nous, et de nous libérer ainsi de l'impression d'être un moi actif et changeant au fil de ses expériences, tout en étant toujours conscients de la dimension faire de notre conscience à travers les pensées, les émotions et les sensations.

La dimension de votre conscience libre comme l'espace

À mon avis, la meilleure façon de comprendre cette expérience est de comparer la conscience à l'espace physique. J'y ai fait allusion dans les pages précédentes, mais il sera éclairant de s'y attarder davantage.

Tel que nous en faisons l'expérience au quotidien, l'espace physique contient des objets, tout en étant distinct de ces objets. L'espace est un contenant par rapport au contenu que sont les divers objets possibles. Mais l'espace peut nous sembler circonscrit par ces objets. Les contours des objets qui occupent l'espace ont presque toujours plus d'importance que l'espace lui-même dans notre conscience, si bien que l'espace peut sembler confiné par ces objets et prisonnier de leurs limites. Nous savons pourtant que ce n'est qu'une impression, puisqu'en réalité, l'espace reste toujours illimité. On ne peut lui assigner ni un début ni une fin. La nature illimitée de l'espace n'est jamais perturbée ni amoindrie par l'existence et le va-et-vient des objets en lui.

Imaginez maintenant que votre conscience est comme l'espace. Elle est le contenant de tous les objets de votre monde mental. Ces innombrables objets se réduisent à aussi peu que trois grandes catégories: vos sensations (incluant les sensations corporelles), vos pensées et vos émotions. Sensations, pensées, émotions vont et viennent dans l'espace de votre conscience. De la même façon que pour l'espace physique, votre conscience peut sembler circonscrite, limitée et emprisonnée par ces objets de votre monde mental. Cependant, les états de conscience atteints surtout par la méditation axée sur l'apaisement permettent le même renversement de perspective que pour l'espace physique. De la même manière que vous pouvez prendre tout à coup conscience que l'espace n'est jamais circonscrit et limité par les objets du monde physique, vous pouvez aussi réaliser que votre conscience n'est jamais circonscrite et limitée par les objets de votre monde mental que sont les sensations, les émotions et les pensées.

Quand l'apaisement de votre esprit vous amène à l'expérience de votre conscience dans toute sa plénitude, elle vous paraît comme un espace tout à fait paisible et serein, empreint d'un contentement parfait. Les objets d'expérience que sont vos sensations, vos pensées et vos émotions vont et viennent sans que soit perturbée ou amoindrie la plénitude de l'espace de votre conscience.

Sensations, pensées, émotions sont comme des bouffées de vapeur qui semblent émaner de l'espace de votre conscience, mais elles n'emprisonnent pas sa plénitude dans leurs limites. Comme si votre conscience sécrétait vos expériences sans que sa plénitude en soit altérée d'aucune façon. Vous restez ancré dans la plénitude, le contentement et la liberté inébranlables de votre conscience en même temps que vous êtes conscient des sensations, des pensées et des émotions qui apparaissent et disparaissent au gré de vos expériences.

Une définition adéquate de l'éveil spirituel et des états de conscience optimaux doit ainsi mettre en lumière leur nature transcendantale au sens où ils ouvrent sur l'au-delà du faire. Les états de conscience optimaux sont avant tout l'expérience de soi comme non-faire, un état où la conscience de soi est libérée de l'impression d'être un moi actif affecté par les limites, les insatisfactions et les souffrances de la dimension faire de notre vie.

Les trois principales étapes des états de conscience optimaux

Au cours de mes études en histoire des religions, je me suis beaucoup intéressé aux aspects universels des expériences semblables à celles dont le Bouddha a témoigné. Malgré des différences importantes d'une tradition à l'autre, j'ai tenté de voir s'il existe des étapes communes lors du cheminement vers ce niveau de la conscience qui est au-delà du faire, vers la plénitude de sa dimension être qui définit les états de conscience optimaux. J'ai pu identifier trois étapes fondamentales dans le développement de ces états de conscience. Ces étapes peuvent être comprises dans une optique laïque et, comme nous le verrons au chapitre suivant, elles se sont prêtées à l'expérimentation et à la compréhension scientifique.

L'apaisement

La première étape de l'accès à la dimension de la conscience qui se trouve au-delà du faire est l'expérience de l'apaisement graduel de l'activité mentale (pensées, émotions et sensations), principalement par la pratique de la méditation. Je l'appelle l'« étape de l'apaisement ».

La conscience pure sans objet

La deuxième étape est celle où, au comble de l'apaisement, les pensées, les émotions et les sensations disparaissent, ne serait-ce que pour quelques secondes, mais où l'on reste éveillé. C'est l'arrêt *à la fois* complet et conscient de l'activité mentale, que j'appelle l'« étape de la conscience pure sans objet ». C'est le silence de la conscience. Mais, à l'inverse du sommeil, l'esprit reste tout à fait éveillé dans un état paisible et serein. Quand je donne mes ateliers sur la méditation, je constate que plusieurs ont déjà vécu cette expérience d'apaisement complet et conscient au moins pour quelques instants.

Sauf si nous souffrons d'insomnie, chaque jour de notre vie, au cours du sommeil profond et sans rêve, nous nous libérons aussi de toutes les limites de notre vie. Elles ont disparu de notre conscience. Il ne reste rien. Nous ne sommes pourtant pas conscients de ce vide pendant que nous y sommes. C'est seulement au réveil que nous constatons l'expérience du vide obtenue durant le sommeil.

Lorsque le processus d'apaisement de la méditation culmine dans la disparition complète de l'activité mentale, les pensées, les émotions et les sensations se dissolvent, et la conscience est aussi dénuée de contenus que lors du sommeil profond, mais l'esprit reste tout à fait éveillé au cœur même de ce vide. Il fait l'expérience de la conscience pure dénuée de tout contenu. Ce vide est une plénitude et un contentement profond. C'est la plénitude de l'être, celle qui est au-delà du faire, au-delà des pensées, des émotions et des sensations. C'est la dimension silencieuse de notre conscience.

Les expériences de ce «vide plein» de la conscience peuvent être fugaces et peuvent aussi varier en clarté et en intensité. Elles deviennent plus fréquentes, plus claires, plus denses et plus jouissives avec la pratique de la méditation.

La conscience-témoin des objets

La troisième étape est l'expérience simultanée de la plénitude de la dimension silencieuse de la conscience *et* des activités psychiques que sont les pensées, les émotions et les sensations. Je l'appelle l'«étape de la conscience-témoin des objets». C'est comme si vous gardiez en même temps les caractéristiques du sommeil et de la veille, l'expérience d'être libre de toute limite *et* l'expérience de voir les pensées, les émotions et les sensations se déployer au fil de vos activités quotidiennes.

Pour illustrer cette troisième étape, j'utilise souvent l'analogie de la salle de cinéma. La vie humaine peut être comprise globalement sous l'angle des états de conscience. Tout un chacun expérimente les états de veille, de sommeil et de rêve. Durant notre enfance, on ne prend sans doute pas clairement conscience de la distinction entre ces états avant l'utilisation du langage. Ce dernier permet de les distinguer en les associant à des mots. Par exemple, on apprend ce que veut dire aller faire dodo. On découvre aussi le phénomène des rêves, souvent à travers les cauchemars, quand nos parents nous révèlent que les rêves ne sont pas la réalité. Bientôt, la succession des états de veille, de sommeil et de rêve devient une des choses les plus évidentes et banales de notre vie. C'est comme si, en très bas âge, nous constations que notre vie est un film qui met en scène la succession de nos états de veille, de sommeil et de rêve, le tout étant projeté devant nous comme dans une salle de cinéma. Ce cycle recommence toutes les 24 heures jusqu'à la fin de nos jours.

Méditer, c'est comme si, pendant que le film met en scène l'état de veille, on affadissait temporairement les couleurs et les formes, comme si elles s'estompaient graduellement. La méditation les rend moins vives, plus transparentes, jusqu'à ce qu'il n'y ait presque plus de formes ou de couleurs perceptibles. Finalement, toute couleur et toute forme disparaissent. On découvre alors l'écran blanc derrière le film. On ignorait l'existence de cet écran puisque le film était déjà commencé lorsque, très jeune, on en avait pris conscience... Cette découverte de l'écran blanc s'apparente à l'expérience de la conscience pure au plus profond de l'apaisement durant la méditation.

À mesure que l'on pratique la méditation et que l'on s'apaise, on se familiarise avec les couches les plus profondes de notre conscience, on se dépose fois après fois dans cette paix intérieure qui culmine un jour dans l'expérience de la conscience pure. Si l'on revient à l'analogie, avec le temps, on devient de plus en plus ouvert à l'écran, de plus en plus enraciné en lui de manière consciente, même lors du retour aux activités quotidiennes. Si bien qu'éventuellement, même quand le film est projeté en continu, il n'éclipse plus l'écran. Les états de veille, de sommeil et de rêve ne cachent plus la conscience pure même en dehors des périodes de méditation.

C'est comme si notre esprit se plaçait entre le film et l'écran et restait conscient à la fois du film (c'est-à-dire la succession des états de veille, de sommeil et de rêve) et de l'écran (c'est-à-dire la conscience pure qui n'est jamais affectée par quoi que ce soit). L'écran reste toujours identique à lui-même, quel que soit le contenu du film. C'est donc une illusion de penser que l'écran est modifié et affecté par le film. De la même façon, quelles que soient nos expériences de vie, quels que soient les contenus des états de veille, de sommeil et de rêve, quelles que soient nos émotions, nos pensées et nos sensations, il existe en nous une dimension immuable, notre dimension être, appelée aussi conscience pure, qui est toujours en paix et où l'esprit peut rester ancré consciemment en même temps qu'il poursuit ses activités quotidiennes. Alors, pour ainsi dire, le film n'ombrage plus l'écran et l'écran n'est plus affecté par le film.

La troisième étape de l'accès à l'au-delà du faire, que je viens de décrire, constitue une défusion cognitive complète par rapport à l'impression d'être un moi actif. Alors que, dans l'état de veille ordinaire, on se perçoit comme un moi qui pense, qui ressent, qui perçoit et qui subit les hauts et les bas de ces expériences, dans cet état de conscience-témoin, la conscience est ancrée dans le non-faire de l'être, elle est inactive et silencieuse. Libre du faire, des limites et des vicissitudes des pensées, des émotions et des sensations, elle est contentée par la plénitude de l'être. Dans le bouddhisme, lorsque l'expérience de cet état de conscience-témoin est permanente, c'est le nirvana.

En même temps que ce détachement complet, apparaît toutefois le constat paradoxal que les expériences de vie ont toutes lieu à l'intérieur de la conscience. C'est comme si l'espace physique prenait soudain conscience *à la fois* qu'il n'est jamais affecté par l'apparition, le mouvement et la disparition des objets en lui et que, paradoxalement, tous ces objets n'existent nulle part ailleurs qu'en lui. L'expérience de la conscience-témoin donne donc lieu au contentement profond, au détachement serein et à la liberté intérieure par rapport à toutes les fluctuations mentales mais, en même temps, à l'inclusion de ces mêmes mouvements de va-et-vient comme s'ils n'étaient que des vagues de notre propre conscience. Avec un brin d'humour, Maharishi Mahesh Yogi affirme que l'expérience de la conscience-témoin, c'est comme vivre 200 % de la vie, 100 % d'une plénitude intérieure inébranlable et 100 % des plaisirs que la vie nous procure et qui ressemblent au mouvement des vagues sur l'immensité de l'océan.

Les processus personnels de l'accès aux états de conscience optimaux

À mes yeux, tout être humain a la capacité d'accéder aux états de conscience optimaux à travers les trois étapes que sont l'apaisement, la conscience pure sans objet et la conscience-témoin. Que l'on adhère ou non à une tradition spirituelle et quelle que soit la manière dont on conçoit et on nomme ces expériences et ces étapes de façon personnelle ou à travers la perspective de telle ou telle tradition, leur accès est universel.

Les étapes de l'apaisement, de la conscience pure sans objet et de la conscience-témoin ne sont pas forcément linéaires. Par exemple, des gens ont rapporté des expériences de conscience pure sans avoir jamais médité. On peut aussi avoir des expériences de conscience-témoin des objets sans avoir jamais eu l'impression de passer par la deuxième étape de la conscience pure dénuée de tout objet. Ces deux dernières étapes se développent d'ailleurs habituellement par *flash* et ont des durées variables.

L'accès aux états de conscience optimaux est une expérience personnelle unique parce qu'elle est intimement liée à l'histoire de chacun. Toutefois, à travers mes propres expériences, celles des personnes que j'ai côtoyées et mes diverses lectures, j'ai pu y remarquer des tendances communes. Globalement, en cheminant vers ces états, vous notez plus rapidement les mécanismes qui vous mènent à des pensées et à des émotions négatives et vous passez plus vite à une résolution de problème ou encore, dans les cas où vous ne pouvez rien changer, vous lâchez prise plus vite pour accepter simplement ce qui est.

Vous voyez s'installer progressivement en vous un état de conscience où les pensées et les émotions négatives deviennent moins nombreuses et où leurs contreparties positives viennent à dominer largement. Peu importe les fluctuations du positif et du négatif dans votre vie, vous restez de plus en plus ancré dans la sérénité et le contentement qui sont la nature de votre for intérieur.

Parce que vous faites l'expérience d'un contentement de plus en plus profond et autonome, vous dépendez de moins en moins des événements extérieurs pour votre bien-être. Vous réagissez de moins en moins compulsivement pour éviter une douleur ou obtenir un plaisir. Vous êtes plus à même de réagir adéquatement aux diverses circonstances de la vie. Vous devenez à la fois plus flexible quand il le faut et plus ferme quand c'est préférable. Le contentement qui s'installe peu à peu en vous fait en sorte que vous appréciez davantage les moments ordinaires de la vie. Vous avez le bonheur facile, comme on dit.

Vous ne devenez pas pour autant plus naïf. Vous restez conscient des aspects négatifs de la vie, mais vous les abordez de plus en plus à partir de la bienveillance et de la compassion. Celles-ci sont l'expression naturelle de cette plénitude intérieure à laquelle vous avez pris le temps de vous éveiller, jour après jour, au fil de votre pratique quotidienne de la méditation.

Quel que soit l'endroit où vous êtes sur votre chemin d'évolution personnelle, il importe beaucoup plus de viser la bonne cible avec le bon moyen, que de savoir à l'avance le temps qu'il vous faudra pour parvenir à votre objectif. Gardez à l'esprit qu'à travers tout ce que vous faites, vous cherchez à maintenir ou à enrichir la qualité de l'expérience de ce que vous êtes ou de ce que vous faites. C'est là toujours votre intention même si le résultat s'avère parfois contraire au bien-être que vous visez. Autrement dit, du point de vue de l'aspiration humaine fondamentale, le faire est un moyen pour maintenir ou intensifier le bien-être ou le bonheur, en soi et autour de soi. Le faire est un outil pour enrichir notre expérience de l'être. Il s'agit donc d'utiliser le faire à bon escient. Ou encore de s'arrêter parfois pour faire le point à propos de l'usage que nous faisons du faire : « Est-ce que ce que je fais en ce moment ou encore le genre de vie que je mène contribue à mon bien-être et à celui des autres ? »

Aborder votre vie à travers cette compréhension fait en sorte que la dimension faire devient moins compulsive. Alors, vous savez mieux donner une place centrale à la dimension être et aux outils comme la méditation, tout en les équilibrant avec la dimension faire.

La pertinence et la valeur des états de conscience optimaux est compréhensible non seulement sur le plan logique, mais aussi compte tenu de l'appui de certaines données scientifiques. Voilà ce que nous examinerons dans le prochain chapitre.

CHAPITRE 38

LA SCIENCE DES ÉTATS DE CONSCIENCE OPTIMAUX

C'est à partir des années 1970 que la recherche scientifique sur les états de conscience associés à la méditation a pris son envol. Les publications de Keith Wallace et de Herbert Benson[8], de l'Université Harvard, sur les effets physiologiques de la Méditation Transcendantale ont vite attiré l'attention de la communauté scientifique et suscité un vif intérêt pour la méditation, qui n'a fait que croître par la suite.

Les premières études sur l'apaisement conscient

Grâce à leurs études, Wallace et Benson ont montré que la méditation induit un état particulier de l'esprit et du corps. Cet état est caractérisé notamment par une diminution significative de la fréquence respiratoire et de la consommation d'oxygène ainsi que par une présence plus marquée des ondes cérébrales *alpha*, qui indiquent un apaisement, tout en étant distinctes des ondes *delta* typiques du sommeil. Les auteurs estimaient que la méditation menait à un quatrième état de conscience distinct des trois premiers états que sont la veille, le sommeil et le rêve. Ce quatrième état combinait d'une certaine façon

---

8. Wallace, R. K. (1970). Physiological effects of Transcendental Meditation. *Science, 167*, 1751-1754 ; Wallace, R. K. *et al.* (1971). A wakeful hypometabolic physiologic state. *American Journal of Physiology, 221*, 795-799.

la vigilance caractéristique de l'état de veille et l'apaisement caractéristique de l'état de sommeil. Benson appela plus tard cet état la « réponse de relaxation ». Il estimait que les expériences mystiques rapportées dans les diverses traditions spirituelles correspondaient à ce type d'état à la fois profondément apaisé et tout à fait vigilant[9].

Une étude sur la conscience pure sans objet

D'autres chercheurs spécialisés dans la Méditation Transcendantale ont essayé de comprendre les états de conscience optimaux de façon plus spécifique. Wallace et Benson avaient défini les caractéristiques de l'état d'apaisement conscient procuré par la méditation. Mais qu'en était-il de l'état le plus profond de la méditation où l'apaisement est complet et où il se produit un arrêt total et conscient des pensées, des émotions et des sensations ?

Il s'agissait donc de mesurer les conditions spécifiques de ce que j'ai appelé dans le chapitre précédent l'« étape de la conscience pure sans objet ». Des témoignages tirés de diverses traditions spirituelles indiquent que cette expérience d'apaisement complet de l'activité mentale est associée à des périodes de suspension de la respiration.

Kesterson et Clinch[10] ont recruté des adeptes de la Méditation Transcendantale qui affirmaient avoir régulièrement ces expériences d'arrêt complet de l'activité mentale tout en restant parfaitement conscients. Ces chercheurs ont constaté que ces expériences étaient systématiquement associées à des périodes de suspension de la respiration qui n'étaient pas compensées par la suite. La plus longue suspension fut de 75 secondes et l'un des participants fut en suspension pendant 6 minutes et 15 secondes au total sur une séance de 10 minutes. Donc, en comparaison avec

---

9. Benson, H. & Klipper, M. Z. (1975). *The relaxation response*. New York : William Morrow and Company.
10. Kesterson, J. & Clinch. N. F. (1989). Metabolic rate, respiratory exchange ratio and apneas during meditation. *American Journal of Physiology, 256*(3), R632-R638.

l'état général d'apaisement conscient induit par la méditation et qui est associé à une diminution de la fréquence respiratoire, on identifiait ici des périodes de suspension de la respiration qui semblaient plus spécifiques à l'apaisement complet dans l'expérience de la conscience pure dénuée d'activité mentale.

Les études sur la conscience-témoin des objets

D'autres chercheurs ont essayé d'identifier des caractéristiques spécifiques de l'état où la conscience est défusionnée de tout contenu (pensées, émotions et sensations) et de l'impression d'être un moi actif, même lorsque le méditant est de retour à ses activités quotidiennes. Dans le chapitre précédent, j'ai appelé cet état l'« étape de la conscience-témoin des objets ». Travis et ses collègues[11] ont recruté des personnes qui affirmaient vivre régulièrement ces expériences de conscience-témoin dans leurs activités quotidiennes.

Dans le but de mesurer leurs ondes cérébrales dans le feu de l'action, on a invité les participants à effectuer des tâches qui exigeaient un niveau élevé de concentration tout en étant entremêlées d'effets de distraction. Selon les résultats obtenus antérieurement avec ce test auprès de sujets dans l'état de veille ordinaire, durant l'accomplissement de ces tâches, on ne se serait normalement pas attendu à la présence d'ondes cérébrales *alpha* synchronisées, ondes associées aux états de relaxation. En effet, ces tâches semblaient trop exigeantes pour que les sujets puissent rester en même temps dans un état de relaxation.

Or, les auteurs de cette expérimentation avaient avancé l'hypothèse que, chez les personnes qui rapportaient des expériences de conscience-témoin durant leurs activités quotidiennes, on trouverait des ondes *alpha* synchronisées. Les résultats de l'étude

11. Travis, F. *et al.* (2002). Patterns of EEG coherence, power, and contingent negative variation characterize the integration of transcendental and waking states. *Biological Psychology, 61*, 293-319; Travis, F. *et al.* (2001). Cortical plasticity, contingent negative variation, and transcendent experiences during the practice of Transcendental Meditation technique. *Biological Psychology, 55*, 41-55.

ont confirmé cette hypothèse, suggérant la présence d'un état de conscience distinct de l'état de veille ordinaire. Les participants semblaient ici dans un état de conscience où l'esprit est engagé dans des pensées, des sensations et des émotions, tout en restant ancré dans une expérience de calme intérieur persistant.

J'ai mentionné que la conscience-témoin peut être vécue en permanence et que cette expérience correspond à ce que le bouddhisme appelle «nirvana». Pour illustrer cet état de conscience, j'ai utilisé l'analogie du film et de l'écran. Ce dernier représente la conscience pure toujours distincte et imperturbable, alors que le film représente la succession des états de conscience que sont la veille, le sommeil et le rêve. L'expérience permanente de la conscience-témoin suppose donc une situation tout à fait inhabituelle, soit le fait de rester consciemment témoin non seulement des activités mentales durant l'état de veille, mais aussi de l'expérience du sommeil pendant que l'on dort.

Mason et ses collègues[12] ont recruté des adeptes de la Méditation Transcendantale qui rapportaient des expériences de conscience-témoin du sommeil. Ils en ont mesuré les ondes cérébrales pendant le sommeil profond (stades 3 et 4). Ils ont trouvé la présence inhabituelle et significative d'ondes *alpha* et *theta* durant le sommeil de ces participants comparés à des méditants de court terme et à des non-méditants. Ces résultats suggèrent de nouveau que certains états de conscience optimaux décrits dans les traditions spirituelles sont associés à des conditions particulières du corps et de l'esprit, qu'ils font partie des possibilités humaines et qu'ils sont accessibles par la méditation.

---

12. Mason, L. I. *et al.* (1997). Electrophysiological correlates of higher states of consciousness during sleep in long-term practitioners of the Transcendental Meditation program. *Sleep, 20,* 102-110.

Les états de conscience optimaux comme partie intégrante du développement de l'adulte

Alexander et ses collègues[13] ont trouvé que l'expérience des états de conscience optimaux va de pair avec un meilleur fonctionnement cognitif, émotionnel et physique. Ils ont montré que plus les méditants ont souvent ce type d'expériences, plus on trouve chez eux les caractéristiques suivantes :

- Apaisement conscient (ondes *alpha* et *theta*, synchronisation de ces ondes, périodes de suspension de la respiration durant la méditation et ralentissement du rythme cardiaque) ;
- Moindres symptômes du stress (anxiété, agressivité, dépression, introversion et traits névrotiques) ;
- Lieu de contrôle interne (*versus* victime de l'environnement) et plus grande actualisation de soi ;
- Plus de créativité (aisance, flexibilité, originalité) ;
- Meilleure concentration ;
- Plus grande rapidité perceptuelle, motrice et psychomotrice, plus de flexibilité psychomotrice ;
- Meilleure intelligence non verbale ;
- Meilleure mémoire de reconnaissance visuelle ;
- Plus grande efficacité du système nerveux (indiquée par une récupération plus rapide du réflexe Hoffman).

---

13. Alexander, C. N. *et al.* (1989). The subjective experience of higher states of consciousness and the Maharishi Technology of the Unified Field : personality, cognitive, perceptual, and physiological correlates of growth to enlightenment. Dans Chalmers, R. *et al.* (1989). *Scientific research on the Transcendental Meditation program : Collected papers,* vol. 4, Switzerland : International Association for the advancement of science of creative intelligence, 2423-2442 ; Alexander, C. N. *et al.* (1987). Transcendental consciousness : A fourth state beyond sleep, dreaming and waking. Dans J. Gackenbach (ed.). *Sleep and dreams : A sourcebook.* New York : Garland Publishing, 282-315 ; Alexander, C. N. *et al.* (1990). Growth of higher stages of consciousness : Maharishi's vedic psychology of human development. Dans C. N. Alexander & E. J. Langer (ed.). *Higher stages of human development.* New York : Oxford University Press, 286-341.

À la suite des travaux de Jean Piaget sur le développement humain, on estimait qu'il ne se produisait pas de développement significatif de la personne après la fin de l'adolescence. Maintenant, on sait que le cerveau n'atteint pas sa maturité avant l'âge de 25 ans. Des experts dans le développement humain voient même la maturation du cerveau comme un processus qui s'étale sur la vie entière et ils considèrent qu'elle est favorisée par l'expérience des états de conscience optimaux[14].

Le grand spécialiste américain de la dépression, le psychiatre Norman E. Rosenthal[15], a publié deux livres sur l'importance des états de conscience optimaux pour le développement complet de l'être humain et sur l'utilité de la méditation pour les atteindre.

À la suite de ses études marquantes sur la théorie de la personnalité, le psychiatre et généticien Claude Robert Cloninger[16] a inclus la dimension de la transcendance de soi parmi les traits de personnalité. Cloninger définit cette dimension comme l'intérêt pour ce qui s'élève au-dessus de l'ordinaire et pour ce qui est au-delà de l'existence individuelle. Cela peut comprendre un attrait pour les valeurs humaines, l'éthique, l'art et la culture, ainsi que pour les expériences de présence divine, d'infini et d'unité avec les choses. Comme Carl Jung, Abraham Maslow et Viktor Frankl (psychiatre ayant survécu aux camps de concentration nazis), Cloninger insiste sur l'idée que l'expérience de la transcendance fait partie intégrante du processus de maturation de la personnalité. Dans son anthologie sur les états de conscience optimaux, Craig Pearson[17] a d'ailleurs montré que l'on trouve des témoignages sur ces états dans diverses cultures du monde.

---

14. Alexander, C. N. & Langer, E. J. (1990). *Higher stages of human development*. New York : Oxford University Press.
15. Rosenthal, N. E. (2011). *Transcendence*. New York : Jeremy P. Tarcher/ Penguin ; Rosenthal, N. E. (2016). *Supermind*. New York : Penguin Random House.
16. Cloninger, C. R. (2004). *Feeling good. The science of well-being*. New York : Oxford University Press.
17. Pearson, C. (2013). *The supreme awakening. Experiences of enlightenment throughout time and how you can cultivate them* (2e ed.). Fairfield : Maharishi University of Management Press.

L'apaisement produit par la méditation ainsi que par le développement des états de conscience optimaux sont évidemment des expériences personnelles. Toutefois, des études scientifiques indiquent qu'elles peuvent avoir un impact social significatif, ce qui les rend encore plus importantes. En résumé, la paix intérieure favorise la paix extérieure. Voilà ce que nous aborderons dans le prochain chapitre.

CHAPITRE 39

LES VERTUS ÉCOLOGIQUES ET PACIFICATRICES DE LA MÉDITATION

Nous savons aujourd'hui que la survie de l'humanité est menacée par les changements climatiques liés aux activités de notre espèce. La révolution énergétique et industrielle de l'ère moderne a donné à l'être humain le pouvoir de s'autodétruire soit par les armes atomiques, soit en conséquence des désastres causés par le stress écologique qu'il impose à la planète. En août 2021, le rapport du Groupe d'experts intergouvernemental sur l'évolution du climat de l'ONU affirmait qu'il faudra diminuer les émissions de gaz à effet de serre de façon radicale, rapide et durable au cours des 30 prochaines années pour stabiliser le réchauffement climatique et limiter ses conséquences désastreuses qui se font déjà sentir sur tous les continents.

L'effet pro-environnement de la méditation

Il me semble que les modifications systémiques nécessaires ne pourront pas avoir lieu si une proportion importante des individus n'est pas sensible à l'urgence de cette démarche écologique et n'a pas la flexibilité ni la créativité nécessaires pour accepter les changements qui s'imposent et les mettre en œuvre. Pour assurer que l'intervention écologique a l'impact rapide et profond requis, la transformation des systèmes sociaux en faveur du respect et de la récupération de l'environnement doit se faire de concert avec celle d'un nombre suffisant d'individus.

La méditation peut-elle rehausser la conscience écologique des individus et augmenter leurs comportements pro-environnement ? Je vois l'impact écologique de la méditation de la même façon que son impact d'harmonisation interpersonnelle. À mes yeux, la méditation amène à un plus grand *respect*, à la fois à l'égard de soi-même, des personnes et de l'environnement.

Je conçois la logique interpersonnelle *et* pro-environnementale de la méditation de la manière suivante :

Plus il y a d'apaisement conscient,
plus il y a de contentement autonome.

Plus il y a de contentement autonome,
moins il y a de compulsion.

Moins il y a de compulsion,
plus il y a de respect.

Plus il y a de respect,
moins il y a de souffrance.

Cette logique met en évidence l'importance de la transformation de notre état de conscience en tant qu'individus pour l'impact pro-environnemental dont nous avons besoin. Elle affirme que plus on trouve son contentement dans la plénitude de l'être en soi-même, plus on peut maintenir une paix intérieure autonome au quotidien, moins on dépend des circonstances extérieures pour son contentement et moins on est avide des satisfactions qui proviennent des objets dans l'environnement. Moins on recherche ces objets de façon compulsive et abusive pour soi-même, les autres et l'environnement, plus on a de respect pour soi-même et pour ce qui nous entoure.

À ma connaissance, il n'y a pas encore d'étude scientifique rigoureuse sur l'impact pro-environnemental de la pratique de la méditation. Les résultats à ce jour donnent des indications plutôt que des preuves. On sait que la méditation pleine conscience développe l'ouverture, l'acceptation, l'empathie[18] et les buts intrinsèques[19], comme la croissance personnelle et les relations interpersonnelles positives, des qualités qui sont contraires à la domination sociale. Des chercheurs se sont donc intéressés aux liens entre la pleine conscience, la domination sociale et les comportements pro-environnement. D'après les résultats obtenus par Panno et ses collègues[20], la pleine conscience est associée à une moins grande domination sociale, qui, à son tour, est associée à des comportements pro-environnement plus fréquents. Toutefois, ces résultats préliminaires n'ont pas encore été confirmés par des études prospectives concernant l'impact de la pratique de la méditation comme telle sur les comportements pro-environnement.

Il reste, me semble-t-il, que le changement véritable des sociétés est inséparable d'un changement dans le sens désiré chez un nombre suffisant d'individus. Plus saines et créatives seront les consciences individuelles dans une société, plus elles seront disposées à comprendre la vision écologique, à se l'approprier, à l'appliquer concrètement, à y contribuer par leur propre créativité pro-environnement et à exiger l'équivalent de la part de leurs institutions. Envisager que la société devienne vraiment plus respectueuse de l'environnement inclut le recours à des outils comme la méditation afin que le plus grand nombre de citoyens aient les dispositions mentales flexibles et créatives qui seront nécessaires pour concrétiser cette vision à la fois sur les plans individuel et social.

---

18. Panno, A. *et al.* (2018). Mindfulness, pro-environmental behavior, and belief in climate change: The mediating role of social dominance. *Environment and Behavior, 50,* 864-888.
19. Kasser, T. (2005). Frugality, generosity, and materialism in children and adolescents. Dans K. A. Moore & L. H. Lippman (ed.). *What do children need to flourish?* (p. 357-373). New York: Springer.
20. Panno, A. *et al.* (2018). *Ibid.*

L'effet pacificateur de la méditation

J'ai affirmé plus haut que l'apaisement conscient est à la base du contentement autonome et qu'il favorise ainsi le respect de l'environnement. Des études scientifiques suggèrent que tout en étant ressenti d'abord par les individus, cet apaisement conscient produit aussi un effet pacificateur sur l'environnement social. En 1960, alors qu'il enseignait la Méditation Transcendantale un peu partout dans le monde, Maharishi Mahesh Yogi avança l'idée qu'il suffirait d'un très petit nombre de personnes pratiquant la méditation pour qu'un effet pacificateur se produise dans la société environnante. Il estimait qu'environ 1 % de la population serait assez pour produire un tel effet de façon perceptible.

C'est en 1976 que des scientifiques ont franchi une première étape pour vérifier cette hypothèse. Borland et Landrith[21] ont trouvé que, dans une douzaine de villes américaines dont le nombre de personnes pratiquant la Méditation Transcendantale avait atteint 1 % de la population totale au cours de l'année 1972, la criminalité avait diminué significativement de 8 % durant les 12 mois suivants en comparaison avec celle des villes de population semblable.

Plusieurs autres études sont parvenues à des conclusions similaires tout en élargissant les populations et les variables soumises à l'analyse statistique. Cherchant à vérifier cet effet notamment sur une plus longue période, Dillbeck et ses collègues[22] ont constaté une diminution de la criminalité de 24 % sur une période de 5 ans (1972-1977), tout en s'assurant qu'aucune autre variable ne pouvait expliquer cette différence.

Alors que ces études avaient analysé les données de façon rétrospective, une vérification plus rigoureuse de l'hypothèse de

---

21. Borland, C. & Landrith III, G. (1976). Improved quality of city life through the Transcendental Meditation program: Decreased crime rate. Dans D. W. Orme-Johnson & J. T. Farrow (ed.). *Scientific research on the Transcendental Meditation program: Collected papers,* vol. 1, Rheinweiler, W. Germany: Meru Press, 639-648.
22. Dillbeck, M. C. *et al.* The Transcendental Meditation program and crime rate change in a sample of forty-eight cities. *Journal of Crime and Justice, 4,* 25-45.

l'apaisement social par la méditation exigeait des études prospectives. L'idée était de rassembler un nombre significatif de méditants pour pratiquer la méditation sous un même toit dans une localité particulière et durant une période délimitée, pour vérifier l'impact de cette intervention sur l'environnement social à travers un certain nombre d'indicateurs sociaux identifiés dès le départ.

Au moins 25 études expérimentales de ce genre ont obtenu des résultats qui soutiennent l'hypothèse d'un tel impact positif sur la qualité de vie sociale[23]. Je m'attarderai aux deux articles qui ont été publiés dans des revues parmi les plus exigeantes sur le plan méthodologique dans le domaine des phénomènes et des conflits sociaux.

La première étude, menée par David Orme-Johnson et ses collègues[24], est parue dans le *Journal of Conflict Resolution*. Au cours des mois d'août et de septembre 1983, soit durant la seconde guerre entre Israël et le Liban, ils rassemblèrent des méditants dans un hôtel de Jérusalem-Est pour pratiquer ensemble la Méditation Transcendantale ainsi que des techniques avancées appelées MT-Sidhi. Durant cette période, le nombre de participants varia entre 65 et 241. Les chercheurs émirent l'hypothèse que cette pratique quotidienne de quelques individus en groupe serait suffisante pour diminuer le stress dans la conscience collective et dans les comportements de la population en Israël et au Liban.

Ils estimaient que cet impact se manifesterait par des changements significatifs dans des indicateurs sociaux importants. Ils prédirent qu'au jour le jour, plus le nombre de participants à cette méditation de groupe serait élevé, plus les indicateurs sociaux choisis montreraient une amélioration. Ces indicateurs incluaient le nombre d'accidents, de feux et d'actes criminels à Jérusalem, le

---

23. Chalmers, R. *et al.* (1989). *Scientific research on the Transcendental Meditation program : Collected papers,* vol. 4, Switzerland : International Association for the advancement of science of creative intelligence ; Wallace, R. K. *et al.* (1990). *Scientific research on the Transcendental Meditation program : Collected papers,* vol. 5, Fairfield : Maharishi International University.
24. Orme-Johnson, D. W. *et al.* (1988). International Peace Project in the Middle East : The effects of the Maharishi Technology of the Unified Field. *Journal of Conflict Resolution, 32*, 776-812.

taux de criminalité en Israël, les fluctuations de la Bourse de Tel-Aviv, le nombre de morts dans la guerre du Liban et l'intensité de la guerre mesurée à partir d'une analyse de contenu des nouvelles dans les journaux. Ces indicateurs furent aussi rassemblés dans des variables composites de qualité de vie. Les résultats obtenus par Orme-Johnson et ses collègues ont confirmé leur hypothèse. Ils ont trouvé que les indicateurs individuels et les variables composites de qualité de vie s'amélioraient de façon significative en fonction du nombre de participants à la méditation de groupe.

À ce jour, le test le plus impressionnant de l'effet pacificateur de la méditation a sans doute été le projet de John Hagelin et de ses collègues[25] qui ont rassemblé entre 1000 et 4000 méditants pour deux périodes par jour de méditation en groupe dans des hôtels de la région de Washington, D. C., du 7 juin au 30 juillet 1993. J'ai moi-même eu le privilège et le plaisir de participer à cette expérimentation sociale en tant que membre du groupe de méditants. Les résultats ont été publiés dans la revue *Social Indicators Research*. Les auteurs prédisaient que les crimes violents diminueraient durant cette période dans le District de Columbia, et que cette réduction varierait en fonction du nombre de participants aux séances de méditation quotidienne. Encore une fois, cette hypothèse a trouvé appui dans les résultats obtenus. Sur l'ensemble de la période, la diminution de la criminalité violente a été de 16 %, avec une réduction maximale de 25 % durant les jours où le groupe avait atteint le plus grand nombre de participants.

L'effet de champ de la conscience

Le modèle utilisé habituellement en psychologie sociale et en sociologie pour expliquer les changements sociaux est comportemental, au sens où c'est à travers des interactions concrètes avec les autres personnes que les individus exercent leur influence. Toutefois, ce modèle ne peut rendre compte de l'effet obtenu dans

25. Hagelin, J. S. *et al.* (1999). Effects of group practice of the Transcendental Meditation program on preventing violent crime in Washington, D. C. : Results of the National Demonstration Project, juin-juillet 1993. *Social Indicators Research, 47*, 153-201.

les études décrites précédemment, puisque le seul changement au comportement des participants était de pratiquer la méditation soit seul à la maison (études rétrospectives), soit en se joignant au groupe de méditation pour des périodes spécifiques (études prospectives). De plus, les participants aux deux études prospectives citées n'avaient pas d'interactions concrètes particulières avec la population environnante, puisqu'ils consacraient la plus grande partie de leur temps à la méditation et aux conférences données par des scientifiques sur la méditation durant leur assemblée. Il n'est donc pas vraisemblable que la qualité de leurs interactions sociales directes avec la population environnante ait créé un impact social tel qu'il puisse aboutir à des changements sociaux de cette envergure sur une aussi courte période.

Les auteurs de ces études expliquent plutôt cet impact social global de la méditation par un modèle qui suppose un effet de champ. On connaît bien les effets des champs en physique, comme ceux de la force électromagnétique et de la gravité. Ils peuvent opérer à distance, sans contact direct avec les objets qu'ils influencent. Par son champ magnétique, par exemple, un aimant exerce un effet à distance tel qu'il attire à lui certaines particules ou certains objets. Par leur force gravitationnelle, le Soleil et la Lune produisent à distance le mouvement des marées dans les océans.

Depuis l'unification des champs magnétique et électrique par James Maxwell en 1864, Albert Einstein et d'autres physiciens ont tenté de mettre au point une théorie du champ unifié de toutes les forces de la nature. Selon certains physiciens comme le prix Nobel Erwin Shrödinger[26], un des fondateurs de la physique quantique, c'est seulement dans la couche la plus profonde de la conscience (ou conscience pure) que peuvent être unifiés les aspects objectifs et subjectifs des lois de la nature. Dans le même esprit, Max Plank, lui aussi parmi les pionniers de la physique quantique, estimait que la conscience est « fondamentale » et que la matière en découle (*is derivative*)[27]. Premier auteur de la recherche menée à Washington, D. C., et décrite précédemment, le physicien John Hagelin

26. Shrödinger, E. (2016). *L'esprit et la matière*. Paris : Le Seuil.
27. *The Observer*, 25 janvier 1931, p. 17.

considère comme un « champ unifié » la couche la plus profonde de la conscience qu'est la conscience pure[28]. Avec ses collègues, il explique les résultats obtenus dans son étude par le mécanisme suivant : lorsque, au plus profond de la méditation, la conscience individuelle s'ouvre et se connecte consciemment à ce champ unifié de la conscience, elle s'imprègne de cette dimension qui est à la source de l'évolution harmonieuse à la fois de l'univers et des individus. Ancrée consciemment dans cette source, par un effet de champ, la conscience individuelle émet une influence d'harmonisation dans son environnement. Ce faisant, cette influence se répand à distance, sans contact direct. De plus, la pratique de la méditation en groupe produirait un impact synergétique qui amplifierait cet effet de champ de façon significative.

À ma connaissance, personne n'a proposé d'explication plus satisfaisante à ce jour. Du point de vue de l'exploration des possibilités d'épanouissement de l'être humain que nous poursuivons ici, il ressort donc que les niveaux ultimes de l'épanouissement individuel favorisent l'harmonisation sociale à distance par un effet de champ.

L'article sur l'effet pacificateur du groupe de méditants en Israël publié dans le *Journal of Conflict Resolution* a soulevé des réserves importantes parmi les réviseurs scientifiques de la revue. Ces critiques mettaient beaucoup plus en question l'hypothèse de l'effet de champ de la conscience que la méthodologie scientifique de cette étude. Le rédacteur en chef a demandé l'avis de quatre réviseurs plutôt que de deux comme à l'habitude, et il a finalement accepté de publier l'article en affirmant que la méthodologie était adéquate et qu'il revenait aux autres chercheurs intéressés de soumettre l'hypothèse à de plus amples vérifications[29], ce qui fut fait notamment lors de l'expérimentation qui eut lieu plus tard à Washington.

Il semble évident que nous avons affaire ici à un choc de paradigmes quant à l'explication de l'influence sociale de la méditation.

---

28. Hagelin, J. S. (1987). Is consciousness the unified field ? *Modern Science and Vedic Science, 1*, 29-87.

29. Russet, B. (1988). Editor's comment, *Journal of Conflict Resolution, 32*, 773-775.

Dans la mesure où le modèle comportemental classique ne peut rendre compte de l'influence à distance, il est contesté par le modèle de la conscience en tant que champ unifié exerçant un effet de champ. Comme l'a bien montré l'historien des sciences Thomas Kuhn[30], la science n'évolue pas en accumulant simplement les connaissances. Ses progrès les plus marquants viennent plutôt du choc des paradigmes au cours duquel le paradigme qui rend le mieux compte des données observables l'emporte tôt ou tard sur celui qui est moins exact ou complet.

Vers un paradigme post-matérialiste

Certains scientifiques tels que le psychologue Gary E. Schwartz et le neuropsychologue québécois Mario Beauregard constatent qu'à ce jour, un nombre important de phénomènes documentés rigoureusement et impliquant la conscience, comme les expériences de mort imminente et les perceptions extrasensorielles, ne peuvent pas être expliqués de façon rigoureuse par le paradigme scientifique dominant qu'est le matérialisme. Cette impasse a conduit des chercheurs comme eux à concevoir un nouveau paradigme qu'ils qualifient de post-matérialiste[31]. Ce paradigme en émergence nécessitera encore beaucoup d'exploration scientifique et de tests empiriques. Selon Beauregard et ses collègues, cette exploration sera guidée par les grandes hypothèses post-matérialistes suivantes :

1. l'esprit et la conscience sont des aspects de la réalité aussi primordiaux que le monde physique et ils ne peuvent pas être réduits à ce dernier ;
2. l'esprit agit à travers le cerveau, mais il n'est pas produit par celui-ci ;

---

30. Kuhn, T. (2008). *La structure des révolutions scientifiques*. Paris : Flammarion.
31. Beauregard, M. *et al.* (2018). Toward a postmaterialist psychology : Theory, research and applications. *New Ideas in Psychology, 50*, 21-33. Voir aussi Miller, L. J. (2012). *The Oxford handbook of psychology and spirituality*. Oxford : Oxford University Press, ainsi que Beauregard, M. *et al.* (2014). Manifesto for a post-materialist science. *Explore, 10*, 272-274 (*un manifeste ayant recueilli plus de 300 signatures de scientifiques et de philosophes de par le monde).*

3. l'esprit et le monde physique sont intimement connectés ;
4. l'esprit (incluant la volonté et l'intention) agit comme une force et un champ capable d'influence et de transfert d'information à distance ;
5. il existe des niveaux de réalité qui ne relèvent pas du niveau physique habituellement reconnu.

La logique de l'impact environnemental de la méditation basé sur l'effet de champ de la conscience

Au début de ce chapitre, j'ai formulé ma compréhension de l'impact de la méditation sur les comportements pro-environnement. Cette logique ne présentait pas de façon explicite la conscience comme champ unifié. Il m'apparaît fondamental que la logique des vertus écologiques et pacificatrices de la méditation inclue l'effet de champ de la conscience. Je reformulerai donc maintenant cette logique afin d'y inclure cet effet. Ce nouvel énoncé constituera en même temps une synthèse de ce chapitre, même si la première formulation du début du chapitre me paraît encore tout à fait pertinente et utile du point de vue de l'expérience subjective des processus dont il est question.

Plus on est présent, au plus profond de soi, au champ unifié de la conscience qui est le fondement de la loi naturelle, plus on s'imprègne des tendances évolutives de cette loi naturelle.

Plus on s'imprègne de ces tendances, plus on en constitue une source de rayonnement au quotidien pour soi-même, pour les gens avec qui on interagit, ainsi qu'à distance, par un effet de champ de la conscience.

Plus on est ainsi une source de rayonnement des tendances évolutives, plus on crée un effet d'entraînement qui favorise des comportements évolutifs autour de soi.

Plus on crée cet effet d'entraînement favorable à une croissance harmonieuse, plus on contribue à diminuer les comportements dysfonctionnels et la souffrance, en soi et autour de soi.

Un choix de société pour l'éducation de nos enfants

Un jour, un homme à qui je venais d'enseigner la méditation et qui, dès sa première séance avait ressenti une bonne dose d'apaisement, m'a demandé de façon spontanée : « Pourquoi n'enseigne-t-on pas ça à l'école ? » Je lui ai répondu qu'en fait, la méditation était enseignée dans certaines écoles ici et là dans le monde, mais qu'elle me semblait encore largement sous-utilisée. Bien des personnes m'ont confié que si elles avaient commencé la méditation beaucoup plus jeunes, cette pratique aurait sans doute changé le cours de leur vie. Elles auraient pris des décisions plus éclairées et elles se seraient épargné beaucoup de souffrance à propos de tout et de rien.

Nous avons vu que la méditation est en mesure de transformer pour le mieux la société en même temps que l'individu. Ses bienfaits en ce sens sont corroborés par plusieurs études scientifiques. Nous avons tout avantage à faire le choix de société d'intégrer la pratique de la méditation parmi les outils de l'éducation publique. Autant l'éducation a pour but le développement le plus complet de nos enfants et une contribution de leur part qui soit la plus positive pour notre société, autant la méditation a sa place dans nos écoles pour favoriser le déploiement de leur potentiel, leur épanouissement ainsi que le rayonnement du meilleur d'eux-mêmes pour le bénéfice de ceux qu'ils côtoieront et celui de la planète entière.

CONCLUSION

VIVRE POUR L'ÉPANOUISSEMENT, LE VÔTRE ET CELUI DES AUTRES

Au fil des ans, je reste toujours fasciné par cette inébranlable tendance de l'être humain à rechercher un plus grand bien-être ou un moindre mal – tel qu'il se les représente, bien entendu. Tout en étant évidente, cette tendance reste la plupart du temps implicite et parfois même bien cachée derrière nos choix et nos comportements. Il me semble que toute réflexion sur la vie doit commencer par le constat de cette aspiration incontournable au mieux-être. C'est à cette aspiration que j'ai consacré le premier chapitre de ce livre et je ne vois pas de meilleure façon que de m'inspirer à nouveau de ce mouvement de fond pour entamer cette conclusion.

Tant qu'à cheminer dans la vie, aussi bien être orienté le plus consciemment et le plus concrètement possible par l'aspiration fondamentale de la vie à ce qu'il y a de mieux. Tant qu'à mordre dans la vie, aussi bien faire l'expérience du meilleur de soi-même et en faire profiter les autres, aussi bien vivre pour l'épanouissement, le nôtre et celui des autres.

On dit parfois d'une fleur qu'elle s'est épanouie. C'est dire qu'elle s'est déployée pleinement de la manière qui lui est propre et que cela fait son charme. On dit aussi d'un enfant qu'il s'épanouit quand il prend plaisir à faire ce qu'il aime, quand il est connecté à ses talents, quand il peut les exprimer librement et les perfectionner, et quand il se sent valorisé dans ce qu'il est. Son bonheur est alors magnifiquement communicatif. Il n'en va pas autrement pour l'adolescent et pour l'adulte. S'épanouir en tant qu'êtres humains, c'est faire l'expérience de ce que nous tenons à vivre et à exprimer, d'une manière qui favorise le bien-être et l'épanouissement des autres.

Vivre pour l'épanouissement de ce qui nous entoure en même temps que pour le nôtre, c'est à mes yeux exercer un leadership au sens le plus large. Avant toute considération de rôles sociaux et de titres hiérarchiques, pour moi, le leader est celui qui a l'*attitude* d'un leader, c'est celui qui, voyant ce qui laisse à désirer et ce qui peut être changé, s'active à faire quelque chose de concret pour améliorer la situation. Tout le monde peut donc vivre sa vie avec l'attitude d'un leader et être un leader à sa manière, peu importe l'ampleur de ses actions et de leur impact.

Le niveau ultime de l'épanouissement est l'expérience permanente de la dimension illimitée de notre propre conscience. Cet épanouissement est semblable à celui du ruisseau qui aboutit à la mer, qui retrouve son origine et sa source intarissable. Débordant de contentement, la personne qui vit dans cet état de conscience optimal rayonne naturellement de bienveillance. Elle a la meilleure disposition intérieure pour manifester le respect envers elle-même, les autres et l'environnement. Elle n'est pas motivée par un manque intérieur à combler ou une peur à fuir, mais par l'intention de propager le bien-être. Elle fait preuve d'un heureux mélange de fermeté, de flexibilité et de créativité adapté au besoin du moment. Par un effet de champ, le simple fait d'avoir ancré son esprit dans ce que l'on a appelé le « champ unifié de la conscience » fait en sorte que cette personne rayonne spontanément d'une influence pacificatrice autour d'elle.

Chaque outil proposé dans ce livre peut vous aider à vivre pour l'épanouissement. Les annexes 1 et 2 qui suivent présentent une synthèse de ces outils qui vous aidera à les consolider avec le temps. Toutefois, la vie est tellement complexe que les résultats attendus de nos actions et de nos efforts ne sont jamais garantis. La clé pour rester aussi sereins que déterminés dans la réalisation de notre plan de vie est de tirer avant tout notre satisfaction du *processus* d'actualisation de ce plan. Ce qui compte avant tout, c'est la satisfaction d'orienter notre vie dans le sens de ce qui lui donne un sens.

Trouvez avant tout votre gratification dans l'action en accord avec vos valeurs plutôt que dans les résultats particuliers de cette action. Autrement dit, visez l'excellence mais, avant tout, tirez votre satisfaction de votre processus de perfectionnement. Vous pourrez donc goûter à l'épanouissement au fur et à mesure de votre développement. Vous serez d'autant plus serein que vous serez à la fois humble et déterminé sur votre chemin.

À l'endroit exact où vous êtes maintenant, permettez-vous donc de faire de votre vie votre danse bien à vous, au beau milieu de l'infiniment petit et de l'infiniment grand...

ANNEXE 1

RÉSUMÉ DU MODÈLE DES PENSÉES-PIÈGES

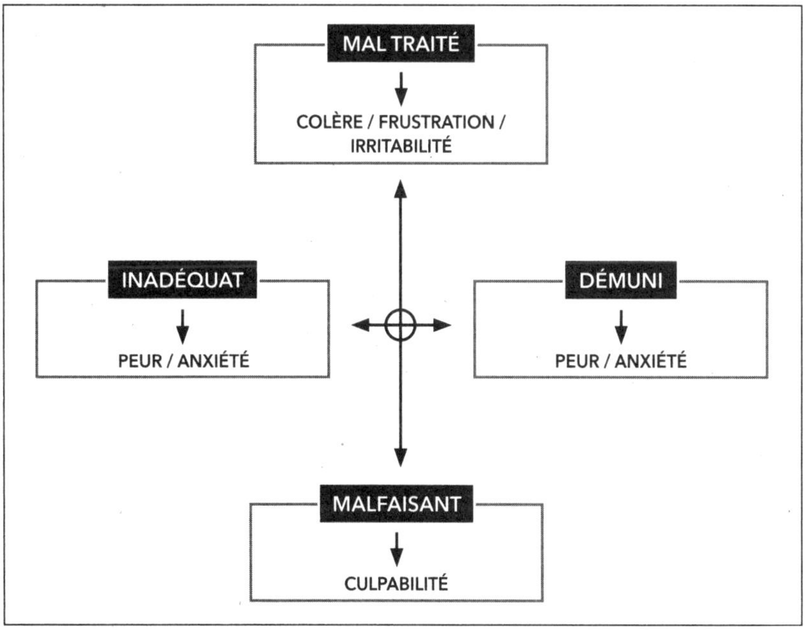

Facteurs de maintien des pensées-pièges

1. Incapacité de défaire l'illusion de vérité.
2. Incapacité de se voir responsable de ses expériences.
3. Incapacité de changer une attente ou une règle.
4. Incapacité de renverser la répartition des poids sur la balance du plaisir et de la douleur.

Gestion problématique de la souffrance du duo pensée-piège/émotion

1. Attaque/contrôle.
2. Conformisme/amadouage/surcompensation.
3. Évitement.

N. B. : **Réaction IDEMCO (IDentitaire/ÉMotionnelle/COmportementale) = *pensée-piège + émotion désagréable + gestion problématique de la souffrance de ce duo***

ANNEXE 2

COMMENT VOUS LIBÉRER D'UNE PENSÉE-PIÈGE (GRANDE SYNTHÈSE)

1. **Identifiez et défaites l'illusion de vérité dans la logique émotionnelle de la réaction IDEMCO.**
   1.1. Identifiez en vous une réaction que vous trouvez indésirable, mais qui tend à se reproduire.
   1.2. Identifiez les événements observables d'un incident passé représentatif de cette réaction indésirable.
   1.3. Identifiez votre ou vos duos pensée-piège/émotion désagréables et le comportement de votre part pour amoindrir cette souffrance, mais qui comporte lui aussi des impacts indésirables (= réaction IDEMCO).
   1.4. Identifiez le prix à payer qui rend cette réaction IDEMCO indésirable.
   1.5. Afin de trouver l'avantage caché de votre réaction IDEMCO, procédez à l'imagination du scénario sans votre réaction IDEMCO. Visualisez: événements observables + nouvelle réaction que vous souhaiteriez avoir dans cette situation (*une réaction idéale ou satisfaisante pour vous, nettement différente de votre réaction IDEMCO*).
   1.6. Notez ce qui vous vient (*les avantages ou les raisons de maintenir votre réaction IDEMCO devraient surgir*).

1.7. Formulez la logique émotionnelle de votre réaction IDEMCO (langage émotionnel, personnalisé avec le « je » et le « tu ») selon la structure tripartite…

1.7.1. Compte tenu de… (*quelque chose, dans ces événements observables, qui me fait ou qui pourrait me faire souffrir = « Problème perçu » = souffrance*),

1.7.2. Ça vaut la peine de… (*réagir par mon comportement indésirable = stratégie d'évitement de cette souffrance = « Solution apportée »*),

1.7.3. Même si… (= *« Prix à payer » découlant de mon comportement indésirable ou de ma façon de construire le « Problème perçu »*).

1.8. Lisez cette logique émotionnelle attentivement, comme un simple constat, au moins deux fois par jour.

1.9. Après avoir bien assimilé cette logique émotionnelle, identifiez une ou des illusions de vérité dans les sections « Compte tenu de » ou « Ça vaut la peine de… ».

1.10. Trouvez un autre point de vue qui défait cette ou ces illusions de vérité (*les deux points de vue ne peuvent pas être vrais en même temps*).

1.11. Juxtaposez dans des énoncés brefs l'illusion de vérité et le nouveau point de vue qui la défait.

1.12. Lisez attentivement cette juxtaposition au moins deux fois par jour.

2. **Formulez votre identité générative et choisissez de vivre en fonction d'elle.**

3. **Communiquez à partir de votre identité générative, notamment dans le cas de problèmes relationnels** (un résumé plus élaboré se trouve à la fin du chapitre 30).

3.1. Écoutez de façon empathique les blessures au moi et les besoins de votre interlocuteur (*en comprendre la logique émotionnelle*) : résumez, vérifiez si le résumé est exact, clarifiez ce qui ne vous paraît pas clair ou complet dans ce que votre interlocuteur exprime et, au besoin, ajustez votre résumé.

3.2. Exprimez à votre tour, avec des énoncés « au je », vos blessures (s'il y a lieu) et vos besoins en vérifiant si votre interlocuteur vous a bien compris (demandez ce qu'il en a compris, etc.).

3.3. Établissez la *volonté* commune de satisfaire les besoins de part et d'autre au moyen d'une entente : dialoguez en vue d'une entente de principe qui exprime cette volonté commune.
3.4. Établissez la *capacité* commune de respecter l'entente : dialoguez à propos des demandes spécifiques liées aux besoins, résumez ces demandes, convenez d'ententes spécifiques, s'il le faut par l'échange de contre-propositions, identifiez les obstacles potentiels au respect des ententes et convenez d'une ou de quelques sous-ententes formant le système de soutien des ententes principales.

4. Pratiquez la méditation pour favoriser plusieurs bienfaits, dont la défusion par rapport aux illusions de vérité.

4.1. Prenez des temps d'arrêt pour la méditation, le plus possible 20 minutes deux fois par jour (de préférence le matin et la fin d'après-midi) ou 40 minutes une fois par jour.
4.2. Privilégiez la méditation axée sur l'apaisement ou les méditations axées sur l'observation qui comportent une bonne dose d'apaisement.
4.3. Pratiquez toujours la méditation sans vous crisper et sans forcer votre attention. Portez doucement l'attention sur votre objet de méditation.
4.4. Acceptez le fait que votre esprit soit plus ou moins souvent absorbé par diverses pensées, émotions ou sensations. Comprenez que, pendant la méditation, vous ne pouvez jamais être perdant :
    4.4.1. soit vous atteignez votre objectif initial (apaisement, observation ou assimilation),
    4.4.2. soit vous atteignez un autre objectif fondamental : grandir dans l'art d'accepter les indésirables que vous ne contrôlez pas (dans ce cas-ci, les mille et une représentations mentales qui ont entraîné votre esprit loin de votre objet de méditation).
4.5. Rappelez-vous les grandes fonctions de la méditation pour profiter de toutes les possibilités de cet outil et renforcer votre capacité de désamorcer vos patterns indésirables par l'identification de leurs illusions de vérité et la défusion cognitive. En voici un résumé sous forme de tableau :

Fonction (méditation axée sur...)	Moyen de la défusion cognitive
L'apaisement (ex.: objet = respiration)	L'apaisement mental et physique
L'observation (ex.: pleine conscience des activités quotidiennes)	L'observation et l'accueil sans jugement
L'assimilation (ex.: objet = bienveillance)	La fusion avec des significations favorables

Remarques

- Les outils portant sur la logique émotionnelle, la communication et la méditation se pratiquent de manière concourante. Ils renforcent mutuellement leurs bienfaits par un effet synergétique.
- Si ces outils ne vous donnent pas l'effet escompté, n'hésitez pas à consulter un intervenant qualifié pour ajuster votre pratique ou votre compréhension ou pour permettre le déblocage d'un obstacle plus coriace.

ANNEXE 3

QUESTIONNAIRE SUR LA RÉALITÉ PARTAGÉE (QRP)

Dr Roger Marcaurelle, psychologue

Présentation

Le Questionnaire sur la réalité partagée (QRP) est conçu pour identifier les ruptures dans la réalité partagée d'une relation interpersonnelle. La notion de réalité partagée a été mise de l'avant par Bruce Ecker, qui la définit ainsi:

> L'impression subjective d'un accord interpersonnel, c'est-à-dire l'impression que son expérience ou son vécu sont perçus et compris par l'autre personne, et qu'il est important pour l'autre de maintenir une compréhension intersubjective mutuelle. (Transcription de la vidéo *The black hole of nonexistence*, p. 24, trad. Roger Marcaurelle)

Le QRP est basé sur une définition légèrement différente où j'élabore quelque peu celle d'Ecker:

> L'impression subjective d'un accord interpersonnel avec l'autre, c'est-à-dire l'impression que son émotion, son point de vue ou son besoin sont perçus et compris par l'autre, et qu'il est important pour l'autre de maintenir cette compréhension intersubjective mutuelle et d'agir le plus possible en accord avec elle.

Le QRP permet d'identifier la fréquence à laquelle sont perçues les ruptures dans la réalité partagée venant de l'autre et de soi. Il évalue cette fréquence dans six dimensions, dont une est plus spécifique au couple. Les voici avec les items correspondants :

- Communication : items 1 à 7 ;
- Authenticité : items 8 à 10 ;
- Respect des ententes : items 11 et 12 ;
- Considération des besoins de l'autre comme une priorité : items 13 à 18 ;
- Intimité (couple) : 19 et 20 ;
- Réparation des ruptures dans la réalité partagée : 21.

Le QRP n'a pas encore été soumis à la validation statistique, mais il peut aider à faire le point et peut-être aussi mener à des prises de conscience inattendues. Il en est également ainsi du « Questionnaire sur les schémas identitaires désagréables » qui se trouve à l'annexe 4. Une version anglaise du QRP est disponible auprès de l'auteur.

QUESTIONNAIRE SUR LA RÉALITÉ PARTAGÉE (QRP)

Dr Roger Marcaurelle, psychologue

Votre nom: ______________________________

Date: ______________________________

Dans la relation interpersonnelle que vous choisirez de considérer ici, veuillez estimer la fréquence à laquelle, de votre point de vue, l'autre personne et vous-même avez les comportements suivants l'un envers l'autre.

Encerclez le type de relation que vous choisissez d'évaluer ci-dessous: amour/couple, famille, ami, collègue, supérieur/subordonné, autre type.

Comportement	L'autre a ce comportement				J'ai ce comportement			
	Jamais	Peu souvent	Assez souvent	Très souvent	Jamais	Peu souvent	Assez souvent	Très souvent
Communication								
1. Ne pas avoir d'écoute.								
2. Ne pas vouloir parler de certaines choses ou ne pas vouloir en parler à fond.								
3. Réagir agressivement quand l'autre partage des sentiments ou des expériences personnelles.								
4. Réagir agressivement quand l'autre demande quelque chose ou tente de l'obtenir.								
5. Diminuer l'autre.								
6. Être violent physiquement (ex.: lancer/briser des objets; frapper l'autre).								
7. S'éloigner/bouder.								
Authenticité								
8. Mentir à l'autre.								
9. Ne pas reconnaître des faits qui vous semblent évidents.								
10. Faire des choses en cachette.								

Comportement	L'autre a ce comportement				J'ai ce comportement			
	Jamais	Peu souvent	Assez souvent	Très souvent	Jamais	Peu souvent	Assez souvent	Très souvent
Respect des ententes								
11. Ne pas respecter les ententes.								
12. Ne pas informer à propos des changements de décision ou de comportement qui affectent l'autre.								
Priorité des besoins de l'autre								
13. Ne pas considérer les besoins de l'autre comme une priorité.								
14. Ne pas faire sa juste part des choses.								
15. Ne pas exprimer son appréciation quand l'autre croit la mériter.								
16. Avoir peu ou pas d'intérêt concernant des choses importantes pour l'autre.								
17. Ne pas vouloir faire d'activités avec l'autre.								
18. Ne pas vouloir faire de projets avec l'autre.								
Intimité								
19. (Couple) Ne pas montrer son affection ou ne pas se sentir à l'aise de le faire.								
20. (Couple) Ne pas vouloir faire l'amour ou ne pas se sentir à l'aise de le faire.								
Réparation des ruptures dans la réalité partagée								
21. Ne pas chercher à répondre aux insatisfactions ou à réparer les conflits liés aux aspects ci-dessus (ex.: ne pas prendre sa part de responsabilité, ne pas s'excuser, ne pas chercher à résoudre le problème).								

ANNEXE 4

QUESTIONNAIRE SUR LES SCHÉMAS IDENTITAIRES DÉSAGRÉABLES (QSID)

Dr Roger Marcaurelle, psychologue

PARTIE 1

Pour chacune des pensées ou des impressions (schémas identitaires désagréables) qui suivent, veuillez identifier :

1. leur degré de présence dans votre vie (actuelle);
2. les émotions qui les accompagnent.

Schémas identitaires	Présence des schémas identitaires				Émotions qui les accompagnent			
	Pas présent	Peu présent	Assez présent	Très présent	Frustration	Culpabilité	Peur / Anxiété	Tristesse
1. Je suis mal traité								
1.1. Je ne suis pas traité de façon juste ou respectueuse. Ex.: injustement critiqué, blâmé, puni ou surchargé, pas écouté, diminué, humilié, trahi, agressé.								
1.2. Je ne suis pas apprécié. Ex.: pas reconnu, pas encouragé, tenu pour acquis, pas valorisé, pas aimé, pas désiré.								

Schémas identitaires	Présence des schémas identitaires				Émotions qui les accompagnent			
	Pas présent	Peu présent	Assez présent	Très présent	Frustration	Culpabilité	Peur / Anxiété	Tristesse
1. Je suis mal traité								
1.3. Je ne suis pas priorisé. Ex.: délaissé, négligé, ignoré, abandonné, pas important, pas soutenu, pas sécurisé.								
1.4. Je ne suis pas libre. Ex.: obligé, restreint, contrôlé, surveillé, dominé, manipulé.								
2. Je suis malfaisant.								
Ex.: j'ai agi d'une façon qui a fait du mal ou du tort.								
3. Je suis inadéquat.								
Ex.: je ne suis pas à la hauteur d'une exigence ou d'une norme.								
4. Je suis démuni.								
Ex.: je n'ai pas les ressources pour mettre un terme aux douleurs actuelles ou à celles que j'anticipe.								

PARTIE 2

En lien avec les duos schéma identitaire/émotion que vous avez identifiés dans la partie 1, veuillez encercler la fréquence à laquelle vous réagissez en fonction des modes ou des sous-modes de réaction ci-dessous.

MODE	SOUS-MODE	FRÉQUENCE			
		Jamais	Peu souvent	Assez souvent	Très souvent
MODE 1: COERCITION reprocher, exercer une pression, faire peur ou faire mal pour mettre fin au désagréable	**Attaque**				
	Je critique ou je blâme les autres (en pensées).				
	Je critique ou je blâme les autres (en paroles).				
	Je déprécie les opinions, les émotions ou la personnalité des autres (en paroles).				
	Je me critique ou je me blâme moi-même.				
	Je boude.				
	Je lève le ton.				
	Je crie.				
	J'intimide ou je menace.				
	Je suis violent physiquement (objets ou personnes).				
	Je me punis moi-même.				
	Je m'automutile.				
	Contrôle				
	J'oblige ou j'exige de manière excessive.				
	J'accapare l'attention.				
	Je manipule.				
	Je suis méfiant.				
	Je surprotège.				
	Je lutte contre mes pensées ou mes émotions négatives.				

MODE	SOUS-MODE	FRÉQUENCE			
		Jamais	Peu souvent	Assez souvent	Très souvent
MODE 2: RECHERCHE DE L'APPROBATION SOCIALE essayer d'échapper au désagréable en cherchant à tout prix à mériter l'agréable	**Conformisme**				
	Je cherche à faire plaisir en oubliant qui je suis.				
	Je dis oui aux demandes même quand je devrais dire non.				
	Je feins de comprendre ou d'être d'accord.				
	Je suis préoccupé par ce que les autres pensent de moi.				
	Je dois m'assurer à tout prix de ne pas me retrouver seul.				
	Amadouage				
	Je m'excuse.				
	Je me justifie.				
	J'insiste sur mes propres défauts.				
	Je me contente de trop peu.				
	J'idéalise les autres.				
	Je flatte les autres de manière artificielle.				
	Surcompensation				
	Je suis exigeant à l'excès envers moi-même pour séduire ou être aimé.				
	Je dois m'assurer d'être meilleur que les autres.				
	Je prends soin des autres au point de me négliger moi-même.				
	Je me vante.				
MODE 3: ÉVITEMENT chercher à ne pas être en contact avec le désagréable	J'évite (encerclez les items pertinents: sujets de conversation, situations, actions, intimité, engagement).				
	Je consomme trop (encerclez les items pertinents: alcool, cigarette, drogues, café, nourriture, télévision, jeux vidéo, Internet, pornographie).				
	Je ne tiens pas parole.				
	J'abandonne les tâches ou les projets.				
	Je remets à plus tard (je procrastine).				
	Je refuse l'aide des autres.				
	J'anticipe tous les scénarios catastrophes possibles.				
	Je pousse les mesures de sécurité à l'extrême.				
	Je tente de cacher des choses (encerclez les items pertinents: nier, déformer, mentir, faire comme si de rien n'était, rester muet).				
	Je cherche à me faire rassurer.				

REMERCIEMENTS

Autant la rédaction de ce livre a été un travail solitaire, autant le chemin qui a mené à sa version définitive a constitué un travail collectif. Les lecteurs de la première version méritent toute ma gratitude pour le temps, l'attention minutieuse et les commentaires éclairants qu'ils ont eu la générosité d'accorder au manuscrit. Ce sont Jacqueline Avard, Danielle Dumais, Nathalie Campeau et ma conjointe Réjeanne. Un grand merci aussi à Danielle Choquette et à Sylvie Massariol, des Éditions de l'Homme, pour leurs suggestions judicieuses. Maryse Mayrand mérite également mes remerciements pour son excellente conception graphique des figures.

La rédaction elle-même fut précédée par une gestation de plusieurs années, à laquelle ont participé de nombreuses personnes qui ont enrichi mes idées et mes interventions par leurs commentaires et leurs critiques constructives. Je remercie du fond du cœur ma conjointe Réjeanne et mon ami Pierre Montpetit pour nos échanges passionnants sur les mécanismes et les possibilités de l'esprit humain.

Je suis très reconnaissant envers les clients qui, en expérimentant les outils que je leur proposais, m'ont aidé à les perfectionner pour les autres qui sont venus après eux. Je tiens aussi à exprimer ma gratitude envers mes collègues professionnels de la santé qui ont participé à mes ateliers de formation continue et dont les questions m'ont permis de clarifier et d'approfondir mes propres perspectives.

Joindre l'auteur

Allez au ***www.pensees-pieges.com*** pour les informations concernant mon atelier *Les quatre pensées-pièges* et mes retraites de méditation, pour mes audios gratuits de méditation pleine conscience ainsi que pour toute demande de consultation individuelle. Pour les ateliers et la supervision que j'offre aux professionnels de la santé, allez au ***www.plenisources.com***.

TABLE DES MATIÈRES

TROISIÈME PARTIE
Comment communiquer, comment vous réaliser

QUATRIÈME PARTIE
La méditation: place à la paix intérieure

Suivez-nous sur le Web et
les réseaux sociaux !

EDITIONS-HOMME.COM
EDITIONS-JOUR.COM
EDITIONS-PETITHOMME.COM
EDITIONS-LAGRIFFE.COM
RECTOVERSO-EDITEUR.COM
QUEBEC-LIVRES.COM
EDITIONS-LASEMAINE.COM

Imprimé chez Marquis Imprimeur inc. sur du Rolland Enviro®.
Ce papier contient 100% de fibres recyclées durables,
est fabriqué avec un procédé sans chlore
et à partir d'énergie biogaz.

100% PCF BIOGAZ PERMANENT